高职高专“十三五”规划教材

汽车底盘电控技术

主　编　李明杰　任晓光　岳玉国
副主编　王晓飞　赵　胤

北　京
冶 金 工 业 出 版 社
2022

内 容 简 介

本书共分4个项目、13个任务，每个任务分别从任务内容、任务目标、相关知识、任务实施、知识与技能拓展、任务总结6个方面进行讲解，任务的最后还配有思考与练习。本书的主要内容包括自动变速器的结构、自动变速器的检修、汽车行驶稳定电子控制系统、电子控制悬架系统及动力转向系统等。本书配有相应的教学课件，读者可参考使用。

本书为高职高专院校汽车电子及汽车维修专业的教材（配有教学课件），也可作为汽车技术人员的培训教材与参考书。

图书在版编目(CIP)数据

汽车底盘电控技术/李明杰，任晓光，岳玉国主编．—北京：冶金工业出版社，2016.8（2022.1重印）
高职高专"十三五"规划教材
ISBN 978-7-5024-7311-2

Ⅰ.①汽…　Ⅱ.①李…　②任…　③岳…　Ⅲ.①汽车—底盘—电气控制系统—高等职业教育—教材　Ⅳ.①U463.6

中国版本图书馆CIP数据核字(2016)第193404号

汽车底盘电控技术

出版发行　冶金工业出版社　　**电　话**　(010)64027926
地　址　北京市东城区嵩祝院北巷39号　　**邮　编**　100009
网　址　www.mip1953.com　　**电子信箱**　service@mip1953.com

责任编辑　杜婷婷　美术编辑　彭子赫　版式设计　葛新霞
责任校对　禹　蕊　责任印制　李玉山
北京虎彩文化传播有限公司印刷
2016年8月第1版，2022年1月第2次印刷
787mm×1092mm　1/16；11.5印张；272千字；173页
定价 29.00 元

投稿电话　(010)64027932　投稿信箱　tougao@cnmip.com.cn
营销中心电话　(010)64044283
冶金工业出版社天猫旗舰店　yjgycbs.tmall.com
（本书如有印装质量问题，本社营销中心负责退换）

前言

随着汽车工业的发展，人们对汽车的舒适性、安全性、可靠性的要求越来越高，传统的机械系统已很难满足这些要求。尤其是以机械系统为主的汽车底盘部分正发生着巨大的变化，随着电子控制技术在汽车工业中的广泛应用，汽车底盘技术越来越复杂，正朝着电子化、智能化方向发展，自动变速器、防抱死制动系统等已经成为一些车辆的标准装备。为满足汽车电子技术专业和维修专业教学需要，使广大汽车维修技术人员系统地掌握现代汽车底盘电控技术，我们编写了此书。

本书内容实用，操纵性较强，通过具体案例，配合大量操作图片，把汽车底盘电控系统涉及的基本操作流程和操作要求清晰地介绍给读者。教材突出工学结合，按照知识、能力、素质并重的要求以工学结合为切入点，将课堂理论教学、实验探究教学、实践体验教学的教学体系落实在教材中，并在教学过程中，引导学生从体验式实践过渡到全真式实践。

本书由辽宁机电职业技术学院李明杰、任晓光、岳玉国担任主编，王晓飞和赵胤担任副主编。其中项目1、项目2、项目3由李明杰、任晓光、岳玉国编写，项目4由王晓飞编写。

本书在编写过程中，参考了有关图片和资料，在此对这些作者表示衷心感谢。除参考文献中所列的资料外，部分参考资料的名称及作者无法详细核实，故未注明，在此对其作者一并表示感谢。

本书配套的教学课件读者可从冶金工业出版社官网（http://www.cnmip.com.cn）教学服务栏目中下载。

由于作者水平有限，书中疏漏与不妥之处在所难免，敬请读者批评指正。

编者

2016年6月

前言

目　录

项目1　自动变速器的结构

【项目导入】

如果您驾驶过手动变速器的车辆，它给您的最大的感觉是什么？累！对，由于手动变速器在每次换挡时驾驶人都有经历松加速踏板→踩离合器踏板→移动变速杆→松离合器踏板→踩加速踏板等一系列换挡动作，这样就大大加速了驾驶人的疲劳强度，尤其在交通复杂的路况时，对驾驶人的体力和精力都是一种严峻的考验。在汽车发展的历史中，伴随着轿车大量进入家庭，大量非职业驾驶人出现。针对上述情况，自动变速器应运而生，它可以省去一系列麻烦的换挡动作，使驾驶人集中操纵方向盘、加速踏板和制动踏板即可。

任务1.1　初识自动变速器

【任务内容】

（1）了解自动变速器的应用现状及学习检修的意义。
（2）认识自动变速器的基本组成，各总成部件。
（3）能识别自动变速器的型号，了解其结构特点。
（4）认识各种型号的自动变速器的生产与使用情况。
（5）学会自动变速器的车如何驾驶。
（6）学会各种控制开关的操作。

【任务目标】

（1）根据教材所述的自动变速器分类方式说出你观察到的自动变速器形式。
（2）根据解剖实物观察，指出自动变速器各总成和零件的名称，并说出它们的作用。
（3）掌握自动变速器型号识别。

【相关知识】

1.1.1　什么是自动变速器

如图1-1所示，自动变速器作为汽车上一个看得见、摸得着的重要总成，它也像人一样，也是有“生命”的，有心脏、有神经、有腿、有血液。只有敢于接近，才能对它真正了解。

什么是自动变速器？顾名思义，自动变速器就是能自动改变行驶速度的变速器。它没有离合器踏板，在汽车行驶前或行驶时，驾驶人根据行驶条件来选择合适的挡位，即驾驶室内变速杆旁的前进挡位D位、2位、L位或倒挡R位。例如，驾驶人将变速杆放置于D位，则变速器电脑会根据节气门位置传感器和车速传感器两个主控信号以及其他参考信号来控制变速器自动在D1、D2、D3、D4挡之间切换，即通常所说的自动换挡。这样可以大大减轻驾驶人的疲劳强度，提高汽车行驶的安全性。它和手动变速器的相同点就是二者都是有级变速器，只不过它能自动换挡，可以消除手动挡车“顿挫”的换挡感觉。

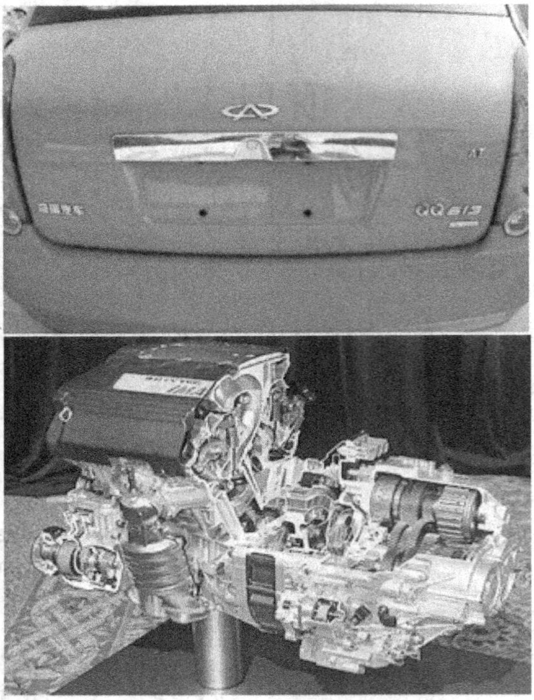

图1-1　自动变速器

1.1.2　自动变速器的发展

1914年，德国奔驰（Benz）汽车公司生产出第一台自动变速器，但只安装在达官贵人的车上，并没有商品化。1926年，美国通用（GM）汽车公司第一次在别克轿车上将液力耦合器和机械变速器装在一起。1939年，美国通用汽车公司首先在其生产的奥兹莫比尔（Oldsmobile）轿车上装用了液力耦合器和行星齿轮机构组成的液力变速器，这是现代自动变速器的雏形。20世纪40年代末50年代初，出现了根据车速和节气门开度自动控制换挡的液力控制换挡自动变速器，使自动变速器进入了迅速发展时期。1968年，法国雷诺（Renault）汽车公司第一次在自动变速器上使用电子元件。20世纪70年代末电子控制技术开始应用于汽车变速器，1982年，日本丰田（Toyota）汽车公司生产出第一台由微机控制的电控自动变速器，即丰田A140E自动变速器。1983年，德国研制成功电喷发动机和自动变速器共用的电子控制单元（ECU）。1984年，美国第一台电控自动变速器THM440-T4由通用汽车公司推出。自此，以电脑为控制核心的电子控制自动变速器迅速发展。目前，美国大部分汽车装用了自动变速器。日本和西欧国家汽车自动变速器普及率也达到了80%左右。进入21世纪，自动变速器的发展趋势有如下几个方面。

1.1.2.1　多挡位

早期的自动变速器多为三挡，如日本AISIN公司给丰田汽车提供的A40自动变速器。随着汽车技术的发展，20世纪70年代中期开始生产四挡位自动变速器，如丰田的A40D自动变速器。随后的电控自动变速器，如丰田汽车公司的A140E自动变速器、通用汽车公司的4T60E/4T65E自动变速器、福特汽车公司的AXOD-E自动变速器也都为四挡。

五挡电控自动变速器较早由德国的ZF公司生产，用于1991年左右生产的宝马轿车上。随着自动变速器技术的成熟，2002年宝马和ZF公司合作开发了6挡自动变速器，型号为6HP19、6HP26，主要用于宝马745i等轿车。奔驰汽车公司在2003年8月以后的V8

车型上使用了七挡自动变速器，称为722.9自动变速器。多挡位自动变速器的优点是变速器的换挡品质、加速性能以及经济性能都较好，因此多挡位自动变速器成为自动变速器的发展趋势。图1-2所示为新速腾六挡自动变速器。

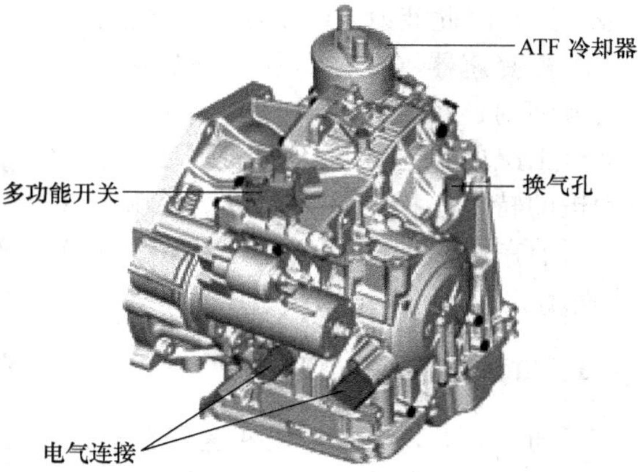

图1-2　新速腾六挡自动变速器

1.1.2.2　手动/自动一体化

自动变速器可以实现自动换挡，减少了驾驶员的疲劳，但部分驾驶员认为自动变速器车辆没有手动挡操纵的驾驶乐趣，为了满足用户对自动变速器容易驾驶以及对手动变速器自由选择挡位的要求，在自动变速器上设有手动换挡模式，即手自动一体换挡。

手自动一体换挡自动变速器既可以按自动换挡方式运行，又可以以手动换挡方式运行。途锐09D自动变速器的变速杆除了P—R—N—D—S外，在另一侧还有两个操纵位置"+"和"-"。通常中间缺口可以将变速杆在自动换挡D位和手动换挡之间相互转换。如图1-3所示。

在手动换挡位置，向"+"位推动变速杆时升挡，向"-"位拉动变速杆时降挡。

在手动模式下，驾驶人可以在更广阔的范围内自动选择挡位，能排除自动变速一些不必要的换挡，需要快速降挡操纵时，能一下就换到所希望的挡，能提高发动机制动效果。为了使手动换挡操纵更方便，可以在变速杆和方向盘上设手动换挡开关，如图1-4所示，可以实现手不离开方向盘就能手动换挡。方向盘转角大时，方向盘上开关使用不便，可使用变速杆，在手动模式使用比率最高的山路以及在高速公路上行驶时，分别用这样两种操纵方式很方便。

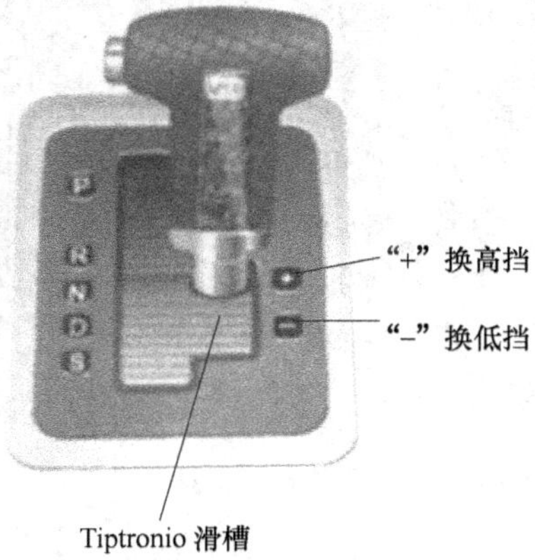

图1-3　途锐09D变速杆

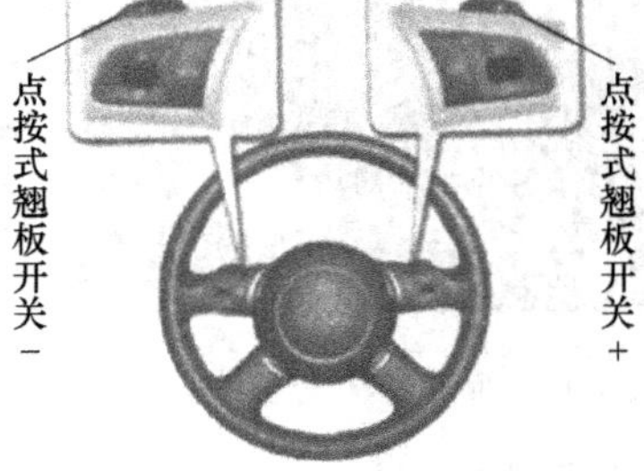

图1-4　方向盘上的换挡开关

1.1.2.3　无极变速器

传统的自动变速器采用液力传动，因此传动效率低于机械变速器，且只能实现部分的无极变速，因此液力自动变速器在经济性、动力性及行驶平顺性上都稍有不足。

无极变速器（CVT）的传动比可以在一定范围内连续变化，从而得到传动系与发动机工况的最佳匹配，最大限度地利用发动机的特性，提高汽车的动力性和经济性，目前在汽车上的应用越来越多，如图1-5所示。

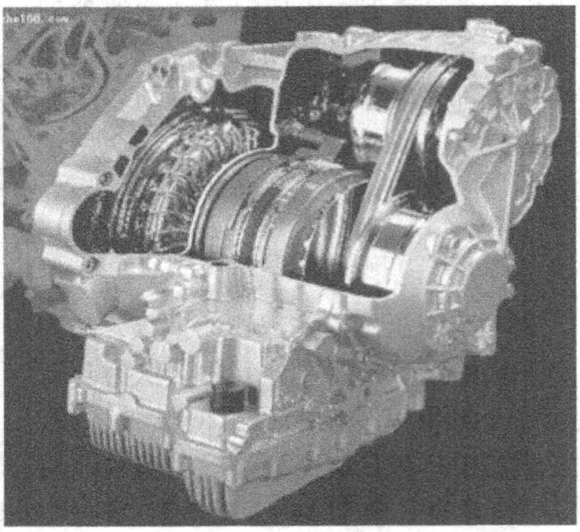

图1-5　无极变速器

1.1.3　自动变速器的类型

不同汽车上装用的自动变速器在形式、结构、功能上有很大的不同，下面从不同的角度对自动变速器进行分类。

1.1.3.1　*按驱动方式分类*

自动变速器按照汽车驱动方式不同，可分为前轮驱动自动变速器和后轮驱动自动变速器，分别如图1-6、图1-7所示。后驱动自动变速器的液力变矩器和齿轮变速机构的输入轴及输出轴在同一轴线上，因此轴向尺寸较大，阀板总成装在齿轮变速机构下方的油底壳内。前驱动自动变速器除了具有与后驱动自动变速器相同的组成部分外，在自动变速器的壳体内还装有差速器。前驱动汽车的发动机有纵置和横置两种，纵置发动机配用纵置的变速器，横置的发动机配用横置的变速器。

图1-6　前驱自动变速器

图1-7　后驱自动变速器

横置发动机的前驱动自动变速器由于汽车横向尺寸的限制，要求有较小的轴向尺寸。因此通常将输入轴和输出轴设计成两个轴线的方式。变矩器和齿轮变速器输入轴布置在上方，输出轴则布置在下方。这样的布置减少了变速器总体的轴向尺寸，但增加了变速器的高度，因此常将阀板总成布置在变速器的侧面或上方，以保证汽车有足够的最小离地间隙。

1.1.3.2　按自动变速器前进挡的挡位数分类

自动变速器按前进挡的挡位数的不同，可分为4个前进挡、5个前进挡、6个前进挡、7个前进挡、8个前进挡等。早期的自动变速器通常为2个前进挡或3个前进挡，不能满足汽车的需要，已不再使用了。这两种自动变速器都没有超速挡，其最高挡为直接挡。在用轿车装用的自动变速器基本上都是4个前进挡或5个前进挡，即设有超速挡。新型高级轿车采用6、7或8个前进挡。这种设计虽然使自动变速器的构造更加复杂，但由于挡位回速比变化减小，大大改善了汽车的换挡平顺性与燃油经济性。

1.1.3.3　按齿轮变速器的类型分类

自动变速器按其齿轮变速器的类型不同，可分为普通齿轮式和行星齿轮式两种，分别如图1-8、图1-9所示。

图1-8　平行轴式自动变速

图1-9　行星齿轮式自动变速器

普通齿轮式自动变速器体积较大，最大传动比较小，只有少数车型使用（如本田AC-CORD轿车）。新出现的DCT双离合器自动变速器，也采用普通斜齿轮的平行轴式结构，继承了手动变速器传动效率高，工艺简单，维修方便的优点。行星齿轮式自动变速器结构紧凑，能获得较大的传动比，为绝大多数轿车采用。

1.1.3.4　按控制方式分类

自动变速器按控制方式不同可分为液压控制自动变速器和电子控制自动变速器两种。

液压控制自动变速器是通过机械的手段，将汽车行驶时的车速及节气门开度这两个参数转变为液压控制信号。阀板中的各个控制阀根据这些液压控制信号的大小，按照设定的换挡规律，通过控制换挡执行机构的动作，实现自动换挡。如图1-10所示。

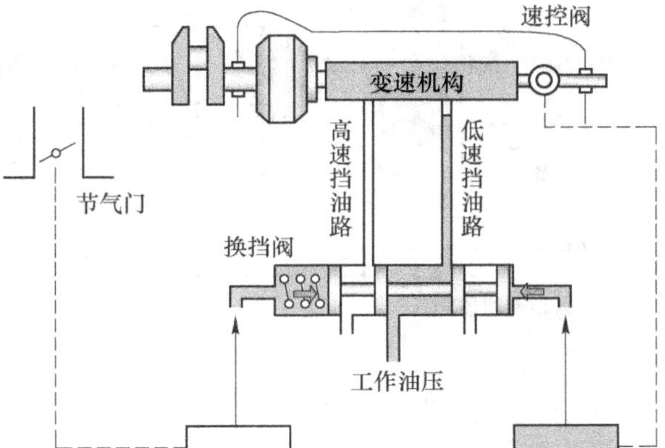

图1-10　液压控制液力式自动变速器原理图

电液控制液力式自动变速器是通过各种传感器，将发动机转速、节气门开度、车速、发动机冷却液温度、自动变速器液压油温度等参数转变为电信号，并输入电脑。电脑根据这些电信号，按照设定的换挡规律，向换挡电磁阀、油压电磁阀等发出电子控制信号。换挡电磁阀和油压电磁阀再将电脑的电子控制信号转变为液压控制信号，阀板中的各个控制阀根据这些液压控制信号，控制换挡执行机构的动作，从而实现自动换挡。如图1-11所示。

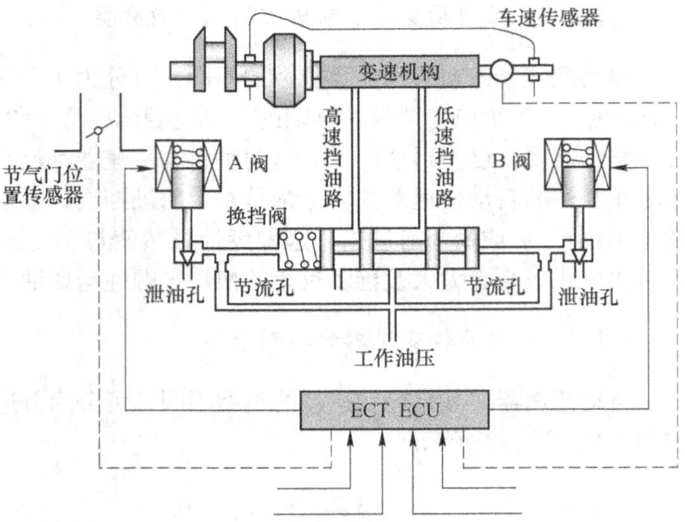

图1-11　电液控制液力式自动变速器原理图

1.1.4　自动变速器的基本组成

汽车使用的自动变速器，一般由四部分组成：液力变矩器、齿轮变速机构、控制系统和冷却润滑系统。如图1-12所示。

1.1.4.1　液力变矩器

液力变矩器位于自动变速器的最前端，安装在发动机飞轮上，其作用与装有手动变速器（MT）的汽车中的离合器相似。液力变矩器以自动变速器油（ATF）为工作介质，可实现变速增扭，并起离合器的作用，其工作状态完全自动化，无需驾驶员操纵。如图1-13所示。因此，安装自动变速器的汽车，取消了离合器踏板。

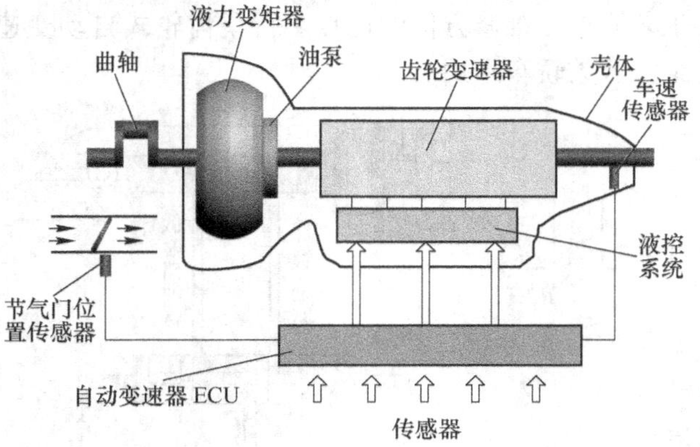

图1-12　自动变速器组成

图1-13　液力变矩器实物

1.1.4.2　齿轮变速机构

齿轮变速机构包括变速齿轮部分和换挡执行元件两部分，如图1-14所示。不同车型

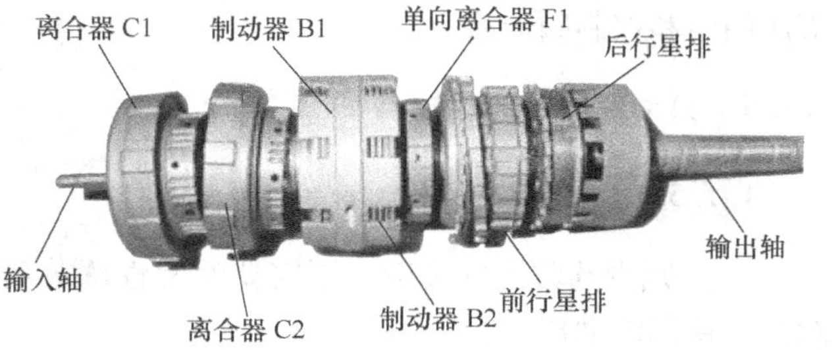

图 1-14 齿轮变速机构

自动变速器采用不同的变速齿轮组合。目前应用较广的有辛普森式、平行轴式、拉维娜式、串联式、莱派特式和组合式等。随着汽车业的不断发展，新的变速齿轮组合还在开发中。由于变速齿轮部分是自动变速器最主要组成部分，人们习惯以此给自动变速器分类和命名。换挡执行元件可以使变速齿轮处于不同的挡位，以实现不同的传动比。换挡执行元件有三种：离合器、制动器和单向离合器。

1.1.4.3 控制系统

控制系统按其控制方式分有液控系统和电液控系统。完全的液控系统，主要包括油泵（图 1-15）、许多控制阀组成的阀板（图 1-16）及液压油路。电液控系统是液控油路板上加装了具有各种功能的电磁阀，以及电脑、传感器和控制电路等电气设备。完全的液控系统已经被电液控系统取代，而电控系统越来越显示出优越性。油路板通常安装在齿轮变速机构下方的油底壳内。驾驶员通过自动变速器的操作手柄，改变阀板手动阀的位置。控制系统根据手动阀的位置以及节气门开度、车速、控制开关等信号按照一定的规律控制齿轮变速机构中的换挡执行元件工作，实现自动换挡。

控制系统除控制自动换挡外，还要控制液力变矩器中锁止离合器的锁止与分离，以及自动变速器的冷却与润滑。

图 1-15 油泵

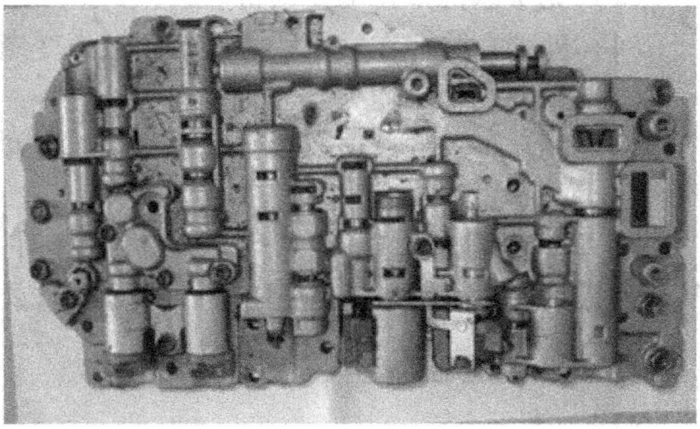
图 1-16 阀板

1.1.4.4 冷却润滑系统

如图 1-17 所示，自动变速器油（ATF）在自动变速器工作过程中会因冲击、摩擦产生热量，并吸收齿轮传动过程中所产生的热量，油温将会升高。油温升高将导致 ATF 黏度下降，传动效率降低，因此必须对 ATF 进行冷却，保持油温在 50～80℃（最高温度可达 90～110℃）。ATF 是通过油冷却器与冷却液或空气进行热量交换。自动变速器工作中各部件磨损产生的机械杂质，由滤油装置从油中过滤分离出去，以减小机械的磨损，防止堵塞液压油路和控制阀卡滞。

1.1.5 自动变速器的优缺点

1.1.5.1 优点

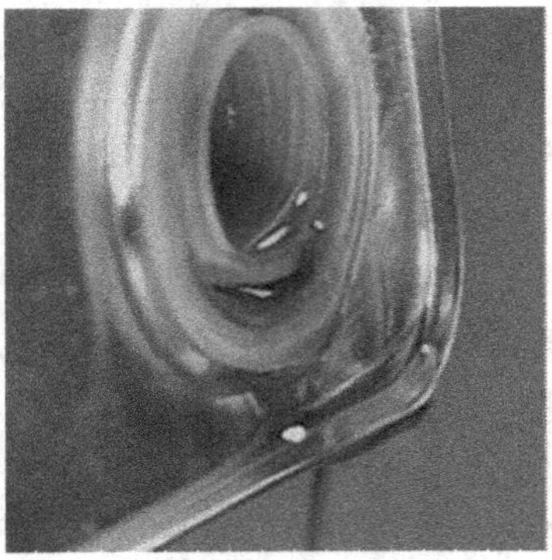

图 1-17 自动变速器油

（1）减少驾驶人的疲劳。不需要经常性踩放离合器踏板及换挡的动作。

（2）提高乘坐舒适性。自动变速器无论起步、加减速、换挡的控制都圆滑平顺。

（3）驾驶技巧易掌握。踩下加油踏板即走，踩下制动踏板即停。

（4）发动机及变速器传动部位寿命可延长。自动变速器使用液压传动，因此发动机和传动系统的振动可减至最低。

（5）操控较容易。转向盘操控时，两手都会留在转向盘上，不像手动挡变速器的换挡，右手非离开转向盘不可，因此，行车操控较为确实。

（6）不易造成误启动。手动变速器在任何一挡位均可启动发动机，容易造成冲出的危险，而自动变速器只能在 P 或 N 挡位时，才能启动发动机。

1.1.5.2 缺点

（1）价格昂贵。较手动挡变速器贵 20000 ~ 30000 元。

（2）保养及维修费用较高。

（3）无法以推车发动发动机。

（4）耗油。除非在锁定状态，否则液力变矩器的传动效率将无法达到 100%。

（5）发动机功率损失较大。

（6）制动蹄片的磨损较快。发动机制动性能较差，D 位的 1、2 挡均无发动机制动的设计。

（7）会有蠕动现象产生。当发动机怠速时，选挡杆位于 D 位，若不踩住制动踏板，车辆会有向前蠕动现象，但电磁离合器的 CVT 不会产生这种现象。

1.1.6 自动变速器的型号识别

一种自动变速器可能被用在多个公司不同款式的汽车上，而同一种车型也可能装用不同型号的自动变速器。如果不了解自动变速器的型号，在维修中就会对故障分析、资料查找、零配件采购等造成障碍。下面介绍自动变速器型号含义及常见自动变速器的主要识别方法。

1.1.6.1 自动变速器型号含义

自动变速器型号一般可反映以下内容：

（1）变速器的性质。A 表示自动变速器；M 表示手动变速器；AM 表示自动手动一体化。

（2）生产公司。如德国 ZF 公司、日本 AISIN 公司等。

（3）驱动方式。F 表示前驱，R 表示后驱，丰田公司用数字表示驱动方式，有的四轮驱动车辆在型号后面加“H”或“F”表示驱动方式。

（4）前进位位数。用数字表示。

（5）控制类型。电控为 E、液控为 H、电液控为 EH。

（6）改进序号。表示该变速器是在原变速器上作过改进的。

（7）额定驱动转矩。在通用、宝马公司的自动变速器型号中有此参数。

下面对几个公司的自动变速器型号作具体说明：

（1）宝马 ZF4HP22-EHZF 公司生产，4 表示前进挡数，H 表示液压，P 表示行星齿轮类，22 表示额定转矩。E 或 EH 表示电控或电液控。

（2）丰田自动变速器型号有两类：一类除字母外还有两位阿拉伯数字，另一类除字母之外有 3 位阿拉伯数字。

有两位数字的，如 A40、A41、A55、A40D、A42DL、A43DL、A44DL、A45DL、A43D 等。A 表示自动变速器，第一位数字为 1、2、5 表前驱，3、4、6 为后驱，第二位数字表示生产序号。后面的 D 表示有 OD 挡，L 表示有锁止离合器，E 表示电控有锁止离合器，无 E 表示全液控。

有三位数字的，如 A130L、A131L、A132L、A140L、240L、A241L、A243L、A440L、A440F、442F、A340E、A340H、A340F、A341F、140E、A140E、A2413、A540E、540H 等。A 表示自动变速器，第一位 1、2、5 表示前驱，3、4、6 表示后驱，第二位表示前进位数，第三位表示生产序号。

特别说明：A340H、A340F、A540H 后省了 E，均为电控，有锁止离合器。A241H、A440F、45DF 后省了 L，均有锁止离合器。

（3）克莱斯勒自动变速器型号识别。1992 年克莱斯勒公司规定有 4 个字母或数字组成，如 41TE、42RE、42LE 等。

第一位数字代表前进挡数。

第二位数字代表输入转矩负荷。0 表示轻负荷；1 表示中负荷；2 表示重负荷。

第三位字母，R 表示后驱，T 表示发动机横置前驱，L 表示发动机纵置前驱，A 表示四轮驱动。

第四位字母，E 表示电控，H 表示液压控制。

（4）通用公司。型号有 4T60E、4L60E。4 表示前进挡数；T 表示变速器横置，L 表示后置后驱；60 表示额定驱动转矩；E 表示电控。

1.1.6.2　变速器型号识别方法

（1）看变速器铭牌。一般有生产公司、型号、序号代码、日期等。如丰田 A341E 自动变速器，型号 03-41LE。宝马车上直接标 ZF4HP-22 等。有的没标型号，而是型号代码，如通用 4T65E 等。

（2）看汽车铭牌。一部分汽车在发动机舱内、驾驶室内、门柱等位置有汽车铭牌，这些铭牌上有生产厂商名称、汽车型号、车身型号、底盘型号、发动机型号、变速器型号、出厂编号等内容。

（3）壳体标号识别。奔驰自动变速器识别方法，为数字代码，刻在变速器壳体侧面与油底壳接合面向上一点，有一长串字符，其中“722＊＊＊”共6位数即为变速器型号。

（4）零部件识别法。看滤清器、油底壳、油底密封垫，电磁阀个数，导线端子数等。

（5）根据结构特征识别。油底壳在上方的日产千里马RE4F04A自动变速器，有一大一小两个油底壳的宝马或欧宝4L30E变速器，有加长壳体的奔驰S320轿车的722.502五速自动变速器，油底壳在前面的马自达626轿车GF4A-EL变速器等。

1.1.7　自动变速器各挡位标识与控制开关

汽车改用自动变速器后，驾驶员的操作更加简便、驾驶更加平顺，因此装备自动变速器的新型轿车尤其受到了人们的青睐。不过，很多驾驶者初开自动挡车时，由于对自动变速器的结构和原理不是很了解，行车时经常是一个D位走完全程，其间只会在停车时用N位和R、P位，至于其余的挡位则形同虚设，这对汽车的动力性和安全性都是不利的。因此，在驾驶自动挡汽车之前，若能了解它的正确使用方法对改善驾驶技术会大有帮助。

一般的自动变速器有6~7个挡位，它们从前到后依次排列。分别为：P（停车挡）、R（倒挡）、N（空挡）、D（前进挡）、2（制动2挡）、L（制动1挡）或P（停车挡）、R（倒挡）、N（空挡）、D4（有超速挡）、D3（无超速挡）、2（制动2挡）、1（制动1挡）等几种形式。所有的自动变速器前面的四个挡位是一致的，即P、R、N、D。而后面的挡位有2、L或3、2、1，或S、L等多种形式。其含义也不同，有的2位只有2挡，有的2位可在1挡和2挡之间变换。图1-18所示为自动变速器操纵手柄。

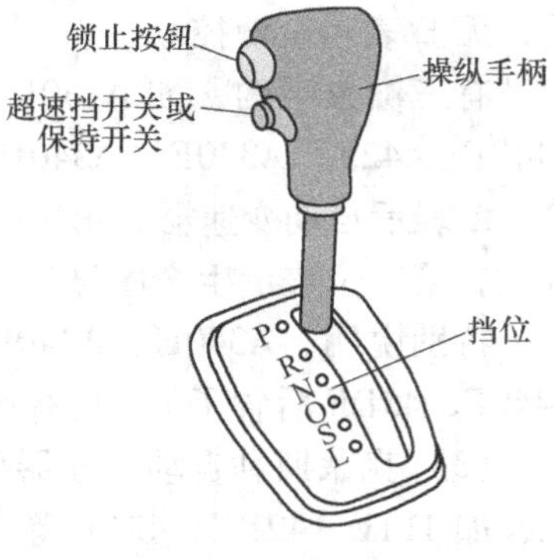

图1-18　自动变速器操纵手柄

1.1.7.1　P位（驻车挡）

现在很多人将自动变速器的驻车挡和驻车制动相混淆。对于驻车制动就是我们平常所说的手刹，无论是手动变速器还是自动变速器的车辆都有驻车制动，而驻车挡是自动变速器车辆所特有的。手动变速器没有驻车挡，但由于手动变速器齿轮不在空挡位置时，即使不使用驻车制动，车辆也不溜车，为了模拟这一功能，自动变速器设置了驻车挡。

当变速杆位于P位时，自动变速器中的停车锁止机构将变速器输出轴锁止，利用机械锁销把变速器输出轴锁固在变速器壳上。使驱动车轮不能转动，同时变速器内部处于空挡状态，从而防止汽车溜车，为了安全起见，必须同时拉紧驻车制动。因此，若在P位状态下强行拖动车辆，必然造成自动变速器外壳的损坏，导致重大损失；同时，在上下坡停车时，也不要仅仅使用P位制动车辆，而应该牢牢拉紧手制动，以免使P位机械锁受力过大而损坏。而且，车辆只有在P位时才能拔出点火钥匙；只有在P位或N位时，才能启动发动机发动汽车。图1-19、图1-20所示分别为驻车挡位置构造图和驻车挡位置工作原理图。

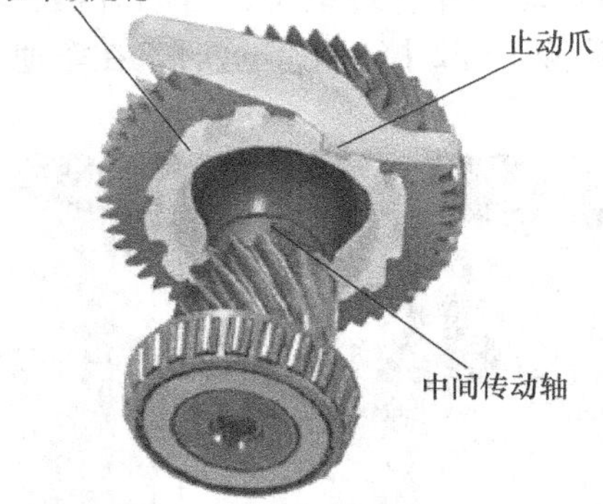

图 1-19　驻车挡位置构造图

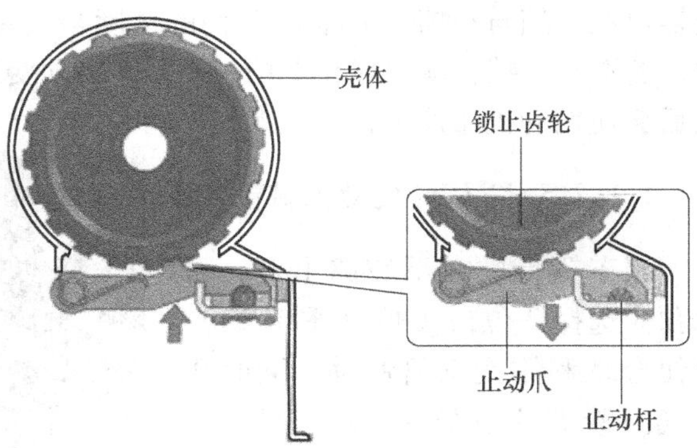

图 1-20　驻车挡位置工作原理图

1.1.7.2　R 位（倒车挡）

当变速杆位于 R 位时，变速器内部处于倒车挡状态，驱动轮反转，实现倒挡行驶。如图 1-21 所示。

图 1-21　车辆倒车

1.1.7.3　N 位（空挡）

当变速杆位于 N 位时，自动变速器的作用是使发动机和车轮传动系统脱离动力传递。与 P 位不同的是在发动机停止运转的时候，挂 N 挡可以随意推动车辆（图 1-22），而挂 P 位时，车辆不可被推动。P 位启动是经常使用的模式，N 位启动用于行驶中发动机熄火。若行驶中，发动机突然停转，可在保证行驶安全的情况下小心将变速杆移至 N 位，然后重新启动发动机，恢复正常运转。

图 1-22　空挡推车

1.1.7.4　D 位（前进挡）

当变速杆位于 D 位时，自动变速器可以在前进位中实现自动变速。起步时首先进入 1 挡，随着车速的加快升入 2 挡、3 挡、4 挡等。当踩下制动踏板，车速下降时，变速器自动由高挡位降回低挡位。

前进位的作用情况比较复杂：一般的自动变速器有 3 挡式和 4 挡式两种，4 挡又称为超速挡，英文为 Over Drive，简称 OD 或 O/D，再往下是 3 挡、2 挡或 1 挡（又称为 L 位）。它们的挡位设置规律是：高挡位向下兼容，低挡位不能自动向上换挡。即若选择 4 挡，变速器可在1挡与4挡之间根据车辆的速度与使用条件有动选择合理挡位，自动升挡、降挡。若选择2挡，就只能在1挡与2挡间自动变换而不能升到2挡以上。这时，在车速升高后会使发动机超速运转。

1.1.7.5　2位（发动机制动2挡）

当车辆行驶在下坡路上时，可以预先选择2位或1位（图1-23），以便合理利用发动机制动，同时用节气门踏板控制车辆下坡速度。但是在一般行驶与上坡时，建议使用D位，这时车辆能自动选择理想挡位，无需驾驶者操心。

图1-23　下坡采用2位

1.1.7.6　L位（发动机制动1挡）

当变速杆位于L位时，变速器锁定在前进1挡，发动机制动作用更强，一般多在山区、路况不好或陡坡行驶使用，以免变速器频繁换挡，提高自动变速器的使用寿命。

2位、L位都是有发动机制动功能的挡位。车辆行驶中可以手动从低挡向高挡换挡，但从高挡往低挡换则要在一定速度范围内进行，以免损坏变速器。

1.1.8　自动变速器控制开关的使用

自动变速器除了变速杆，选择不同的挡位对它进行控制以外，还可以操纵安装在变速杆上或仪表板上的一些控制开关来对它进行其他控制（图1-24），不同厂家生产的自动变速器的控制开关名称和作用不完全一样，现介绍常见的几种控制开关。

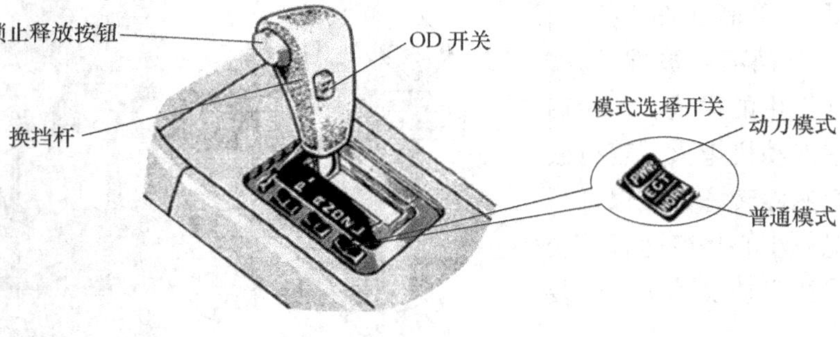

图1-24　控制开关

1.1.8.1　OD超速挡开关和“OD OFF”指示灯电路的检查

OD超速挡开关用来控制自动变速器的超速挡，它一般安装在变速杆或仪表板上。对于四个前进位自动变速器的4挡通常是传动比小于1的超速挡。当推入OD开关时（“ON”位置），开关触点断开；当OD开关跳起时（“OFF”位置），开关触点接通。当OD开关在“OFF”位置，“OD OFF”指示灯点亮，并且电脑不允许变速器进入超速挡。当变速杆在D位位置时，自动变速器能否升入4挡除了与超速控制开关有关外，还与发动机冷却液温度、节气门开度、车速等因素有关。在坡道上行驶时，应注意根据情况切断 OD 超速挡开关。

1.1.8.2　换挡模式选择开关

为了适应不同的行驶道路条件，发挥车辆本身的动力性、经济性，电控自动变速器都装有换挡模式选择开关。这些开关安装在变速杆上或地板上。自动变速器换挡模式选择开关一般有以下几种。

（1）Economy 经济模式。车辆在城市道路行驶，接通经济模式时，可以降低油耗，这时自动变速器的换挡规律能使发动机在汽车行驶过程中经常在经济转速范围内运转，因此燃油经济性好。在使用经济模式时，相同的节气门开度，升挡车速较低，液力变矩器锁定离合器工作范围宽可在较低挡位上实现直接传动。由于液力变矩器锁止离合器的接合，使液力变矩器的涡轮和泵轮接合起来直接传动，减少了液力损失，提高了传动效率，发动机的燃油经济性也得到了提高。

（2）Power 动力模式/Sport 运动模式。该模式是以汽车获得最大的动力性为目标设计的换挡规律。当车辆在上坡时或在山路上行驶或希望发动机在高转速下工作时可选择动力模式。这时自动变速器的换挡规律能使发动机在车辆运行过程中经常处在大功率范围运转，可大大发挥它的动力性和爬坡能力，汽车在动力模式下行驶，它的加速能力很强。只有发动机转速较高时，才能换入高挡，即延迟升挡，提前降挡。

（3）Normal 标准模式。标准模式的换挡规律介于经济模式和动力模式之间。当选择 Normal 标准模式时，既可兼顾车辆的动方性和经济性，又可保证一定的动力性，但又有较好的燃油经济性。

（4）Manual 手动换挡模式。有些车辆的自动变速器换挡模式选择开关有 Economy、Power、Normal 或 Power、Comfort、Auto。其中 Manual 为手动换挡模式开关，当它接通时，自动变速器不再自动换挡。当汽车起步时，驾驶员应先把换挡手柄放在 L 挡位，根据车速高低换入 2 挡位，最后手动换入 D 挡位。由于使用手动换挡模式，自动变速器不能自动换挡，在低挡位要防止节气门过大引起发动机转速过高而使发动机过热。Comfort 为舒适换挡模式开关。Economy 为经济模式，Auto 为自动模式开关。自动模式可以在各模式间自动转换。当节气门迅速打开时，换挡模式会自动转换到 Power 动力模式，以适应突然加大节气门、对动力的需要。

（5）Snow 雪地模式。在该模式下变速器以高挡（3 挡）起步，这样即使汽车起步时节气门踏板被踩到底，也能保证驱动轮不会出现打滑。

1.1.8.3　CC 巡航控制开关

CC 英文全称为 Cruise Control。装备巡航控制装置的轿车，可以使汽车在高速公路上保持匀速行驶，而驾驶员不用踩节气门踏板。CC 巡航控制开关安装在转向柱上或仪表板上，在行驶时，当加速到规定车速以上时接通此开关。汽车会以稳定车速持续行驶，使驾驶操作方便、节省燃油。但当按下巡航控制取消开关或踩制动等操作时，可使巡航控制自动解除。

1.1.8.4　Hold保持开关

Hold保持开关安装在变速杆锁定按钮下方。Hold保持开关实际上是一个定挡行驶控制开关，自动变速器变速杆设有P、R、N、D、S、L或P、R、N、OD、3、2、1挡位。当Hold开关接通时，D位高速时自动变速器固定在3挡行驶；低速时固定在2挡行驶，S位时固定在2挡；L位固定在1挡，当车辆在冰雪路面行驶、起步或在山区行驶就很便利。例如降到3挡，如果再把变速杆从D为换至S位，可使自动变速器在2挡行驶，可得到强有力的发动机制动效果，当车速降到预定车速后，解除Hold保持开关，汽车又能换至3挡正常行驶。

1.1.8.5　S4控制开关

在许多运动型跑车上都设有S位。自动变速器在S位工作时加速性能比D位还好，但它只能使自动变速器在1至3挡之间自动变换，设置S4控制开关的自动变速器，当它接通时，汽车在S位行驶时就能自动换到4挡，S4控制开关只在S位起作用，在其他位置时均自动解除S4控制。当采用S4控制时，相当于其他车型的动力换挡模式。

1.1.8.6　强制降挡开关

对于电子节气门发动机，强制降挡开关与节气门拉索一体，位于节气门踏板位置传感器内，若驾驶员触发此开关，自动变速器会降低一个挡位，增加汽车的加速性能。

1.1.8.7　制动灯开关

制动灯开关信号的作用是，当踩下制动踏板时，由电脑控制锁止离合器解锁，否则，当于手动变速器只踩制动踏板而不踩离合器踏板，会造成发动机熄火。同时操纵变速杆时，必须踩下制动踏板，锁定被打开，变速杆方可被操纵。

1.1.9　自动变速器的正确使用及注意事项

由于自动变速器在结构和工作原理上与手动变速器有很大的不同，使用自动变速器与手动变速器也有许多不同之处。不当的使用不仅不能发挥出自动变速器的优势，而且会损坏变速器的部件，缩短其使用寿命。

1.1.9.1　自动变速器的正确使用

（1）启动发动机。装有自动变速器的轿车在启动发动机时，应拉紧驻车制动器或踩下制动踏板，把变速杆置于P位或N位，再把点火开关转至启动位置，才能使启动机运转。变速杆如果置于P位或N位以外其他任何位置，把点火开关转至启动位置，启动机不会运转。

汽车行驶过程中，途中熄火，需将变速杆移至N位，转动启动开关至启动位置，才能启动发动机；或停车后将变速杆移至P位，再启动发动机。

（2）起步。发动机启动后应进行预热，使温度达到预热温度再挂挡起步。

起步时应先踩下制动踏板，然后再挂挡，松开驻车制动，抬起制动踏板，汽车会缓慢起步，起步后再缓慢加油。

（3）临时停车。汽车在交叉路口等待交通信号或因堵车等原因而需要临时停车时，若停车时间较短，可让变速杆保持在 D 位，只用制动踏板停车，这样一放松制动踏板，汽车就可以重新起步；若停车时间稍长，也可以让变速杆保持在 D 位，但最好同时用制动踏板和驻车制动，以免不小心松开制动踏板时汽车向前闯动而发生意外；若停车时间较长，最好把变速杆换到 N 位，并拉紧手制动，以免造成自动变速器液压油升温过高。

（4）倒车。在汽车完全停稳后，踩下制动踏板，按下变速杆上的锁定按钮把变速杆置于 R 位，松开制动踏板，车就可以倒退，在平坦路面倒车时，不踩节气门踏板，发动机怠速就可以倒车。如在倒车中要越过台阶或突起物时，应缓慢加大节气门，在越过台阶之后要及时制动。

（5）坡道行驶。

1）在一般的坡道上行驶时，可按一般道路行驶的方法，将变速杆置于 D 位，用节气门或制动踏板来控制上下坡车速。

2）如果汽车以超速挡在坡道上行驶，因坡道阻力大于驱动力，导致车速下降，到一定车速时自动变速器从超速挡降至 3 挡；到 3 挡后，又因驱动力大于坡道阻力，汽车被加速到一定车速时又升挡到超速挡。这样，若坡道较长，将重复上述过程，即在超速挡减速降挡，降挡后在 3 挡加速，到一定车速又升至超速挡，形成“循环跳挡”，加剧了自动变速器中摩擦片的磨损。在这种情况下，可将超速挡开关关闭，限制超速挡的使用，汽车就能在 3 挡稳定地加速上坡。若坡道较陡，汽车上坡时在 3 挡和 2 挡之间“循环跳挡”，只要将操纵手柄置于 2 挡位置，即可使自动变速器在 2 挡稳定地行驶。

（6）发动机制动。在汽车下坡时，若完全松开节气门踏板后车速仍然太高，可将变速杆置于 S 位或 L 位，并把节气门踏板松到最小（禁止熄火）此时驱动轮经传动轴、变速器、变矩器反拖发动机运转，这样可利用发动机的运转阻力让汽车减速，这种情况称为发动机制动。要注意不能在车速较高时将变速杆从 D 位拨至 S 位或 L 位，这样会使自动变速器中的摩擦片因急剧摩擦而受到损坏。当车速较高时，应先用制动器将汽车减速至较低车速，再将变速杆从 D 位换至 S 位或 L 位。

（7）雪地或泥泞路面行驶。在雪地或泥泞路面上行驶时，若变速杆置于 D 位，当驱动轮打滑时，如果驾驶员立刻松开节气门踏板，由于打滑的驱动轮转速较快，自动变速器会出现前面所述的前升挡的现象，从而进一步加剧了驱动轮的打滑。此时可将变速杆置于 S 位或 L 位，限制自动变速器的最高挡位，即可利用节气门开度来控制车轮的转速，防止驱动轮打滑。设有保持开关的自动变速器也可打开保持开关，然后就可以采用与操纵手动变速器一样的方法，用变速杆来选择适当的挡位行驶。

（8）停放。汽车停放好后，应踩住制动踏板，将变速杆移至停车挡位置，并拉紧手制动，然后关闭点火开关，熄火。

1.1.9.2 使用自动变速器的注意事项

为充分发挥自动变速器的性能优势，防止因使用操作不当而造成早期损坏，在驾驶装用自动变速器的汽车时，应注意以下几点：

（1）在驾驶时，如无特殊需要，不要将变速杆在 D 位、S 位、L 位之间来回拨动。特别要禁止在行驶中将变速杆拨入N位（空挡）或在下坡时用空挡滑行。否则，由于发动机怠速运转，自动变速器内由发动机驱动的油泵出油量减少，而自动变速器内的齿轮等零件在汽车的带动下仍作高速旋转，这样这些零件会因润滑不良而损坏。

（2）挂上挡行驶后，不应立即猛踩节气门踏板到底。在行驶中，当自动变速器自动升挡或降挡的瞬间，不应再猛烈地加踩节气门踏板。否则，会使自动变速器中的摩擦片、制动带等受到严重损坏。

（3）当汽车还没有完全停稳时，不允许从前进挡换至倒挡，也不允许从倒挡换到前进挡，否则会损坏自动变速器中的摩擦片和制动带。

（4）一定要在汽车完全停稳后才能将变速杆拨入驻车挡位置，否则自动变速器会发出刺耳的金属撞击声，并损坏驻车锁止机构。

（5）要严格按照标准调整发动机怠速，怠速过高或过低都会影响自动变速器的使用效果。怠速过高，会使汽车在挂挡起步时产生强烈的闯动；怠速过低，在坡道上起步时，若松开制动后没有及时加节气门，汽车会后溜，增加了坡道起步的操作难度。

（6）为了防止不正确的操作造成自动变速器的损坏，大部分车型的自动变速器变速杆上都有一个锁止按钮。在进行下列换挡操作时，必须按下锁止按钮，否则变速杆将被锁止而不能移动。

1）由P位换至其他任何挡位或由其他任何挡位换至P位。

2）由任何挡位换至R位。

此外，在汽车行驶中若要在D位、2位（或S位）、1位（或L位）等前进位中变换挡位时，若按1位→2位→D位的顺序进行变换（即由低挡位换至高挡位）可以不受任何车速条件的限制，也就是说，不论车速高低都可按此顺序改变变速杆的位置。但是如果要按D位→2位→1位的顺序（即由高挡位换至低挡位）变换变速杆的位置，必须让汽车减速至车速低于相应的升挡车速后才能进行。例如：欲将变速杆从D位换至2位，必须在车速降至低于2~3挡的升挡车速后才能进行。如果将变速杆由高挡位换至低挡位时车速过高，就相当于人为地手动强制低挡。这样在车速过高时进行强制低挡，不但汽车会受到发动机的强烈制动作用，而且相应的低挡执行机构将因急剧摩擦而损坏。因此，有些车型在进行D位→2位→1位的降挡操作时，也必须按下锁止按钮，否则变速杆将被锁住而无法由高挡位向低挡位移动。

【任务实施】

根据理论学习，完成认识自动变速器的任务工作单。

（1）观察实训室被拆解的自动变速器，能够正确指出自动变速器各总成和零件名称。

（2）想一想，写出宝马ZF4HP22EH和GM公司4T60E自动变速器的型号含义。

（3）根据教材所述的自动变速器，总结自动变速器的正确使用方法。

【知识与技能拓展】

（1）AT、AMT、DCT、CVT、KRG分别指什么？

AT表示Automatic Transmission，即为传统的液力式自动变速器。AT用液力变矩器替代了手动变速器中的离合器，并通过电脑控制变速器自动升降挡。如图1-25所示。

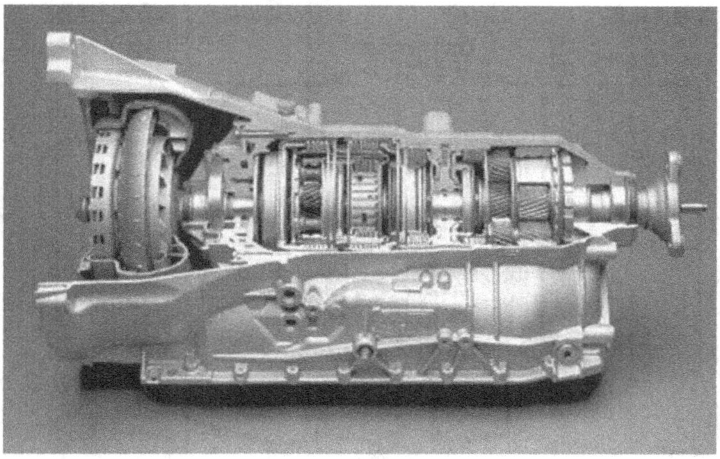

图 1-25　AT

AMT 表示 Automatic Mechanical Transmission，直接翻译就是自动机械式变速器，通常译为电控机械式自动变速器。AMT 是指在不改变原车手动变速器主体结构的基础上，通过加装微机控制的电动装置取代原来由人工操作完成的换挡动作，实现换挡过程的自动化。

DCT 表示 Double Clutch Transmission，即为双离合器变速器，如图 1-26 所示。DCT 没有使用液力变矩器，而是采用了两套离合器。通过两套离合器的相互交替工作，来达到无间隙换挡的效果。目前，常见的双离合器变速器有大众公司的 DSG、福特公司的 Powershift、三菱公司的 SST 以及保时捷的 PDK 等。

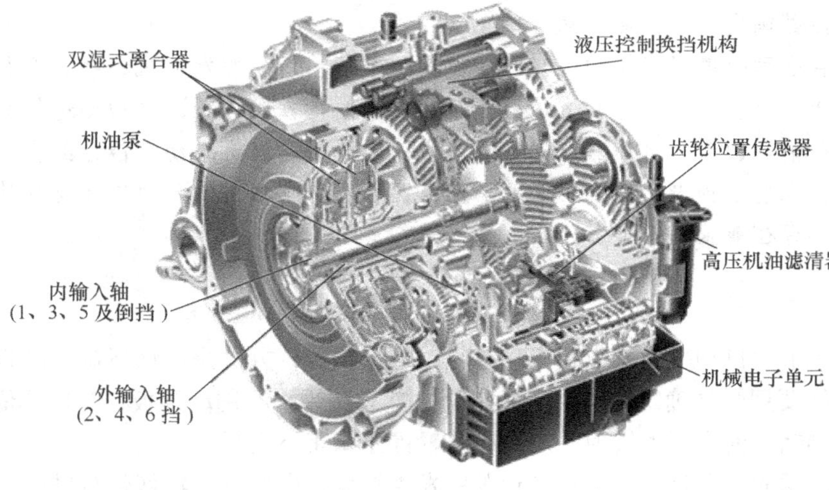

图 1-26　双离合器自动变速器

CVT 表示 Continuously Variable Transmission，直接翻译就是连续可变传动，一般译为无极变速器，顾名思义就是没有明确具体的挡。它的内部并没有传统变速器的齿轮传动结构，而是采用传动钢带和可变槽宽的链轮进行动力传递。如图 1-27 所示。

现今大家所熟悉的 CVT 多为钢带式或钢链式传动机构。而在 2010 年中国汽车变速器大会上，德国小工厂 GIF 吉孚带来了自己的另一种 CVT 变速器，他们称之为 KRG 锥环式

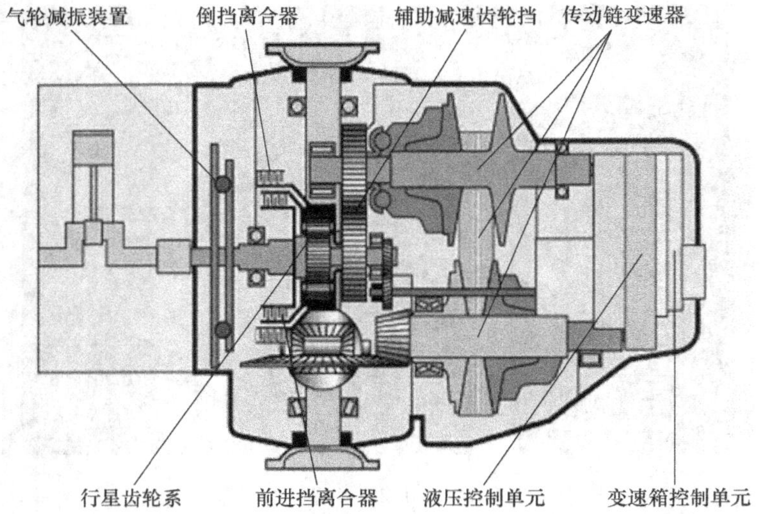

图1-27　无极自动变速器

无极变速器（Con-Ring Transmission）。KRG锥环式无极自动变速器是一种靠摩擦传动的变速器，从运作原理上讲属于CVT的分支。KRG的设计理念是避免采用任何方式的液压泵，仅用简单和耐用的部件实现纯机械控制。与CVT相比，KRG的这种设计理念使它在制造成本和效率方面拥有巨大的优势。

（2）自动变速器车辆是否省油？

很多人都会有这样的疑问，自动变速器车辆到底省油还是费油？对于这个问题，我们只能把比较参数确定，才能使问题明确化。

假如一台手动变速器车辆和一台自动变速器车辆，所装的发动机参数完全相同，变速器的挡数及传动比也相同。那么，这两辆车在相同的行驶条件下，手动变速器车辆比自动变速器车辆省油。因为，自动变速器依靠液力变矩器将发动机的动力传递给变速器，属于液力传动，存在能量损失；而手动变速器依靠离合器将发动机的动力传递给变速器，属于机械传动，不存在能量损失。

【任务总结】

一般情况下，自动变速器应在车辆停止时选择挡位，方法是：踏下制动踏板，选择所需要的挡位（要用眼睛确定，不要仅凭感觉）然后缓慢松开制动踏板，车辆就依选择方向慢慢起步。倒挡与前进挡的转换一定要在车辆停止状态下进行。

还需要注意的一点是：若车辆在行驶中发生故障，需要由车辆拖带行驶时，必须把挡位放在空挡。拖带速度不要超过30km/h，总行驶距离不能超过50km，以免因缺油运转造成变速器损坏。

因此，自动挡汽车正确的驾驶方法是将变速杆放在P位后启动发动机，而且一定要踩下制动踏板，方可由P位转入其他挡位，起步时要将变速杆推到D位，若在高速公路上高速巡航时，可选用O/D挡，节省燃油。

总之，自动挡汽车的驾驶并非人们所想的那样“自动”，选择开自动挡车的车主，应将这些知识弄清楚，方能应付自如。

【思考与练习】

1.1-1　填空题

（1）自动变速器一般由（　　　　）、（　　　　）、（　　　　）、（　　　　）四部分组成。

（2）在 P、R、N、D、2、L 挡位中，可以启动发动机的是（　　　　）。

1.1-2　选择题

（1）路况不好时应使用的挡位是（　　）。

A. P 位　　B. R 位　　C. D 位　　D. L 位

（2）在 D 位行车中，踩下制动踏板发动机就熄火，可能的故障原因是（　　）。

A. 踩下制动踏板时发动机断电造成的

B. 踩下制动踏板时发动机断油造成的

C. 踩到制动踏板时锁止离合器不能分离

D. 踩下制动踏板时锁止离合器不能锁止造成的

（3）以下说法错误的是（　　）。

A. 自动变速器的车没有离合器踏板

B. 在用的自动变速器，按传动原理可分为 AT、CVT、DCT

C. 自动变速器的传动效率高于手动变速器

D. 电液控取代液控、多挡位、多电磁阀是自动变速器的发展趋势

1.1-3　简答题

（1）自动变速器 D 位 2 挡和 2 位 2 挡有何不同?

（2）装用自动变速器的车，变速杆一般有几个位置，如何使用?

（3）自动变速器由哪些部分组成？与手动变速器相比，自动变速器有何优缺点?

（4）选择一辆自动变速器汽车，查看其挡位设置，并分析各挡位的作用。

任务 1.2　认识液力变矩器

液力传动是通过液体循环流动，利用液体动能的变化来传递动力，在自动变速器中主要指液力耦合器和液力变矩器。装配自动变速器的轿车，取消了离合器踏板，驾驶员脚下只有两个踏板，一个是加速踏板，一个是制动踏板。由于取消了离合器踏板，在发动机飞轮与变速器之间安装了液力变矩器来代替离合器，并且液力变矩器是不需要驾驶员操纵的。

【任务内容】

（1）熟悉液力变矩器各组成部分的装配关系。

（2）熟悉液力变矩器各组成部分的名称和结构。

（3）熟练掌握液力变矩器从变速器上拆装的方法和要求。

（4）能够对液力变矩器进行故障诊断。

【任务目标】

（1）对液力变矩器进行拆卸，通过任务实施掌握液力变矩器的基本构造。

（2）理解液力变矩器的工作原理。

【相关知识】

1.2.1　液力变矩器的演进

液力变矩器的前身是液力耦合器，如图1-28所示，早在20世纪初液力耦合器就用在以蒸汽机为动力的小火轮船上，后来又被用来衰减柴油机的振动，液力耦合器与变速器结合是在1939年，美国克莱斯勒公司就在汽车的传动系统中用了液力传动，在发动机和离合器之间装有液力耦合器和由三速同步器换挡啮合的齿轮变速装置组成的变速器。在早期的自动变速器中大多使用液力耦合器。但是由于液力耦合器只能传递扭矩而不能提高输出扭矩，所以，现代轿车不再采用，取而代之的是液力变矩器，虽然如此，由于液力变矩器是在液力耦合器基础上发展起来的，它们都有相近的结构和液压原理，所以必须首先了解液力耦合器的机构及其工作原理。

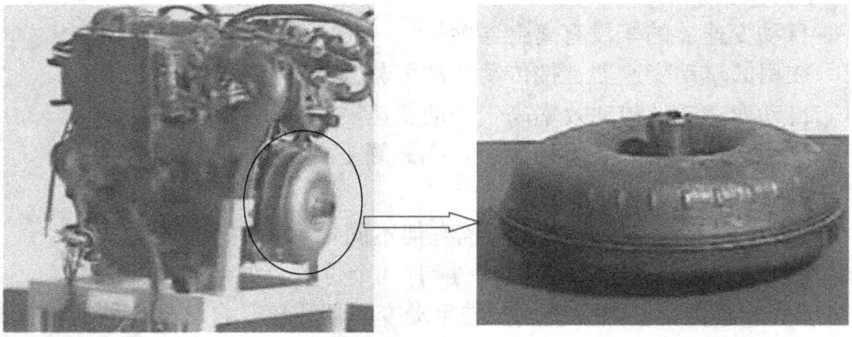

图1-28　液力变矩器

1.2.2　液力耦合器

1.2.2.1　液力耦合器的结构

如图1-29所示，液力耦合器主要是由壳体和两个直径相同的盆状的泵轮、涡轮组成，其中泵轮和涡轮统称工作轮。泵轮与液力耦合器的外壳焊接在一起，并通过螺栓与发动机的飞轮相连接，它可随曲轴一起旋转，是耦合器的主动部分；涡轮通过花键与输出轴连接，是耦合

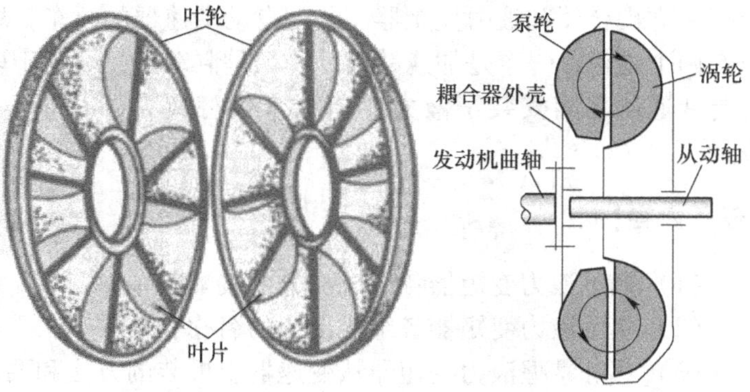

图1-29　液力耦合器结构示意图

器的从动部分；泵轮和涡轮的环形壳中沿半径放射状径向排列着许多平直的叶片，泵轮和涡轮的叶片和涡轮叶片相对而置，中间留有 2～5mm 的间隙。为了避免液压油脉动对工作轮周期性冲击而引起振动，使液力耦合器工作更为平衡，通常泵轮和涡轮的叶片数被制成不相等。泵轮和涡轮的内腔共同围成了一个环状空腔，被称为工作腔，在工作腔内充满了工作油液。

1.2.2.2　液力耦合器的工作原理

假想将两只风扇面对面摆放，如图 1-30 所示，将 A 风扇插上电源，B 风扇不插电源，则当 A 风扇回转时，送出的风经由空气的传递，B 风扇将会跟着一起回转，若两风扇的距离越近，两者的转速将更接近。由此可知，动力的传动并非只靠固定离合器的连接才能传动动力，气体也可担任传送动力的媒介。根据以上的实验，我们可以大胆假设，将空气改成液体来传动动力，传动效率应该更好。

图 1-30　空气可传递动力

此时的电风扇 A 相当于液力耦合器的泵轮，电风扇 B 相当于涡轮，空气相当于自动变速器油，那么，接下来看看液力耦合的工作原理是什么。

液力耦合器采用工作油液作为动力传递介质，把发动机的动力传递给变速传动机构。

（1）当发动机曲轴带动耦合器的壳体和泵轮转动时，充满在工作腔内的工作油液被泵轮叶片带动一起旋转。工作油液产生两种运动，一是泵轮的旋转叶片推动工作液旋转，称为工作油液转动流，又称环流，如图 1-31 所示；二是工作油液在转动中产生的离心力驱使它产生涡流，如图 1-32 所示，两种运动合成的便是实际液体流动的方向。

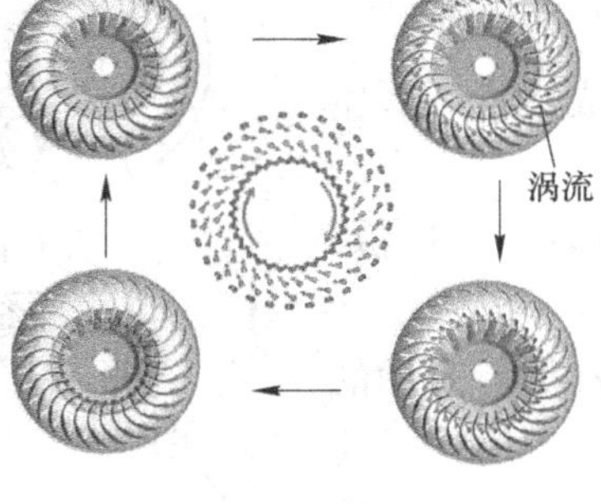

图 1-31　环流

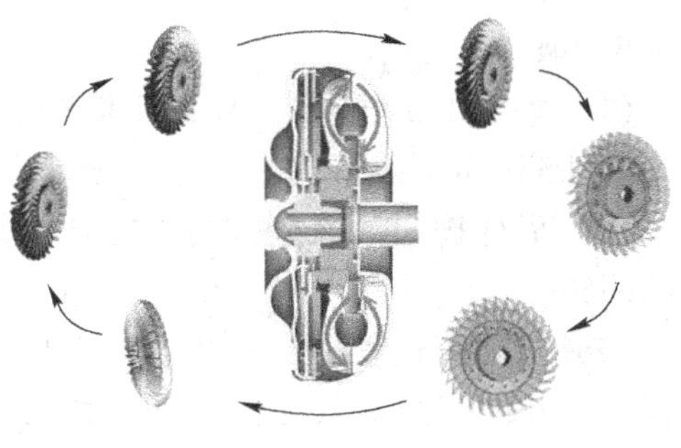

图 1-32　涡流

（2）如图 1-33 所示，工作油液从泵轮叶片内缘向叶片外缘流动。因此泵轮叶片外缘处压力较高，而内缘处压力较低，其压力差取决于泵轮的半径和转速。由于泵轮和涡轮的半径是相等的，故当泵轮的转速大于涡轮的转速时，泵轮叶片外缘的液压大于涡轮叶片外缘的液压，即泵轮叶片外缘与涡轮叶片外缘之间还存在一个压力差，在此压力差的作用下，泵轮叶片外缘的工作油液就从泵轮叶片的外缘冲入涡轮叶片的外缘，并沿着涡轮叶片向内缘流动，将动能传递给涡轮产生转矩，使涡轮按照与泵轮同一方向旋转，带动液力耦合器的输出轴转动，从而将工作油液的动能转变为机械能输出。

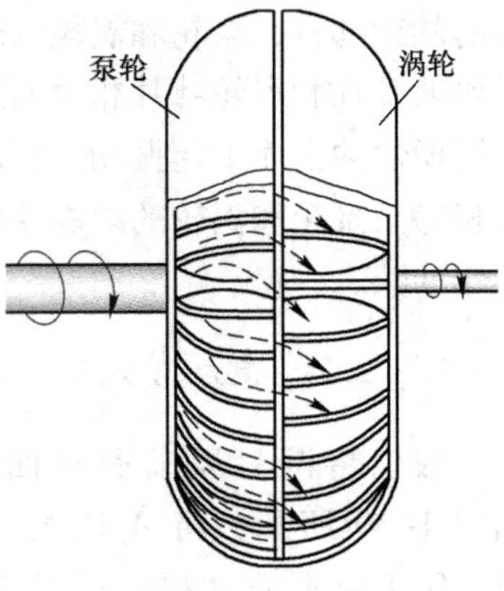

图 1-33　工作原理图

(3) 又由于此时涡轮内缘的液压大于泵轮内缘的液压，因此流入涡轮内缘的工作油液又会返回泵轮的内缘，而后工作油液又会被泵轮再次甩到泵轮的外缘并冲击涡轮叶片。就这样工作油液在泵轮与涡轮之间循环流动，不断地把泵轮获得的做圆周运动液体的动能传递给涡轮转变成机械能输出。

1.2.2.3　液力耦合器的特点

由于液力耦合器是通过工作油液传动动力的，泵轮和涡轮之间允许有很大的转速差，所以易于进行平稳的动力传递，减少汽车传动机构的冲击载荷，其优缺点如下。

A　优点

(1) 可以保证汽车平稳地起步和加速。汽车起步时涡轮的转速为零，此时涡轮输出的转矩最大，汽车易于克服行驶阻力起步，随着汽车的加速，涡轮转速逐渐增大，涡轮与泵轮转速差逐渐减小，传递的转矩相应减小。

(2) 可以保证发动机易于启动。由于液力耦合器的主动元件与从动元件由工作油液连接，所以发动机可以容易启动。

(3) 能够衰减传动系统中的扭转振动，并且在传动系统负荷过大时，起过载保护作用，从而延长传动系统和发动机各构件的寿命。

(4) 可以显著减少需要换挡的次数，有助于换挡自动化。

B　缺点

(1) 如图 1-34 所示，因采用半平板的叶片，造成撞击到涡轮叶片的油液，可能会反弹，抵消部分动力。

(2) 涡轮掷回油液分方向可能与泵轮旋转方向相反，阻碍泵轮的回转。

(3) 只能传递动力，无法增大力矩。在工作油液循环流动的过程中，并没有受到其他任何外力作用，所以发动机作用于泵轮上的扭矩与涡轮所接受并传递给从动轴的扭矩相等（忽略其中摩擦和冲击造成的能量损失），即液力耦合器只能传递扭矩而不能改变扭矩的大小。

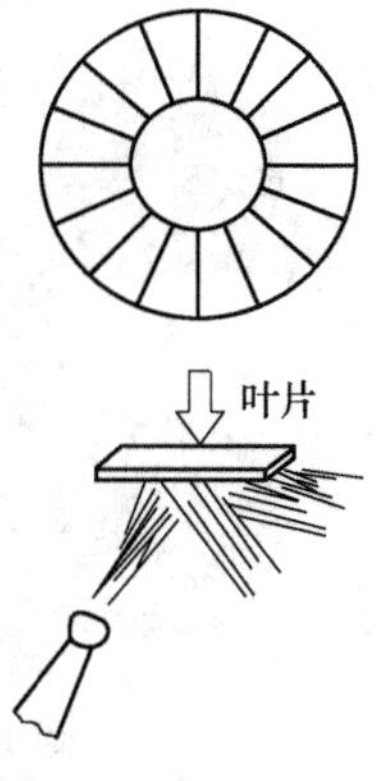

图 1-34　液力耦合器叶片形状

1.2.3 液力变矩器

1.2.3.1 液力变矩器的组成与结构

液力变矩器通过螺栓安装在发动机的飞轮上，其作用是将发动机的动力传递给自动变速器中的齿轮变速机构，并具有一定的自动变速功能。不同的汽车对液力变矩器的性能要求不同，因而液力变矩器的结构和特点也有所不同，现代轿车一般使用三元件液力变矩器较多。

从液力变矩器的外观看，其整体结构如图 1-35 所示，前端通过螺栓与发动机飞轮相连接，后端是泵轮外壳与泵轮轴。将液力变矩器切割开，可看到有三个工作轮，即泵轮、涡轮、导轮，另外还有一个单向离合器和锁止离合器。泵轮与涡轮是互不接触的，两者之间有一定的间隙，大约 3 ~4mm。

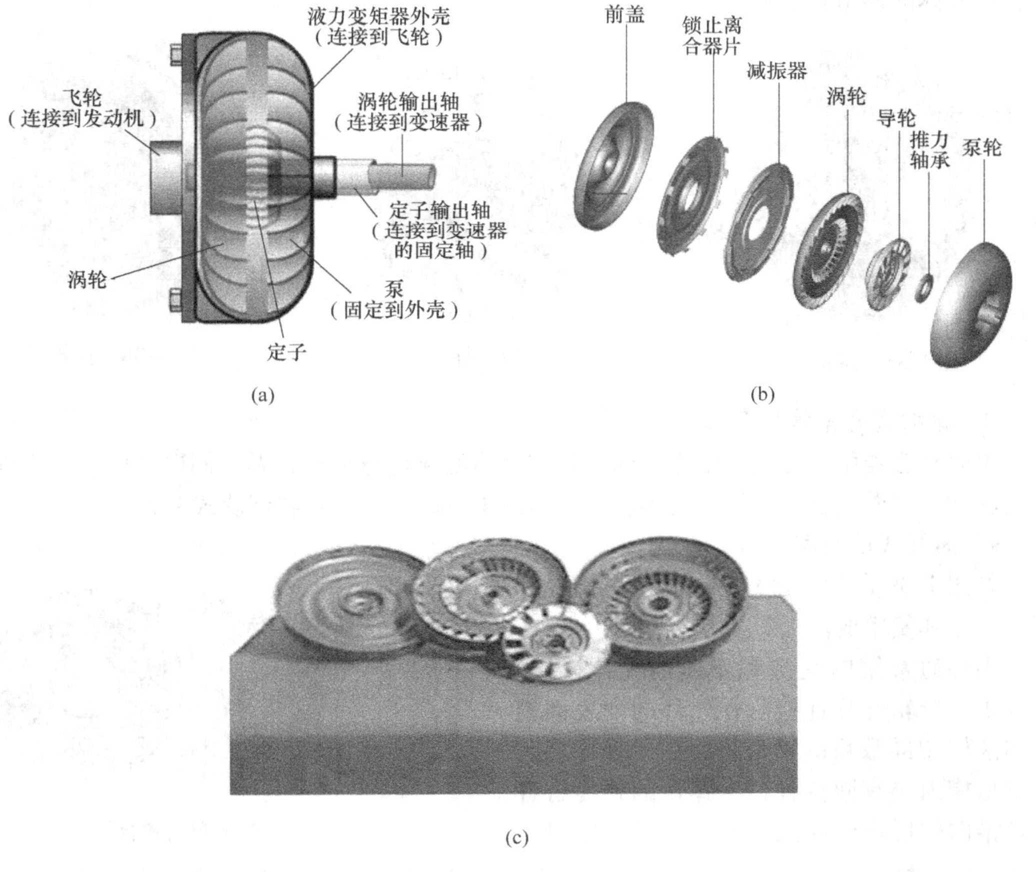

图 1-35 液力变矩器整体结构

(a) 液力变矩器前后连接方式；(b) 液力变矩器的各组成；(c) 液力变矩器的实物

A 泵轮

如图 1-36 所示，泵轮是液力变矩器的主动部分，与变矩器的壳体焊接在一起，随发动机飞轮一同转动，泵轮内有许多具有一定曲率的叶片，按一定的方向辐射状安装在泵轮壳体上，叶片上有导流环，当泵轮旋转时，在离心力的作用下，液体从中间沿叶片和导流环形成的通道涌动。

B　导轮

如图1-37所示，导轮位于泵轮与涡轮之间，通过单向离合器固定于油泵盖轴，从而与变速器壳体相连。当来自涡轮的液体冲击导轮叶片的凹面时，由于导轮通过单向离合器被固定，导轮叶片使液流方向改变，改变方向的液流冲击泵轮叶片，促使泵轮转动，从而实现增加转矩的作用。

C　涡轮

如图1-38所示，涡轮和输出轴通过花键连在一起，是液力变矩器的从动部分。其作用是接受来自泵轮液体的冲击带动变速器的输出轴，将动力输出。在其壳体内有一定曲率的叶片，辐射状分布，叶片上有导流环，液体沿叶片与导流环形成的通道，从外向里流动，在液体的冲击下旋转。

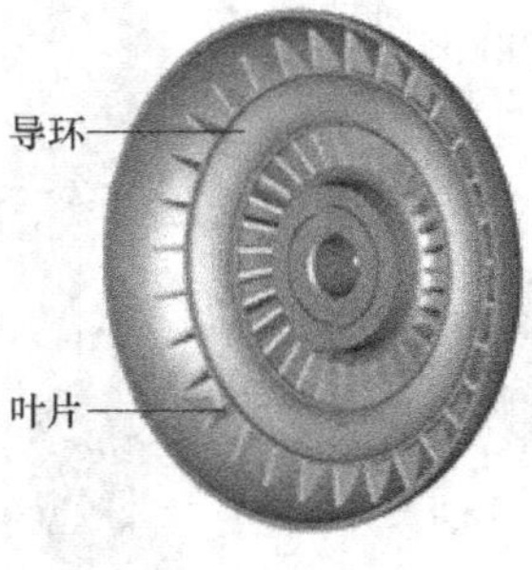

图1-36　泵轮

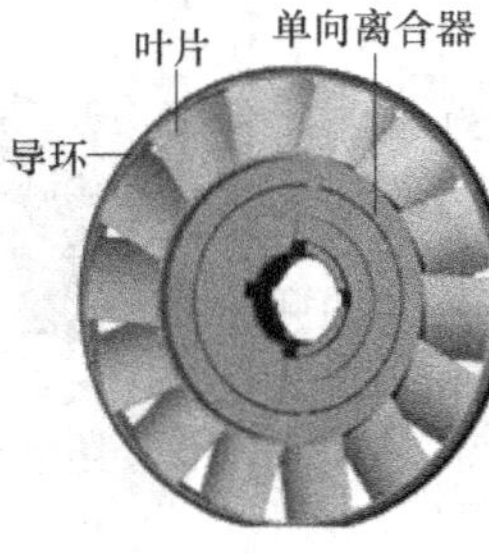

图1-37　导轮

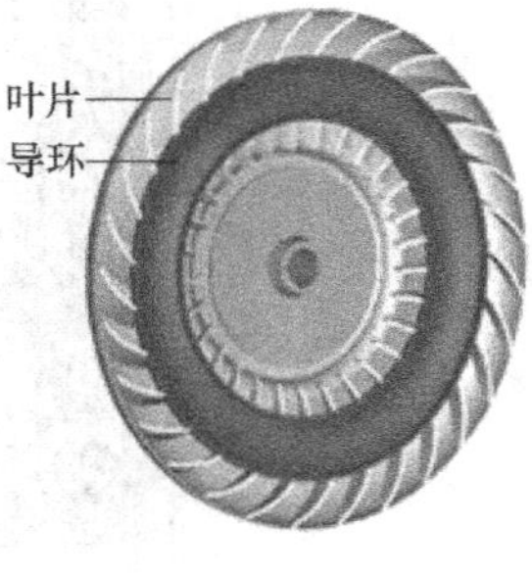

图1-38　涡轮

D　单向离合器结构及工作原理

单向离合器位于导轮的中心孔内，其作用是使导轮与泵轮和涡轮同向可转动，反向则不能转动。单向离合器的形式有多种，目前最常见的是滚柱式和楔块式两种。

a　滚柱式单向离合器

如图1-39所示，由外环、内环、滚柱和滚柱回位弹簧组成。

内环通常用内花键和变速器壳体连接，外环则与导轮叶片连接。在外环的内表面制有与滚柱相同数目的楔形槽，内、外环之间的楔形槽内装有回位弹簧。弹簧的弹力将各滚柱推向楔形槽较窄的一端。当外环相对于内环顺时针转动时，在刚刚开始转动的一瞬间，滚柱便在摩擦力和弹簧力的作用下被卡死楔形槽的一端，于是内外环相连接成为一个整体，不能相对转动，此时单向离合器处于锁止状态，与外环连接的基本元件便被固定住或者和内环相连接的元件连成一个整体。当外环相对于内环朝逆时针方向转动时，滚柱在摩擦力的作用下，克服弹簧的弹力，滚向楔形槽较宽的一端，出现打滑现象，外环相对于内环可做自由滑转，此时单向离合器处于自由状态。

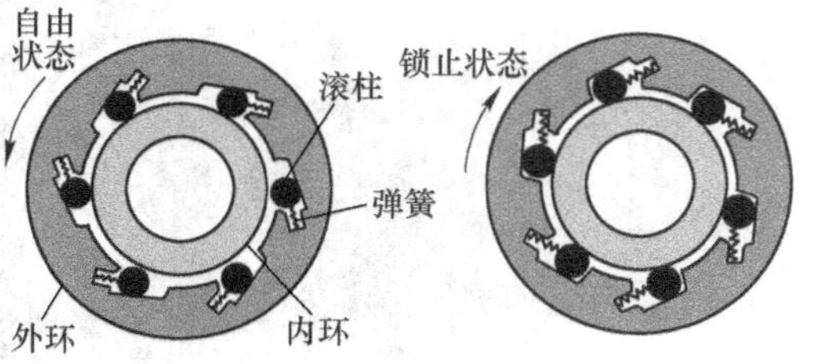

图1-39　滚柱式单向离合器

b　楔块式单向离合器

如图 1-40 所示，与滚柱式单向离合器结构相似，楔块式单向离合器由外环、内环、滚子或楔块组成。不同之处在于，它的外环或内环都没有楔形槽，其滚子不是圆柱形的，而是特殊形状的模块。楔块在 L_2 方向上的尺寸略大于内外环之间的距离 L，而 L_1 方向上的尺寸则略小于 L，当外环相对于内环朝顺时针方向旋转时，楔块在摩擦力的作用下立起，因自锁作用而被卡死在内外环之间，使内环和外环无法相对滑转，此时单向离合器处于锁止状态；当外环相对于内环逆时针方向旋转时，楔块在摩擦力的作用下倾斜，脱离自锁状态，内外环可以相对滑转，此时单向离合器处于自由状态。其锁止方向取决于楔块的安装方向，维修时不得装反。

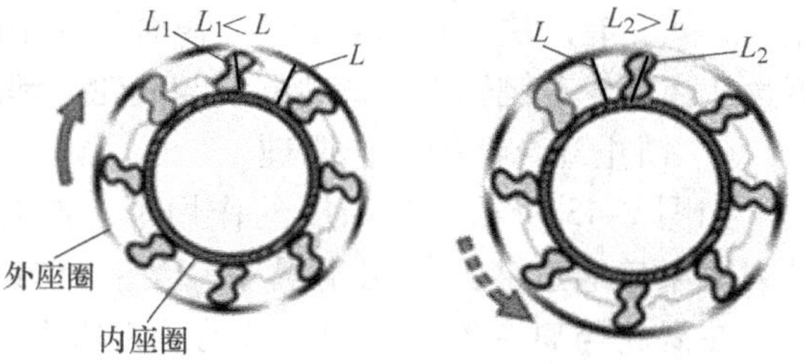

图 1-40　楔块式单向离合器

E　锁止离合器的结构及工作原理

a　锁止离合器的理论基础

液力变矩器工作时，无论在零速工况下，还是在高速工况下，泵轮和涡轮之间都存在转速差和内部液力损失。所以液力变矩器的传动效率不如手动变速器，采用液力变矩器的汽车在正行驶时的燃油经济性比较差，为了提高液力变矩器在高传动比工况下的传动效率，通常采用带有锁止离合器的液力变矩器。那么，锁止离合器的作用是什么呢？

我们做一个实验，如图 1-41 所示。用空气传递动力会有能量损失，且电风扇 B 的转速永远小于 A 的转速。如果我们将电风扇 A 与 B 用一个轴连接在一起，此时电风扇 A 可直接带动 B 同速转动，就没有能量损失。

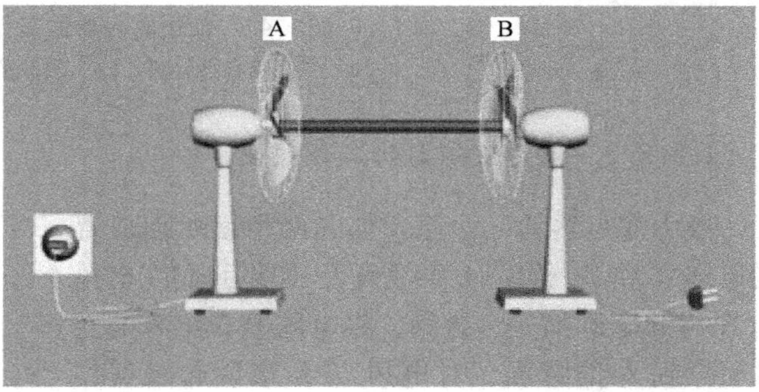

图 1-41　锁止离合器的工作原理

此时的电风扇 A 相当于液力变矩器的泵轮，电风扇 B 相当于涡轮，空气相当于自动变速器油，连接轴相当于锁止离合器。

通过试验可知，采用锁止离合器的液力变矩器的目的，是在高传动比的工况下，利用锁止离合器将液力变矩器的泵轮和涡轮锁止，使两工作轮连接成一体，使变矩器的输入轴与输出轴刚性连接，变液力传动为机械传动，提高传动效率，提高汽车正常行驶时的燃油经济性。

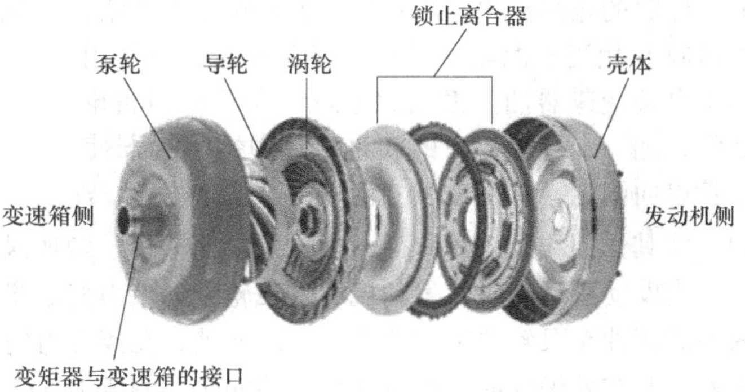

图 1-42　锁止离合器

b　锁止离合器的结构

如图 1-42 所示，在涡轮与泵

轮壳之间，有一块锁止离合器片，离合器片中间有花键孔，在涡轮背面有一根花键轴，离合器片装在涡轮花键轴上，离合器片与涡轮一起旋转，离合器片相对涡轮可以轴向移动。

c　锁止离合器的工作原理

如图1-43所示，在油压的作用下，离合器片与泵轮前盖分离，锁止离合器不锁止，动力由泵轮通过液力作用于涡轮。当液流方向发生改变时，泵轮前盖与离合器片之间泄压，在涡轮与离合器片之间油液的压力增大，推动离合器片与泵轮前盖压紧，动力由前盖通过离合器片作用传给涡轮轴，液力传动变成机械传动。液流方向的控制在液压控制系统中学习。

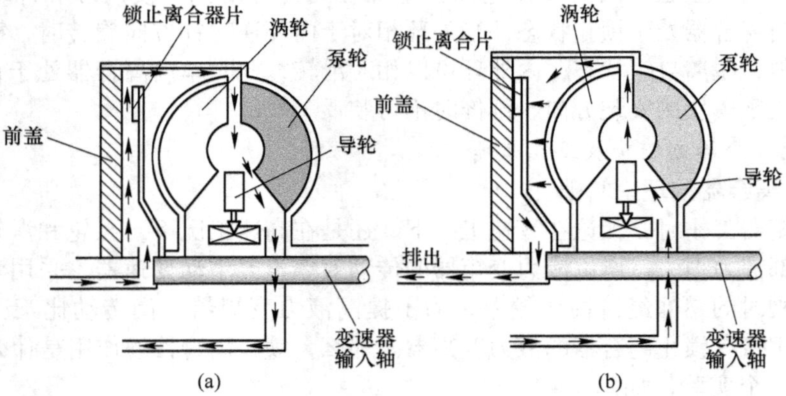

图1-43　锁止离合器的工作原理

（a）锁止离合器分离；（b）锁止离合器接合

1.2.3.2　液力变矩器的工作原理

液力变矩器的工作原理如同两个面对面放置的风扇A和B，如图1-44所示，如果我们在电风扇A与B之间加一个导管，将电风扇B出来的空气引导到A的背面，对电风扇A来说起增益作用，是有利的；如果电风扇B出来的空气引导到A的正面，对电风扇A来说起阻尼作用，是有害的。此时的电风扇A相当于液力变矩器的泵轮，电风扇B相当于涡轮，导管相当于导轮，空气相当于自动变速器油。根据此原理，在泵轮和涡轮之间，加一个导轮，目的就是通过单向离合器使导轮单向固定，从而改变自动变速器油的流动方向，使其作用在泵轮的背面，加快泵轮的转速，增加涡轮的输出转矩。

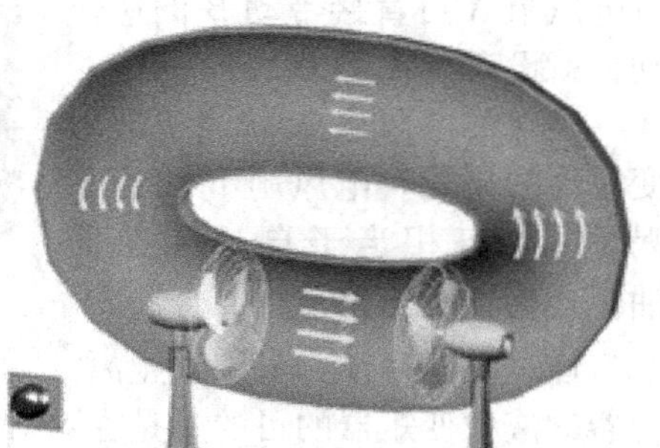

图1-44　变矩器的理论依据

当发动机运转时，发动机曲轴飞轮带动液力变矩器的壳体和泵轮一同转动。泵轮叶片内的液压油在泵轮的带动下随之一同转动；在离心力的作用下，液压油被甩向泵轮叶片外缘处，并在外缘处冲向涡轮叶片，使涡轮在液压油冲击力的作用下旋转；涡轮与泵轮同方向旋转；冲向涡轮叶片的液压油沿涡轮叶片向内缘流动，通过导轮，再流向泵轮，则泵轮再次将其甩向外缘。液压油就这样在液力变矩器内做循环流动。

液力变矩器的具体工作过程如下：

（1）当汽车起步或低速行驶时。如图 1-45 所示，当汽车起步或低速行驶时，与发动机刚性连接的泵轮转速快，而从动的涡轮转速慢。液体从涡轮流出，冲击导轮叶片的凹面，此时欲使导轮反向转动，被导轮单向离合器锁止，导轮被固定，导轮叶片不动，液体打在导轮的叶片上改变方向流出，冲击泵轮叶片的背面，使泵轮转速加快，液流冲击力更大，涡轮的输出转矩变大。

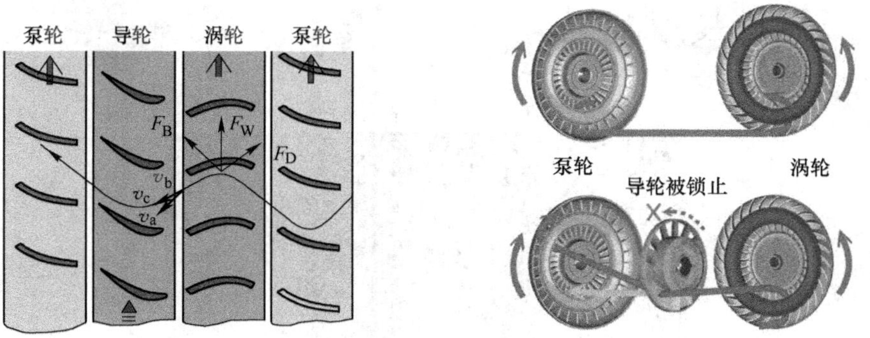

图 1-45　汽车起步或低速行驶

（2）汽车中速行驶时。如图 1-46 所示，汽车中速行驶，当涡轮转速是泵轮转速的 0.85 倍时，液流方向正好与导轮叶片相切，导轮转矩为 0，此时相当于耦合器，对应的转速称为偶合工作点。即涡轮转矩等于泵轮转矩。

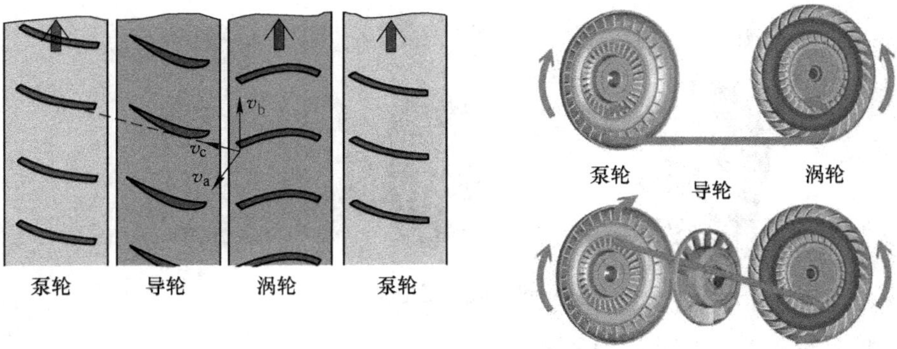

图 1-46　汽车中速行驶

（3）汽车高速行驶。如图 1-47 所示，当泵轮与涡轮的速度相近时，涡流速度 v_a 最小，环流速度 v_b 最大，合成的液流的 v_c 方向冲击导轮的背面，此时导轮的单向离合器解除锁止，导轮随之自由转动。涡轮转矩等于泵轮转矩。

1.2.4　拆卸液力变矩器

如图 1-48 所示，在自动变速器上拆下液力变矩器壳体固定螺栓，把壳体从自动变速器壳体上拆下来后，对液力变矩器壳体进行拆卸，拆卸步骤具体如下：

（1）液力变矩器多为不可拆卸式，如若拆卸，必须先将其内部油放干，然后用锯锯开

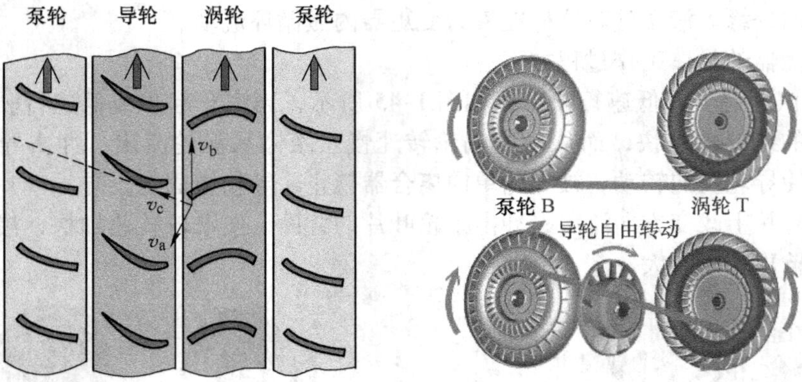

图 1-47　汽车高速行驶

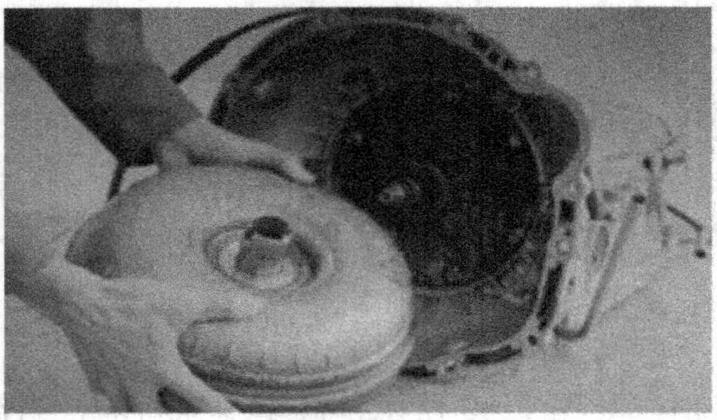

图 1-48　液力变矩器的拆卸

或用气焊割开，如图 1-49 所示。

图 1-49　液力变矩器的拆解

（2）将泵轮取下，如图 1-50 所示。

（3）将导轮拆下，如图 1-51 所示。

（4）将涡轮取出，如图 1-52 所示。

图 1-50　泵轮

图 1-51　导轮及单向离合器

图 1-52　涡轮

（5）将离合器压盘取出，如图 1-53 所示。

图 1-53　取出离合器压盘

1.2.5　液力变矩器常见故障及诊断方法

液力变矩器为不可拆式总成，一旦它产生了故障，能用于判断故障的参数只有发动机转速（泵轮转速）、涡轮转速（变速器输入轴转速）和 ATF 温度信号，只能通过对数据流进行机理分析和换件试验的方法排除故障。为了能正确地判断故障，对多个具有不同故障的液力变矩器进行解剖、检查和分析，总结出 3 种常见的机械故障现象及故障判断方法。

（1）汽车起步时液力变矩器增大转矩的能力变差，甚至在起步加速时发动机熄火。

故障原因：单向离合器打滑，导轮因不能锁止而反向旋转。

故障判断方法：将变速杆置于 D 位和 R 位下进行失速试验，如果失速转速远低于标准值（ >600r/min）或发动机熄火，则单向离合器打滑。

检修方法：若单向离合器损坏，则要更换液力变矩器总成。

（2）汽车加减速时液力变矩器中的异响增大，严重时出现“挂挡熄火”。

故障原因：

1）泵轮、涡轮和导轮间的轴承损坏。滚针飞脱，使各轮间的轴向冲击增大，产生异响；严重时，滚针将涡轮卡住在液力变矩器壳内，使两套变为刚性连接，无相对滑转以致汽车一起步，发动机便熄火。

2）锁止离合器内减振弹簧的弹力降低引发异响；减振弹簧在断裂后可能将涡轮卡住在液力变矩器壳体内，以致发生“挂挡熄火”现象。

故障判断方法：

1）如果在汽车停驶状态下将变速杆依次挂入 D 位和 R 位时，发动机熄火或在汽车强行起步、加速时发动机的转速较高（ >1500r/min），则可能是泵轮、涡轮和导轮间的轴承损坏。

2）在汽车停驶状态下不断改变发动机的转速，如果液力变矩器中的异响增大（用听诊器检查），则减振弹簧的弹力降低（还可在将液力变矩器拆下后通过不断晃动液力变矩器的方法来检查）。

（3）汽车在高速行驶时，发动机相应的转速偏高，发动机冷却液温度和 ATF 温度也偏高。

故障原因：

1）由于液力变矩器锁止阀泄漏，锁止离合器频繁结合与分离，其摩擦片损量过大。

2）锁止离合器锁止电磁阀卡滞，锁止离合器或油压调节阀有故障。

故障判断方法：

1）当车速为 100km/h 条件下（锁止离合器已结合）急促加速时，车速和发动机转速应同步上升，如果车速上升的幅度不大，而发动机转速猛升，则锁止离合器摩擦片磨损量过大。

2）根据解码器读得的数据流进行判定：发动机转速、挡位、输入轴转速、输出轴转速、锁止离合器的状态和 ATF 温度。

1.2.6　液力变矩器的安装

当液力变矩器与变速器一同从车上拆下时，在移去变矩器前，要检查它在变速器前壳内的安装深度，不同型号的自动变速器其深度值不同，如图 1-54 所示。

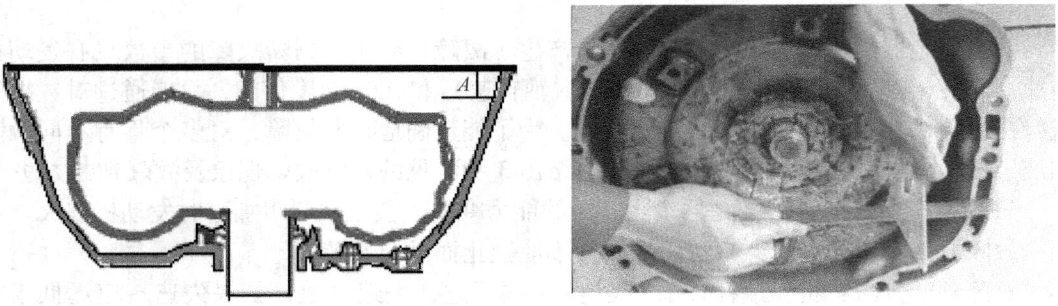

图 1-54　液力变矩器的安装深度

A—自动变速器深度值

如果测得的深度小于标准值，说明变矩器未安装到位，其后端的轴套上的缺口未插入油泵齿轮中间的凸块内。对此，应取出变矩器，让变矩器后端轴套上的缺口与油泵驱动齿轮中间的凸块对准后装入，否则，在装上汽车时会压坏自动变速器的油泵齿轮，如图 1-55 所示。

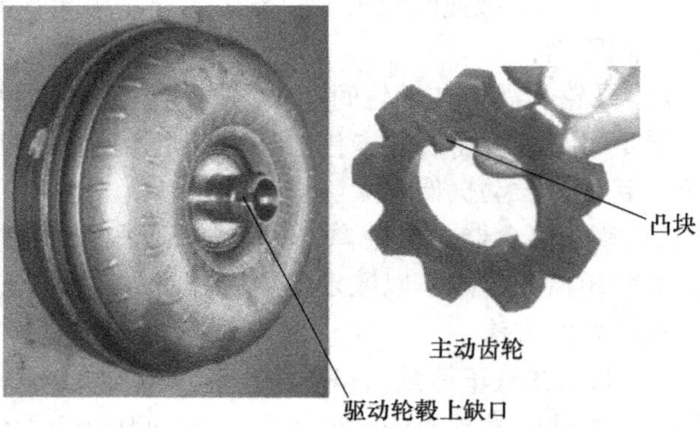

图 1-55　液力变矩器的安装注意事项

【任务实施】

在拆卸液力变矩器过程中，认真观察液力变矩器各零部件之间的安装位置关系及各组成部分的结构特点，通过观察，结合理论知识，尽可能自行完成如下工作单（表 1-1），然后在教师指导下完成本任务。

表 1-1　观察液力变矩器及液力变矩器的检查任务工作单

任务名称	要　求
液力变矩器的安装	能够正确将液力变矩器安装在自动变速器上
液力变矩器的结构，液力变矩器的工作原理	掌握自动变速器典型液力变矩器的组成部分
变矩器锁止离合器结构及锁止原理	明确液力变矩器锁止离合器的结构组成和锁止释放原理
液力变矩器的故障诊断	掌握液力变矩器的常见故障及其诊断方法

【知识与技能拓展】

通过以上理论及实践知识的学习，认真阅读下列案例，进行分析总结，牢固掌握液力变矩的检测与安装时的注意事项。

案例一

车型：日产公爵 Y31 轿车，装用 RE4R01A 型变速器。

故障现象：据驾驶员介绍，这辆车的变速器前部漏油，换过几次油封，但行驶不久又漏油了，顶起车检查，发现漏油比较严重，而且都是变速器油。

诊断与排除：拆下变速器检查，油封无明显损坏。换一个新油封装回，该车出厂两天后，又因变速器漏油回厂返修。

拆下发速器后检查，油封完好，但发现液力变矩器后端与油封接触的轴颈磨损不均匀（一侧磨痕迹较宽）。于是怀疑是与轴颈偏摆有关，使用千分表接触轴颈部位检查，偏摆量达到 0.55mm，超过了允许最大值 0.30mm。

于是采取在液力变矩器与飞轮接合的螺孔间增减垫片（薄铜皮）的方法，调整轴颈的偏摆量，最后达到只有 0.20mm 的偏摆量，然后记好垫片的位置和数量。安装好以后，解决了漏油问题，故障排除。

案例二

车型：丰田佳美 2.2 轿车，装用 A140E 型自动变速器。

故障现象：更换自动变速器后，发动机不能转动。

诊断与排除：该车为 A 修理厂接修车辆，故障时自动变速器损坏。由于 A 维修厂过去没修过自动变速器，解体零件后弄乱了，且安装不上。于是将变速器单独送 B 维修厂修理。B 修理厂将变速器修好后交给 A 修理厂，A 修理厂将变速器装到车上。几天后这辆车的发动机不能转动，遂将整车拖入 B 修理厂检修。据驾驶员反映，先是发动机无力，变速器温度太高，最后发动机被卡住而不能转动。

先在曲轴前部转动曲轴，根本无法转动。于是决定拆下变速器，进一步检查发动机和变速器。拆下变速器后，发动机能转动了。再仔细检查变速器，油泵壳体已过热变色。解体变速器，油泵外壳胶圈因过热而与壳体胶合在一起，以至于拆出油泵非常困难。再解体检查油泵，内齿轮与泵壳已烧结到一起无法拆开，变速器壳体也变形。

究其原因，原来是 A 修理厂将变速器往车上安装时（应先将液力变矩器拆下，将液力变矩器轴套上的两个缺口与油泵内齿轮的两个凸键对好，将液力变矩器安装到位后再与变速器一起装上飞轮壳，最后再将液力变矩器与发动机飞轮紧固到一起），未将液力变矩器轴套的两个缺口与油泵内齿轮的凸键对好，这样就造成变速器外壳不能与发动机飞轮壳对合，造成液力变矩与油泵之间产生巨大压力，而使油泵齿轮与油泵壳体烧结在一起。

因变速器外壳已变形，只好更换一台新变速器总成。正确安装好，试车，故障排除。

【任务总结】

（1）液力传动装置的作用是将发动机的动力传递给变速器，汽车上目前采用的液力传动装置是液力变矩器。

（2）液力变矩器的主要组成元件有泵轮、导轮、涡轮和壳体等，壳体和泵轮输入，涡轮输出。

（3）液力变矩器利用液体的循环流动来传动动力，产生循环流的条件是泵轮的转速高于涡轮的转速，两者的转速差越大传递的力矩越大。

（4）在刚起步或低速行驶时，利用导轮上的单向离合器使导轮单向固定，从而起到增加扭矩的作用；在高速时，液力变矩器利用导轮上的单向离合器将其性能变成耦合器以提高高速时的传动效率。

（5）为进一步提高传动效率，液力变矩器在高速、小负荷时通过与锁止离合器的接合，实现机械传动，使传动效率接近100%。

（6）液力变矩器还可以通过锁止离合器的接合状态（分离、半接合半打滑、全接合），实现功率分流，即既存在液力传动也存在机械传动。

【思考与练习】

1.2-1 填空题

（1）液力变矩器一般由三个工作轮（　　　）、（　　　）、（　　　）组成。

（2）液力变矩器三个工作轮中，主动轮是（　　　），从动轮是（　　　）。

（3）液力变矩器中单向离合器的作用是单向固定（　　　）轮。

（4）液力变矩器中，液体由泵轮到涡轮，然后回到泵轮的循环叫（　　　）；沿液力变矩器旋转方向的液力叫（　　　）。

（5）变矩器内单向离合器（　　　）会造成汽车低速时加速不良。

（6）单向离合器卡死会造成汽车（　　　）。

1.2-2 选择题

（1）下列不属于液力变矩器的结构是（　　）。

A. 泵轮和导轮　　B. 锁止离合器和单向离合器

C. 涡轮和导轮　　D. 接合套和制动器

（2）锁止离合器是把下列哪两个元件连接起来（　　）。

A. 泵轮和导轮　　B. 涡轮和泵轮

C. 导轮和涡轮　　D. 导轮和壳体

（3）液力变矩器进入锁止工况后，轻踩制动踏板时，发动机转速会（　　）。

A. 提高　　B. 降低　　C. 不变

1.2-3 简答题

（1）液力变矩器的组成及各部分的作用是什么？

（2）什么是涡流？什么是环流？

（3）如何检查液力变矩器锁止离合器是否打滑？

（4）如何判断单项离合器的故障？

任务1.3 认识齿轮变速机构

自动变速器中的液力变矩器虽然能够在一定范围内无极地改变转矩比和传动比，但其增矩作用只有2～4倍，不能很好地满足汽车的使用要求。因此，在汽车上广泛采用的是液力变矩器与齿轮变速机构组成的液力式自动变速器。

发动机的动力经液力变矩器传至自动变速器，经变速器输出给驱动轮。液力变矩器在自动变速器中的主要作用是使汽车起步平稳，并在换挡时减缓传动系统的冲击载荷。汽车在使用过程中主要是靠齿轮变速机构实现变速的，即可使转矩再增大 2 ~4 倍。

自动变速器的功能必须全面覆盖手动变速器的功能，为驾驶人提供更优异的车辆性能。因此，自动变速器的齿轮变速机构具有空挡、4 ~8 个不同传动比的前进挡和倒挡。

【任务内容】

(1) 掌握单排行星齿轮机构的运动规律。

(2) 理解单排双级行星齿轮机构的运动规律。

(3) 理解换挡执行元件的工作原理。

【任务目标】

(1) 熟悉各种变速机构的结构。

(2) 理解各种变速机构的工作原理。

(3) 掌握行星齿轮变速系统的拆装方法和要求。

【相关知识】

1.3.1　单排行星齿轮机构及其运动规律

1.3.1.1　单排行星齿轮机构的组成

行星齿轮机构有多种形式，其中最简单的行星齿轮机构如图 1-56 所示。由一个太阳轮、一个齿圈、一个行星架和支撑在行星架上的几个行星齿轮组成，称为一个行星排。在一个行星排中，具有共同中心线的太阳轮、齿圈和行星架是齿轮变速机构动力传递的三个基本元件。

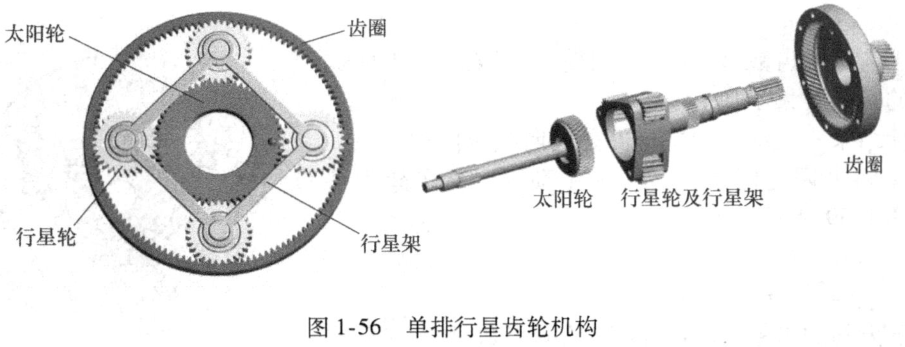

图 1-56　单排行星齿轮机构

用行星齿轮机构作为变速机构，由于有多个行星齿轮同时工作，且采用内啮合方式，故与普通齿轮式变速机构相比，在传递同样大小功率的情况下，可减小变速器的尺寸和质量，能实现同向、同轴减速传动。

1.3.1.2　单排行星齿轮机构变速原理

单排行星齿轮机构有三个元件，它没有固定的传动比，将任意两个元件作为动力输入和输出均不能传递动力。为了组成具有一定传动比的传动机构，必须将太阳轮、齿圈和行星架这三个元件中的一个加以固定，或者将某两个基本元件相互连接在一起，即两者同速转动，才能获得一定的传动比。在单排行星齿轮机构中行星齿轮是中间轮（惰轮），起到传力或换向的作用，因此单排行星齿轮机构传动比取决于太阳轮齿数 Z_1 和齿圈齿数 Z_2，与行星齿轮的齿数无关。太阳轮的齿数最少，齿圈齿数约等于太阳轮齿数的1倍，行星齿轮内侧与太阳轮啮合，外侧与齿圈啮合，行星齿轮固定在行星架上，行星架的齿数 = 太阳轮齿数 + 齿圈齿数。太阳轮最小，齿圈居中，行星齿轮架最大。

设 $Z_2/Z_1=\alpha$，则单排行星的运动特性方程为：

$$n_1+\alpha n_2-(\alpha+1)n_3=0$$

式中，n_1为太阳轮转速，r/min；n_2为齿圈转速，r/min；n_3为行星架转速，r/min。

根据特性方程改变太阳轮、齿圈、行星架三者不同的运动状态，即可得到不同的传动比，从而得以实现换挡变速，下面分别讨论各种可能的情况，如图1-57所示。

（1）将齿圈固定，以太阳轮为主动件，行星架为从动件，如图1-58所示，则：

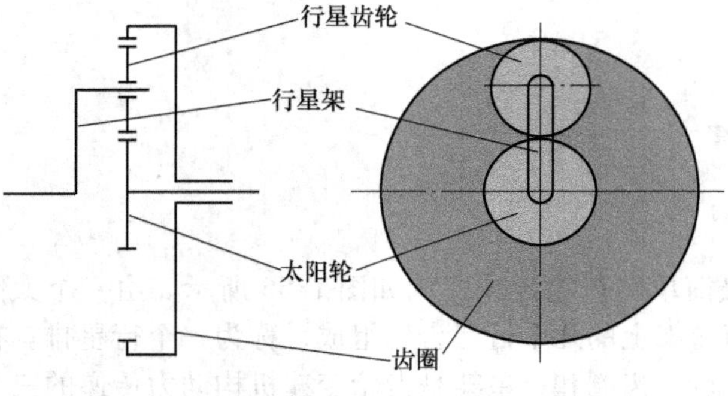

图1-57　单排行星齿轮机构示意图

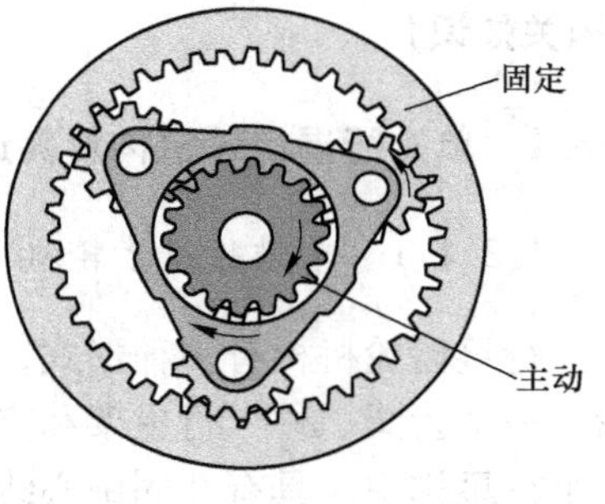

图1-58　齿圈固定，太阳轮为主动，行星架为从动

$$n_2=0$$

$$i_{13}=n_1/n_3=1+\alpha=1+Z_2/Z_1$$

由于齿圈的齿数 Z_2 大于太阳轮的齿数 Z_1，因而这一传动比的数值要大于2。

实验结果：从动件与主动件是同向减速传动。

（2）将太阳轮固定，齿圈为主动件，行星架为从动件，如图1-59所示，则：

$$n_1=0$$

$$i_{23}=n_2/n_3=(1+\alpha)/\alpha=1+Z_1/Z_2$$

由于齿圈的齿数 Z_2 大于太阳轮的齿数 Z_1，因此这一传动比大于1且小于2。

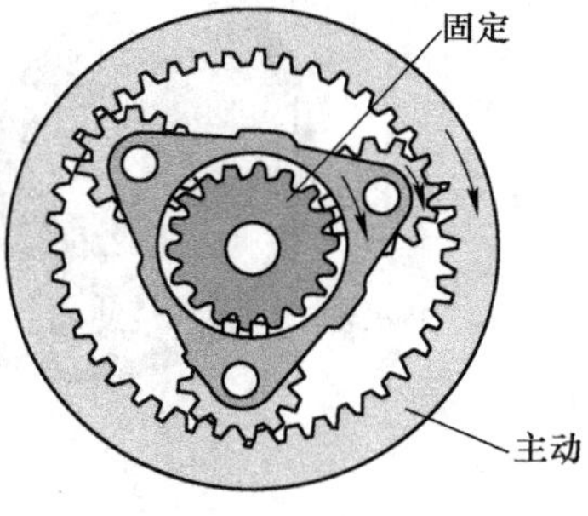

图1-59　太阳轮固定，齿圈为主动，行星架为从动

实验结果：从动件与主动件是同向减速传动。

（3）将太阳轮固定，行星架为为主动件，齿圈为从动件，如图1-60所示，则：

$$n_1 = 0$$

$$i_{32} = \frac{n_3}{n_2} = \frac{\alpha}{1+\alpha} = \frac{Z_2}{Z_1 + Z_2}$$

该传动比小于 1。

实验结果：主动件与从动件是同向增速传动。

（4）齿圈固定，行星架为主动轮，太阳轮为从动轮，如图 1-61 所示，则：

$$n_2 = 0$$

$$i_{31} = \frac{n_3}{n_1} = \frac{1}{1+\alpha} = \frac{Z_1}{Z_1 + Z_2}$$

实验结果：主动件与从动件是同向增速传动。

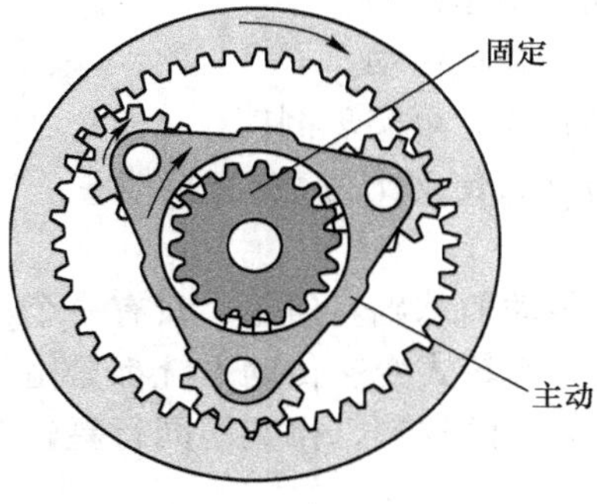

图 1-60　太阳轮固定，齿圈为被动，行星架为主动

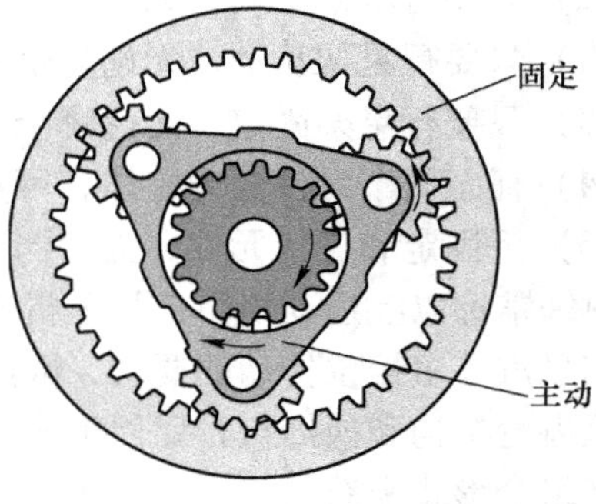

图 1-61　齿圈固定，太阳轮为被动，行星架为主动

（5）太阳轮为主动轮，齿圈为从动轮，行星架固定，如图 1-62 所示，则：

$$n_3 = 0$$

$$i_{12} = \frac{n_3}{n_1} = -\alpha = -\frac{Z_2}{Z_1}$$

实验结果：从动件与主动件是反向减速传动。

（6）齿圈为主动件，太阳轮为从动件，行星架固定，如图 1-63 所示，则：

$$n_3 = 0$$

$$i_{21} = \frac{n_2}{n_1} = -\alpha = -\frac{Z_1}{Z_2}$$

实验结果：从动件与主动件是反向增速传动。

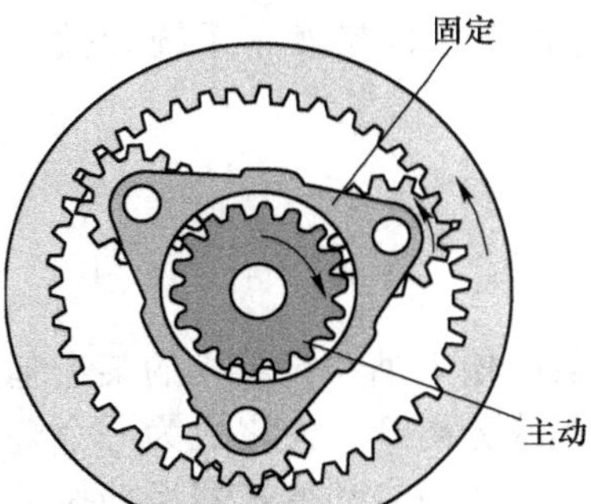

图 1-62　行星架固定，齿圈为被动，太阳轮为主动

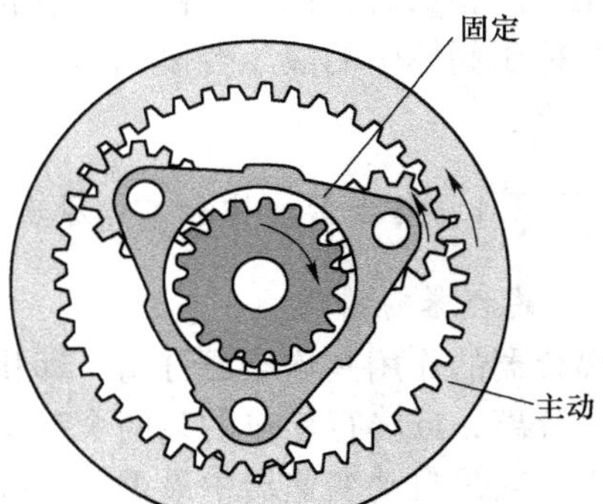

图 1-63　行星架固定，太阳轮为被动，齿圈为主动

（7）太阳轮、齿圈、行星架三者中有任意两个构件被锁成一体，则齿轮间均无相对运动。整个行星齿轮机构被锁成一个整体旋转，此时

$$n_1 = n_2 = n_3 = 1$$

实验结果：此时不论以哪两个基本元件为主动件、从动件，其传动比都是1。这种情况相当于直接挡。

（8）如果太阳轮、齿圈、行星架三者中无任何一个制动，且无任何两个构件被锁为一体，所有元件均可自由转动不受约束，则行星齿轮机构失去传递动力作用，不再传递动力，变速器处于空挡档位。

以上是单排行星齿轮运动规律分析，为便于记忆，可归纳如下：

（1）只要行星架主动，无论哪个固定，均为同向、增速传动。

（2）只要行星架从动，无论哪个固定，均为同向、减速传动。

（3）只要行星架固定，无论哪个主动，均为反向传动，可实现倒挡。

（4）任意两个元件连为一体，可实现同向等速传动，传动比为1，直接挡。

（5）无固定和连接元件，为空挡。

熟练掌握以上运动规律，是分析自动变速器挡位传动的基础。但是，只有一个行星排不能满足汽车多挡位传动的要求，因此实际应用的行星齿轮式变速传动系统都是由几个简单行星齿轮机构和换挡执行元件组成。通过换挡执行元件的控制，得到不同行星轮系的运动状态组合形式来获得不同挡的传动比。

1.3.2 换挡执行元件

换挡执行元件直接控制行星齿轮机构的工作，使其按不同路线传递动力。常见的换挡执行元件有离合器、制动器和单向离合器。其作用分别是：使行星排的基本元件实现连接、固定和单向锁止。离合器的作用就是连接，连接是指将行星排中的某两个基本元件连为一体，实现同速转动或将行星排中的某个基本元件与输入轴或输出轴连接，实现动力的输入或输出。制动器一般有两种形式，即片式制动器与带式制动器。制动器的功能是固定，固定是指将某个基本元件与变速器壳体连为一体，使之被固定不能旋转。单向离合器的作用是单向锁止，单向锁止是指某两个基本元件之间或基本元件与壳体之间只能单方向锁止，当与之相连的元件受力方向与锁止方向相同时，该元件被固定或连接；当受力方向与锁止方向相反时，该元件被释放或脱离连接。离合器与制动器的工作都需要液压油的控制，受控于阀体中的液压控制系统，而单向离合器是否工作，与液压系统无关，是机械性的。

1.3.2.1 离合器结构和工作原理

A 离合器的结构

离合器的作用是连接或分离，即将行星齿轮变速器的输入轴和行星排的某个基本元件连接或分离，或将行星排的某两个基本元件连接在一起或分离开，使之成为一个整体或彼此独立。它是自动变速器中最重要的换挡执行元件之一。作为自动变速器换挡执行元件的离合器是一种多片湿式离合器，它通常由离合器鼓、离合器活塞、回位弹簧、弹簧座、一组钢片、一组摩擦片、调整垫片、离合器毂及几个密封圈组成，如图1-64所示。

离合器鼓与离合器毂的区别：与摩擦片内花键连接的，位于离合器片内侧的是离合器鼓；而与钢片外花键连接的，一般作为离合器外壳体的是离合器鼓，不可混为一谈。离合器鼓和离合器毂都可作为主动件或从动件，不能一概而论。

图 1-64　离合器结构一

离合器活塞安装在离合器鼓内，它是一种环状活塞，如图 1-65 所示，由活塞内外圆的密封圈保证其密封性，从而和离合器鼓一起形成一个封闭的环状液压缸，并通过离合器离合器鼓内圆轴颈上的进油孔和控油孔到相通。

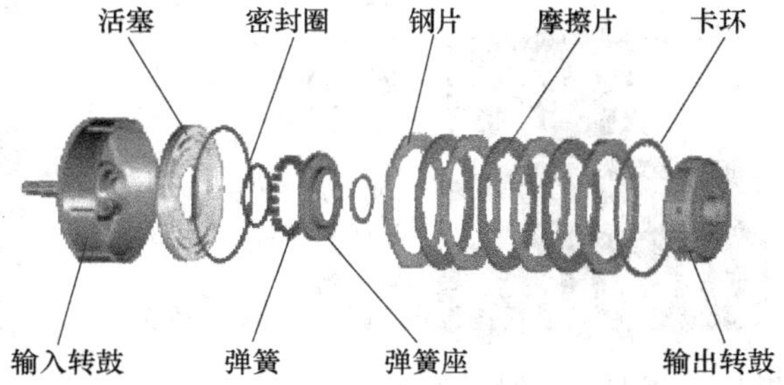

图 1-65　离合器结构二

钢片和摩擦片交错排列，两者统称为离合器片。钢片的外花键齿安装在离合器鼓的内花键齿圈上，可沿齿圈键槽作轴向移动；摩擦片由其内花键齿与离合器毂的外花键齿连接，也可沿键槽作轴向移动。摩擦片的两面均为摩擦系数较大的铜基粉末冶金层或合成纤维层。

B　离合器的工作原理

如图 1-66 所示，当离合器结合时，控制油压通过输入轴中心孔进入活塞，克服回位弹簧力将钢片和摩擦片压紧，产生摩擦力。这时动力从输入轴经过离合器传到输出轴。

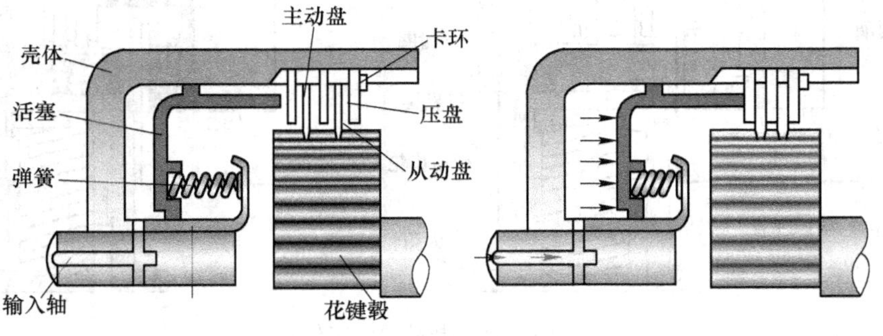

图 1-66　离合器工作原理

当需要离合器分离时，控制油压通过原来的管路排出，由于回位弹簧的作用，活塞回到初始的位置，摩擦片和钢片分离，动力不能传递。此时，离合器活塞和离合器片或离合器片与卡环之间有一定的轴向间隙，以保证钢片和摩擦片之间无任何轴向压力，这一间隙称为离合器的自由间隙，其大小可以用压盘的厚度来调整。一般离合器的自由间隙为 0.5 ~2.0mm，离合器自由间隙标准的大小取决于离合器摩擦片的片数和工作条件。通常离合器片数越多或该离合器的交替工作越频繁，其自由间隙就越大。

1.3.2.2 制动器的结构与工作原理

制动器的作用是将行星排中的某一元件加以固定，使之不能转动。目前常见的是片式制动器和带式制动器。

A 片式制动器

片式制动器是由制动器鼓、制动器活塞、回位弹簧、钢片、摩擦片等组成，如图1-67所示，它的工作原理和湿式多片离合器基本相同，但片式制动器鼓（相当于离合器鼓）是固定在自动变速器壳体上的，当制动器工作时，与制动器鼓相连的行星排的某一元件被固定住而不能转动。其工作过程如图1-68所示。

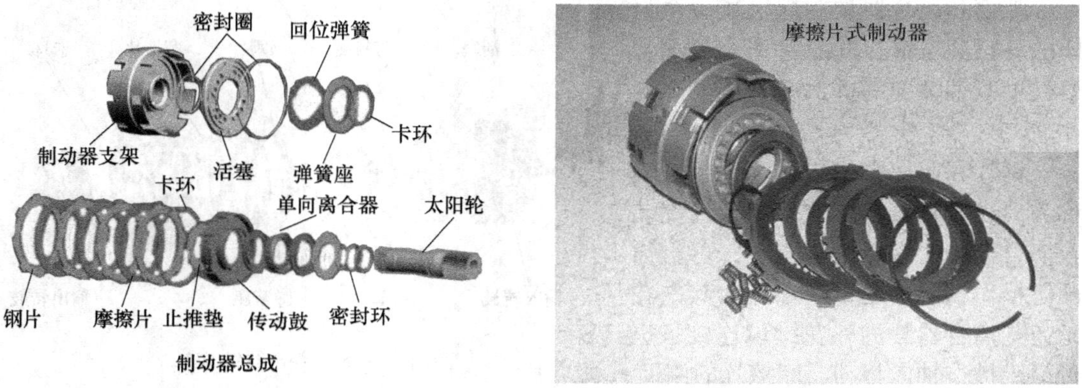

图1-67 片式制动器的结构

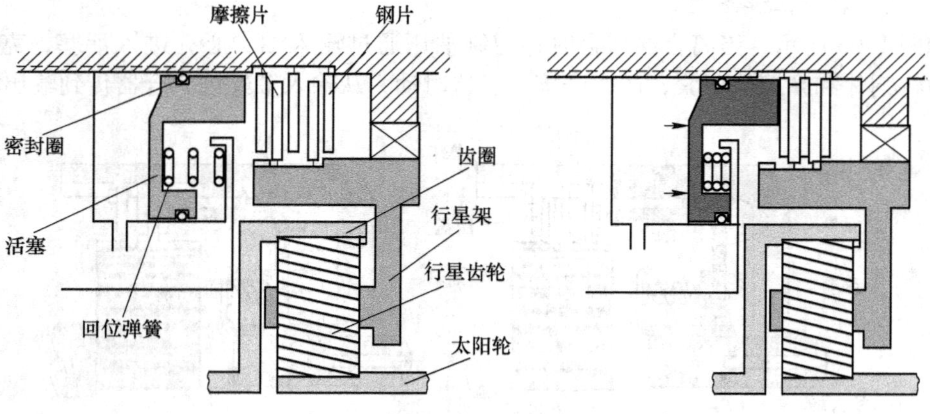

图1-68 片式制动器的工作过程

B 带式制动器

带式制动器又称制动带，它由制动鼓、制动带、液压缸及活塞等组成，如图1-69所示。制动鼓与行星齿轮的某一元件相连接。制动带，围在转鼓的外圆上，它的外表面是钢带，内表面有摩擦材料，制动带的一端用锁销固定在自动变速器壳体上，另一端与液压油缸的推杆相接触。液压缸，它固定在自动变速器壳体上，其内部有活塞和推杆相连接。液压缸被活塞分隔为施压腔和释放腔两部分，如图1-70所示，分别通过各自的控制油道与控制阀相通。制动带的工作受作用在活塞上的液压油压力控制。当液压缸的施压腔和释放腔内均无油液时，带式制动器不工作，制动带与鼓之间有一定的间隙，制动鼓可随与它相连的行星排基本元件一同旋转。当油液进入施压腔时，作用在活塞上的油液压力推动活塞，使之克服回位弹簧的弹力移动。活塞上的推杆随之向外伸出，将制动带压紧在制动鼓上，于是制动鼓被固定住而不能旋转。此时制动器处于制动状态。在制动器处于制动状态，若有油液进入液压缸的释放腔时，因释放腔一侧的活塞面积大于施压腔一侧的活塞面积，故作用在活塞上两侧力不相等，释放腔一侧大于施压腔一侧。活塞在两侧的压力差及回位弹簧弹力的共同作用下向后移，推杆回缩，制动带被放松，制动鼓可以转动，从而使制动器由制动状态变成释放状态。这样可以使控制系统得到简化。

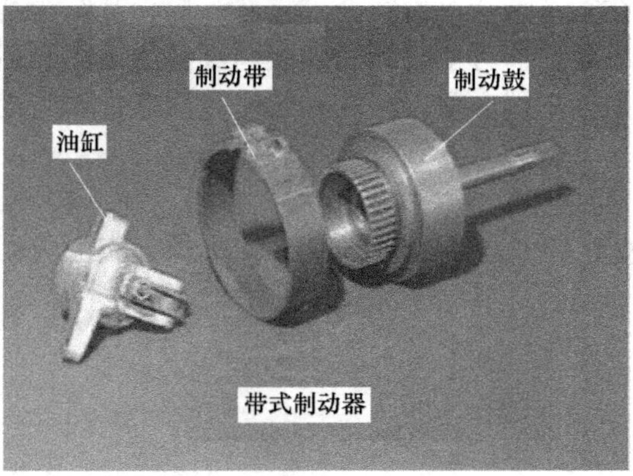

图 1-69　带式制动器的结构

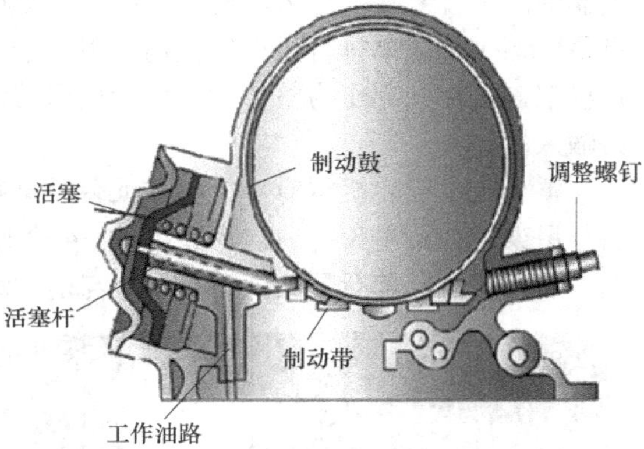

图 1-70　带式制动器的工作原理

1.3.2.3　单向离合器的作用

单向离合器广泛应用于行星齿轮式变速器和综合式液力变矩器中。单向离合器在行星齿轮式变速系统中的作用和片式离合器、片式制动器和带式制动器相同，也是用来固定或连接行星齿轮机构中的太阳轮、齿圈和行星架的。它可以使行星齿轮式变速传动系统组成不同传动比的挡位，所以单向离合器也是行星齿轮式变速传动系统的换挡执行元件。

单向离合器不需要控制机构对它进行控制，它的工作完全由与它相连接的行星齿轮机构中的某一构件的受力方向来控制。当与它相连接的构件受力方向与其锁止方向相同时，该构件被连接或者被锁止。当与它相连接的构件受力方向与其锁止方向相反时，该构件不被连接和锁止。总之，单向离合器的基本工作原理是依靠其单向锁止原理来固定或连接行星齿轮机构中的构件。它的固定和连接是单方向性的。在变换挡位的过程中，单向离合器可以使与其连接的构件在受力方向发生变化的瞬间立即接合或脱离，以使换挡平顺、无冲击。单向离合器的这些作用如果都由片式离合器和片式制动器来完成，液压控制系统将会更加复杂。因此从某种程度上来说，单向离合器的使用简化了自动变速器的换挡控制系统。

1.3.3　复合式齿轮变速机构的结构特点

不同车型自动变速器中行星齿轮变速器在结构上有很大差异，主要表现在：前进挡的挡数不同，离合器、制动器、单向离合器的数目和布置方式不同，采用的行星齿轮机构的类型不同。前进挡的数目越多，离合器、制动器、单向离合器的数目就越多。而它们的布置方式主要取决于行星齿轮变速器的前进挡挡位数和行星齿轮机构的类型。目前轿车上最为广泛采用的行星齿轮机构的类型主要有辛普森式和拉维娜式两种。

1.3.3.1　辛普森式行星齿轮变速器机构和工作原理

A　结构特点

辛普森式行星齿轮机构是一种十分著名的行星齿轮机构，如图1-71所示。以设计发明者H. W. Simpson工程师命名。从20世纪40年代至今广泛应用于世界过国的汽车自动变速器中。辛普森式行星齿轮机构由两个单级单排行星齿轮机构组合连接在一起，其结构特点是：两个单级单排行星齿轮机构共用一个太阳轮，前行星架和后内齿圈或前内齿圈和后行星架连接在一起作为整个行星齿轮机构的动力输出端，前太阳轮和后内齿圈通常作为动力输入端。

整个行星齿轮机构有4个独立元件，即前后行星齿轮机构共用的太阳轮、前内齿圈、后行星架、前行星架与后内齿圈组件。4个独立元件或者是前后行星齿轮机构共用的太阳轮、后内齿圈、前行星架、后行星架与前内齿圈组件。其啮合方式如图1-72所示。

图1-71　辛普森式行星齿轮机构

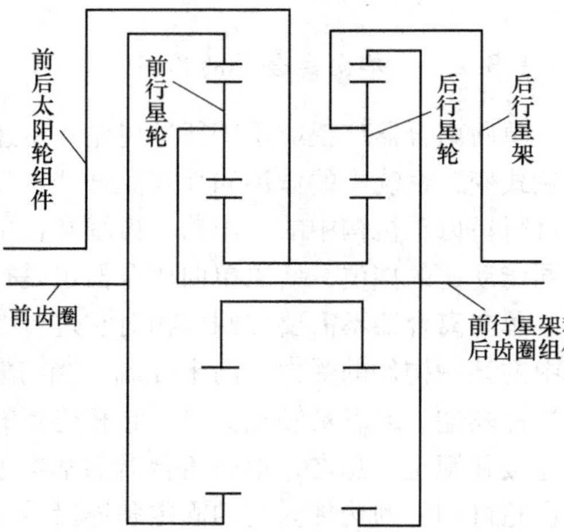

图1-72　辛普森式行星齿轮机构啮合方式

B　换挡执行元件的布置形式

a　三挡辛普森式行星齿轮变速器

三挡辛普森式齿轮变速器设有5个换挡执行元件：两个离合器、两个制动器、一个单向离合器。使之成为一个具有3个前进挡和一个倒挡的行星齿轮变速器。其布置如图1-73所示。前进挡离合器C2连接输入轴和前齿圈，倒挡及高挡离合器C1用于连接输入轴和前

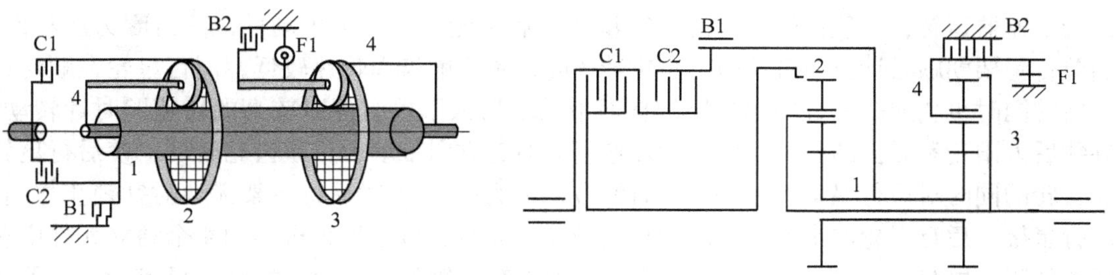

图 1-73　换挡执行元件的布置

1—前后太阳轮组件；2—前齿圈；3—后齿圈；4—后行星架

后太阳轮组件，2 挡制动器 B1 用于固定前后太阳轮组件，低挡及倒挡制动器 B2 和低挡单向离合器 F1 都用于固定后行星齿轮架。各换挡执行元件在各挡位的工作情况见表 1-2。

表 1-2　辛普森式三挡行星齿轮变速器换挡执行元件工作规律

操纵手柄位置	挡位	换挡执行元件				
		C1	C2	B1	B2	F1
D	1 挡		○			○
	2 挡		○	○		
	3 挡	○	○			
R	倒挡	○			○	
S、L 或 2、1	1 挡		○		○	
	2 挡		○	○		

注：○表示接合、制动或锁止。

三挡辛普森式行星齿轮变速器各挡的传动路线和传动比的计算如下。

（1）1 挡。D 为 1 挡时，C2 和 F1 工作。输入轴通过 C2 带动前齿圈顺时针转动，因前行星齿轮架和后齿圈与输出轴相连，所以在汽车起步前转速为 0（起步后转速也为一个确定的低值），因此前行星轮在前齿圈的驱动下一方面朝顺时针方向作公转，带动前行星齿轮架朝顺时针方向转动，另一方面做顺时针方向的自转，并带动前后太阳轮组件朝逆时针方向转动。在后行星排中，由于和输出轴连接的后齿圈转速很低，后行星轮在后太阳轮驱动下朝顺时针方向作自转时，对后行星架产生一个逆时针方向的力矩，而单向离合器 F1 对后行星架在逆时针转动时具有锁止作用，因此后行星架固定不动，使后齿圈在后行星轮的驱使下朝顺时针方向转动。由此可知，D 为 1 挡由输入轴传入动力后经前行星排同时输出，其目的是防止在传递大的扭矩时单排传力而出现过载损坏。

传动比的计算：

$$n_{11} + \alpha_1 n_{12} - (\alpha_1 + 1) n_{13} = 0 \text{（前排）}$$

$$n_{21} + \alpha_2 n_{22} - (\alpha_2 + 1) n_{23} = 0 \text{（后排）}$$

式中，$n_{23} = 0$；$n_{11} = n_{21}$；$n_{13} = n_{22}$。

经整理得：　$i = n_{12}/n_{13} = (1 + \alpha_1 + \alpha_2)/\alpha_1$

当汽车在 D 位 1 挡工作时，若驾驶员突然松开油门踏板，发动机转速将立即降至怠速。汽车在惯性作用下仍以原车速前进，驱动车轮将通过自动变速器输出轴反向带动行星齿轮变速器运转，行星齿轮机构的前行星架和后齿轮组件成为主动件，前齿圈为从动件。当前行星架朝顺时针方向带动前行星轮转动时，由于前齿圈转速较低，前行星轮在顺时针公转的同时也朝逆时针方向作自转，从而带动前后太阳轮组件以较高的转速顺时针转动，导致后太阳轮和后齿圈同时以较高的转速朝顺时针方向带动后行星齿轮转动，使后行星轮在自转的同时对后行星架产生一个顺时针方向的力矩。F1 对后行星架无顺时针锁止作用，后行星架在后行星轮的带动下顺时针自由转动。此时，行星齿轮机构的 4 个独立元件中有两个处于自由状态，失去传力作用。来自变速器输出轴的反向力无法经行星齿轮变速器传给输入轴，即在下坡时无法利用发动机的怠速运转阻力来实现汽车的减速，称为无发动机制动。此时汽车相当于做空挡滑行。为使装用自动变速器的汽车也能实现发动机制动，必须让它的 1 挡有两种不同的状态，即有发动机制动和无发动机制动。这种状态的选择通常通过改变操纵手柄的位置来实现。操纵手柄位于 D 位时，1 挡无发动机制动，而 L（1 位）时有发动机制动。

L 位（1 位）1 挡时，C2、B2 工作，动力传递及传动比计算如前，只是在反向传力时 B2 使后行星架固定，可以反向传力，因此可以实现发动机制动。

（2）2 挡。C2 和 B1 工作。输入轴经 C2 带动齿圈顺转，因前后太阳轮组件被 B1 制动而固定不动，所以带动前行星架顺转输出。此时后排处于自由状态，动力只经前排输出。

传动比的计算：

$$n_{11} + \alpha_1 n_{12} - (\alpha_1 + 1) n_{13} = 0$$

式中，$n_{11} = 0$。

经整理得：

$$i = n_{12}/n_{13} = (1 + \alpha_1)/\alpha_1$$

在上述 2 挡状态下，汽车滑行时驱动轮的反向力可经行星齿轮变速器传至发动机，即具有发动机制动作用。

（3）3 挡。C2 和 C1 工作。输入轴通过 C1、C2 将前齿圈和前后太阳轮组件连接为一个整体。由于这时前行星排中有两个基本元件互相连接，从而使前行星排固定的连成一体而同向旋转，输入轴的动力通过前行星排直接传给输出轴，其传动比 i_3 等于 1，即为直接挡。在 3 挡状态下的行星齿轮变速器具有反向传递动力的能力，当汽车滑行时能实现发动机制动。

（4）倒挡。C1 和 B2 工作。输入轴经 C1 带动前后太阳轮组件顺时针转动，在后排中因 B2 将后行星架制动，后行星架的转速为 0，从而带动齿圈逆转输出。此时动力经后排输出，前行星排处于自由状态。

传动比的计算：

$$n_{21} + \alpha_2 n_{22} - (\alpha_2 + 1) n_{23} = 0$$

式中，$n_{23} = 0$。

经整理得：

$$i_{倒} = n_{21}/n_{22} = -\alpha_2$$

倒挡状态，汽车有发动机制动作用。

（5）空挡。离合器、制动器都不工作，液力变矩器的动力不能传至行星齿轮变速器，变速器为空挡。

b 四速辛普森式行星齿轮变速器

现在汽车大多数都采用带有超速挡（即四速）的行星齿轮自动变速器，以便提高汽车的动力性和燃油经济性。使用辛普森式行星齿轮机构要实现四速，需要再增设一个单排行星齿轮机构（O/D 行星轮机构），如图 1-74 所示。由辛普森式行星齿轮机构（三速变速机构）、超速行星齿轮机构和换挡执行组成。

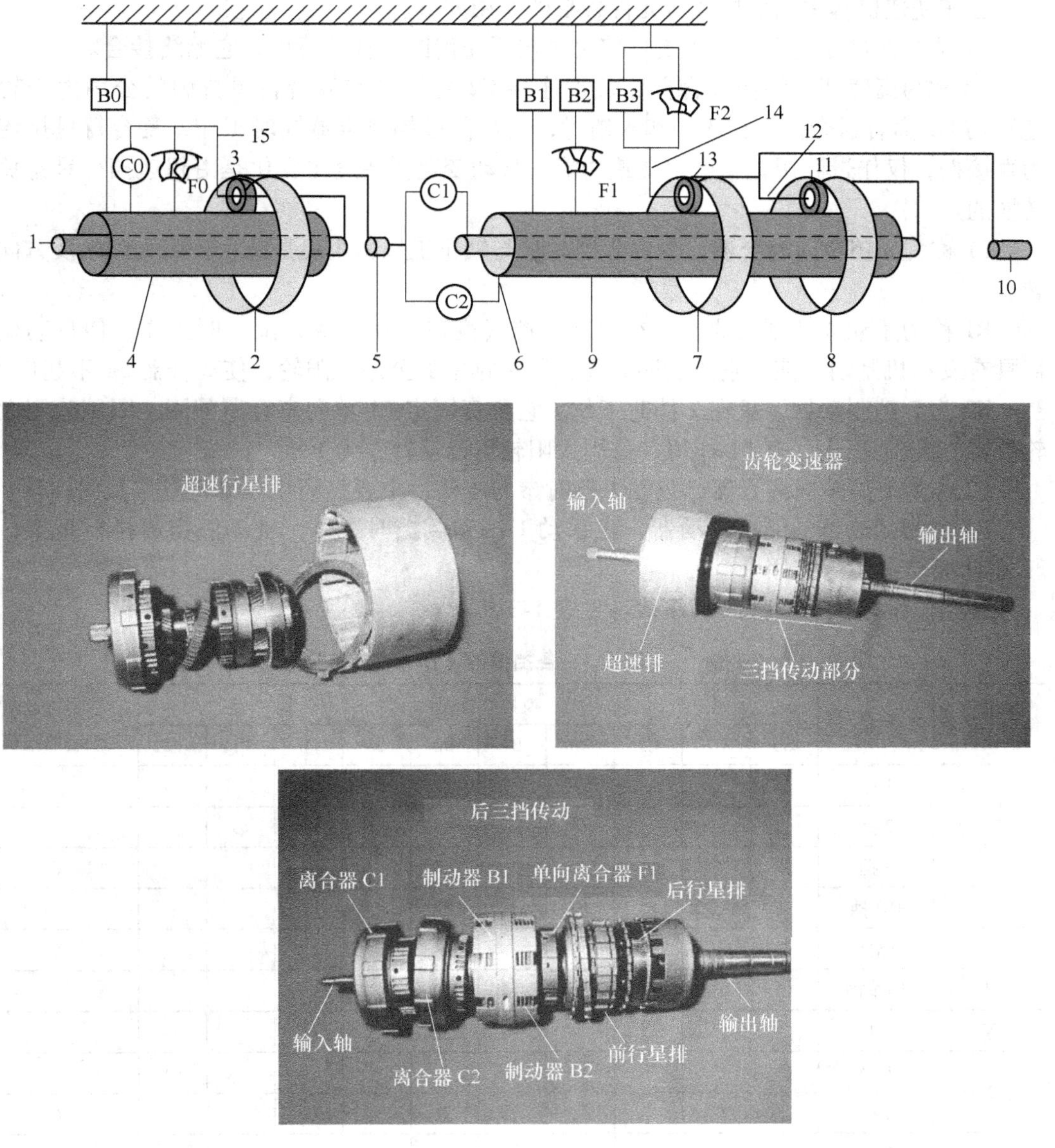

图 1-74　带超速挡的辛普森行星齿轮传动机构

1，5—输入轴；2—超速齿圈；3—超速行星齿轮；4—超速太阳轮；6—中间轴；7—前齿圈；8—后齿圈；9—前后太阳轮；10—输出轴；11—后行星齿轮；12—后行星架；13—前行星齿轮；14—前行星架；15—超速行星架；F0，F1，F2—单向离合器；C0，C1，C2—离合器；B0，B1，B2，B3—制动器

超速行星齿轮机构的元件分别是超速行星齿轮机构、超速离合器 C0、超速制动器 B0、超速单向离合器 F0。超速离合器 C0 连接超速行星排中的太阳轮和行星架，形成直接挡形式输出；超速制动器 B0，在超速挡时固定超速挡行星排中的太阳轮，太阳轮固定，行星

架输入（超速挡行星排中的行星架和输入轴是一体的），内齿圈输出（内齿圈中部通过花键和中间轴相连），形成超速挡；超速单向离合器 F0，固定超速挡行星排中的行星架，防止其反转，属超速挡离合器的辅助装置。

三速变速机构中的换挡执行元件各自的作用如下。

C1 称为前进挡离合器，负责连接壳体与后排齿圈，在前行中，它始终接合。

C2 称为高速挡及倒挡离合器，负责连接 C2 壳体（与复合行星排中的公用太阳轮相连）与 C1 离合器壳体，在 3 挡和 4 挡时，它与前进挡离合器同时工作，复合行星排传动为直接挡，仅作过渡用，未产生变速功能，自动变速器转速比变化是由超速挡行星排负责转换的。

F1 称为 2 挡单向离合器，只在 2 挡时参与锁止工作，主要是防止公用太阳轮反方向旋转。

B1 称为手动 2 挡制动器，只在手动 2 挡（变速杆在 S 或 2 位）时工作，使自动变速器具有发动机制动功能。它负责固定复合行星排中的公用太阳轮，使离合器 F1 不起作用。

B2 为 2 挡制动器，只在 2 挡时工作。它负责固定 F1 单向离合器外圈，限制公用太阳轮反转。B2 不锁止，有 F1 作用，公用太阳轮可以反转，为 1 挡。

F2 称为 1 挡单向离合器，只在 1 挡时参与工作，主要是防止前排行星架反向旋转。

B3 称为低速挡及倒挡制动器，在手动 1 挡和倒挡时工作，辅助固定前排行星架，使 F2 单向离合器不起作用。

各挡位换挡执行元件的工作状态见表 1-3。

表 1-3　各挡位的工作元件

操纵手柄位置	挡位	换挡执行元件										实现发动机制动的挡位
		C0	C1	C2	B0	B1	B2	B3	F0	F1	F2	
D	1 挡	○	○						○		○	
	2 挡	○	○				○		○	○		
	3 挡	○	○	○			○		○			○
	OD 挡		○	○	○		○					○
R	倒挡	○		○				○	○			○
P	停车挡	○						○	○			
N	空挡	○							○			
2	1 挡	○	○						○		○	
	2 挡	○	○			○	○		○			○
L	1 挡	○	○					○	○		○	○

注：○表示接合、制动或锁止。

超速挡时，超速制动器 B0 动作，将超速行星齿轮机构的太阳轮制动，使超速行星齿轮机构形成增速传动。发动机动力经由变速器输入轴→行星架→齿圈传至后面的辛普森行星齿轮机构。此时辛普森行星齿轮机构为直接传动状态。两机构传动的总传动比为增速，从而实现超速挡。

中间轴（前传动轴）后部固定 C1 离合器壳体，通过离合器与复合行星排连接。复合行星排施力装置由前进挡离合器、高速挡及倒挡离合器、手动（强制）2 挡制动器、2 挡单向离合器、2 挡制动器、低速挡及倒挡制动器和 1 挡单向离合器组成。

1.3.3.2　拉维娜式行星齿轮变速器机构和工作原理

A　结构特点

拉维娜式行星轮机构是一种复合式行星轮机构。它由一个单行星排和一个双行星排组合而成，后太阳轮和长行星轮、行星齿轮架、齿圈共同组成一个单行星排；前太阳轮、短行星轮、长行星轮、行星齿轮架和齿圈共同组成一个双行星排，如图 1-75 所示。

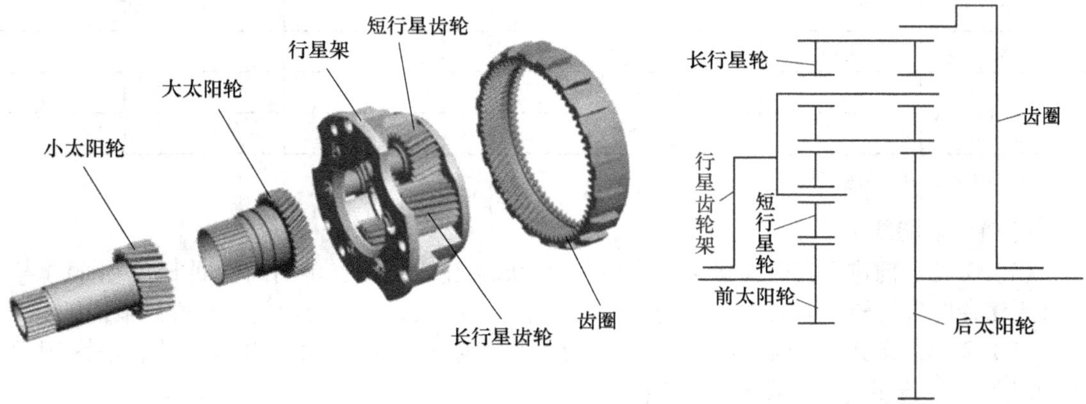

图 1-75　拉维娜行星齿轮传动机构

两个行星排是共用一个齿圈和一个行星架。因此，它只有 4 个独立元件，即前太阳轮、后太阳轮、行星齿轮架和齿圈。这种行星齿轮机构具有结构简单、尺寸小、传动比变化范围大、灵活多变等特点。自 20 世纪 70 年代开始应用于许多轿车上，特别是前轮驱动轿车，如奥迪、大众、福特、马自达等车型的自动变速器。

B　拉维娜式行星齿轮机构的运动特性方程

（1）单行星排运动特性方程：

$$n_1 + \alpha n_2 - (1 + \alpha) n_3 = 0$$

（2）双行星排的运动特性方程：

$$n_1 - \alpha n_2 + (\alpha - 1) n_3 = 0$$

C　换挡执行元件的布置形式

a　三挡拉维娜式行星齿轮变速机构

典型拉维娜式行星齿轮机构变速器如图 1-76 所示。该变速器的换挡执行元件有 5 个，包括前进挡离合器 C1、倒挡及直接挡离合器 C2、2 挡制动器 B1、低挡及

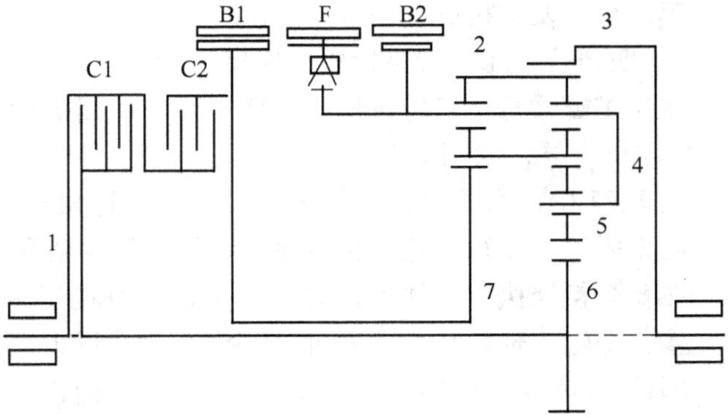

图 1-76　拉维娜式行星齿轮机构结构简图

1—输入轴；2—长行星轮；3—齿圈；4—行星架；5—短行星轮；6—小太阳轮；7—大太阳轮

倒挡制动器 B2 和 1 挡单向离合器 F，各换挡执行元件工作情况见表 1-4。

表 1-4 拉维娜式三挡行星齿轮变速器换挡执行元件工作情况

操纵手柄位置	挡位	换挡执行元件				
		C1	C2	B1	B2	F
D	1 挡	○				○
	2 挡	○		○		
	3 挡	○	○			
R	倒挡		○		○	
P	停车挡					
N	空挡					
S、L	1 挡	○			○	
	2 挡	○		○		

注：○表示接合、制动或锁止。

各挡传动路线如下。

（1）1 挡。前进挡离合器接合，使小太阳轮成为输入元件；单向离合器 F1 锁止行星架，使其无法逆时针旋转。动力由第一轴、小太阳轮、短行星轮、长行星轮、齿圈到输出轴。

（2）2 挡。前进离合器接合，2 挡制动器将太阳轮固定。动力由第一轴、小太阳轮、短行星轮、长行星轮、齿圈到输出轴。

（3）3 挡。前进离合器和倒挡及直接挡离合器参与工作，小太阳轮和大太阳轮同时和输入轴相连作为一个整体，此时长行星轮和短行星轮不能自转，整个机构锁止，相互间合成一个整体，因此就出现了直接挡。

（4）倒挡。倒挡及直接挡离合器、低挡及倒挡制动器同时作用，大太阳轮作为驱动件，行星架被低挡及倒挡制动器固定，因此是定轴轮系传动。

以上介绍的拉维娜式行星齿轮机构是一种原型，它仅有三个前进挡，而且只有选挡杆在 D 位 1 挡时存在汽车滑行。目前的自动变速器以四个前进挡居多，在拉维娜式机构的原型上再增加一排行星齿轮机构或增加换挡执行元件，可实现四个前进挡，并且使 2 挡也存在汽车滑行和发动机制动两种状态。

b 四挡拉维娜式行星齿轮变速机构

在拉维娜式行星齿轮机构中设置了 8 个换挡执行元件，即 4 个离合器、2 个制动器和 2 个单向离合器，如图 1-77 所示。

图 1-77 中前太阳轮、长行星轮、行星齿轮架和齿圈组成一个单行星排，也称前行星排；后太阳轮、短行星轮、长行星轮、行星齿轮架和齿圈组成一个双行星排，也称后行星排。在 8 个换挡执行元件中，前进离合器 C1 和前进单向离合器 F2 将输入轴和后太阳轮单向连接，即输入轴顺转可以通过 C1 和 F2 带动后太阳轮，但后太阳轮顺转时无法带动输入轴，因此 C1 和 F2 工作时无发动机制动作用。前进强制离合器 C3 是在为能实现发动机制动时代替 C1 和 F2 工作。倒挡离合器 C2 是在倒挡时输入轴通过它带动前太阳轮实行倒车行驶。高挡离合器 C4 是在 3 挡和 4 挡传力时将输入轴和行星齿轮架连成一体。制动器 B1 是在 2 挡和 4 挡传力时将前太阳轮制动，所以 B1 称为 2 挡及 4 挡制动器。B2 是在前进抵

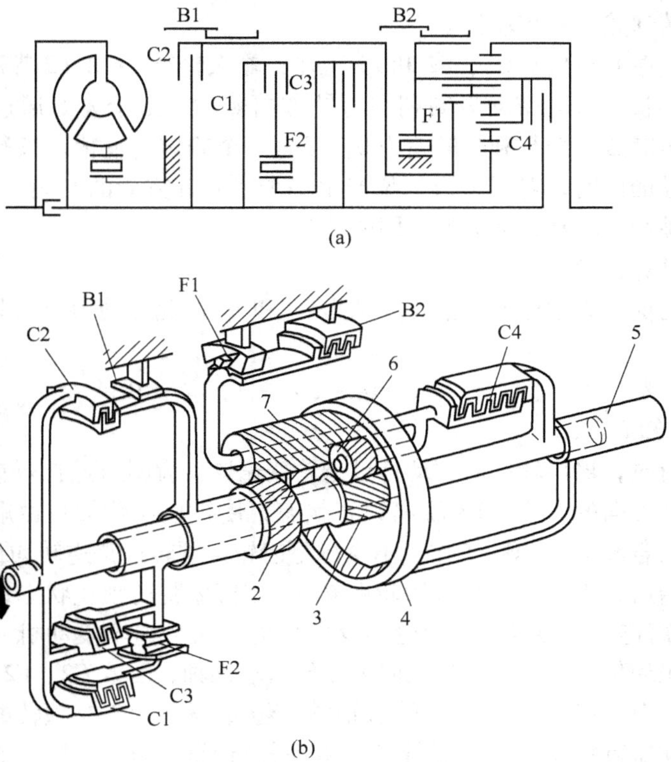

图 1-77 拉维娜式四挡行星齿轮变速器传动原理及布置简图

1—输入轴；2—前太阳轮；3—后太阳轮；4—齿圈；5—输出轴；6—短行星轮；7—长行星轮；
C1—前进离合器；C2—倒挡离合器；C3—前进强制离合器；C4—高挡离合器；
B1—2 挡及 4 挡制动器；B2—低挡及倒挡制动器；F1—低挡单向离合器；F2—前进单向离合器

挡的 1 挡和倒挡传力时将行星齿轮架制动，所以 B2 称为低挡及倒挡制动器，单向离合器 F1 是在 1 挡传力时将行星齿轮架逆转锁止，所以 F1 称为低挡单向离合器，各换挡执行元件在各挡位的工作情况见表 1-5。

表 1-5 拉维娜式四挡行星齿轮变速器挡位与执行元件工作关系

操纵手柄位置	挡位	换挡执行元件							
		C1	C2	C3	C4	B1	B2	F1	F2
D	1 挡	○						○	○
	2 挡	○				○			○
	3 挡	○			○				○
	超速挡	○			○	○			
R	倒挡		○				○		
S、L 或 2、1	1 挡			○			○		
	2 挡			○		○			
	3 挡			○	○				

注：○表示接合、制动或锁止。

各挡动力传递路线和传动比如下。

（1）1挡。在D位时，C1、F2和F1工作，输入轴经C1和F2带动后太阳轮顺转，并通过短行星轮和长行星轮带动齿圈朝顺时针方向转动，由于齿圈通过输出轴和驱动轮连接，在汽车起步时或1挡行驶时转速为0，或是一个确定的低值。长行星轮在带动齿圈朝顺时针方向转动的同时，对行星齿轮架产生一个逆时针方向的力矩，从而被F1锁止，因此行星齿轮架被固定不动，从而使齿圈顺转输出。

传动比的计算：

假设齿圈与前后太阳轮的齿数比分别为α_1和α_2，此时动力传递只经后排输出，而前排处于空转状态。

$$n_{21} - \alpha_2 n_{22} + (\alpha_2 - 1) n_{23} = 0$$

且$n_{23} = 0$，可知$i = \alpha_2$。

当汽车滑行时，输出轴反向驱动行星齿轮变速器，齿圈通过长行星轮对行星齿轮架产生一个朝顺时针方向的力矩，F3脱离锁止状态，使行星齿轮架自由顺转，无法将动力传递给后太阳轮。若改F1为B2工作，不论行星齿轮架顺转还是逆转均被制动，则可以利用齿圈反向传力给后太阳轮。但当太阳轮顺转时，因F2脱离锁止状态，从而使后太阳轮与C1和输入轴脱离连接，传至后太阳轮的反向传力无法传递至发动机，就不能产生发动机制动作用，要想使传至后太阳轮的反向力能传给输入轴，需改C2、F2为C3工作。

（2）2挡。C1、F2、B1工作，输入轴顺转经C1利用F2在顺转的锁止作用连接后太阳轮顺转，带动短行星轮逆转。短行星轮带动长行星轮顺转，由于前太阳轮被B1制动，因此长行星轮作顺时针自转的同时，还将朝顺时针方向作公转，从而带动齿圈和输出轴以较快转速朝顺时针方向转动。

传动比的计算：

$$n_{11} + \alpha_1 n_{12} - (\alpha_1 + 1) n_{13} = 0$$
$$n_{21} - \alpha_2 n_{22} + (\alpha_2 - 1) n_{23} = 0$$

式中，$n_{11} = 0$；$n_{12} = n_{22}$；$n_{13} = n_{23}$。

经整理得：　$i_2 = n_{21}/n_{22} = \alpha_1 + \alpha_2/(1 + \alpha_1)$

当汽车滑行时，驱动轮的反向力可以传至后太阳轮，因F2脱离锁止状态，所以就不能有发动机制动作用。在S位或2位要想实现有发动机制动作用，可改C1、F2为C3工作。

（3）3挡。C1、F2和C4工作。输入轴经C1、F2带动后太阳轮顺转的同时通过C4带动后行星齿轮架顺转，后行星排太阳轮和行星齿轮架连成一个整体同速转动，从而带动齿圈同转朝顺时针方向转动输出。

传动比的计算：

因行星排的两元件连成一个整体同速转动输入，故$i_3 = 1$。

同理因F2脱离锁止状态，所以就不能有发动机制动作用。要想实现有发动机制动作用，可改C1、F2为C3工作。

（4）4挡。C4和B1工作。输入后通过C4带动行星齿轮架顺转，在前行星排中因前太阳轮被B1制动，长行星轮被行星齿轮架带动顺时针工作的同时也顺时针自转，带动齿圈和输出轴顺时针转动。

传动比的计算：

此时动力只经前排输出，后排空转。

$$n_{11} + \alpha_1 n_{12} - (\alpha_1 + 1) n_{13} = 0$$

式中，$n_{11} = 0$。

经整理得：

$$i_4 = \alpha_1/(1 + \alpha_1) < 1$$

（5）倒挡。C2 和 B2 工作。输入轴经 C2 带动前太阳轮顺转，行星齿轮架被 B2 制动了，从而带动齿圈逆转输出。

传动比的计算：

动力传递只经前排输出，后排空转。

$$n_{11} + \alpha_1 n_{12} - (\alpha_1 + 1) n_{13} = 0$$

式中，$n_{13} = 0$。

经整理得：

$$i_{倒} = -\alpha_1$$

1.3.4　行星齿轮机构的分解

下面以 A341E 自动变速器为例，介绍其行星齿轮机构的检修。

该自动变速器形式为辛普森式，有三排行星齿轮机构。其结构简图如图 1-78 所示。

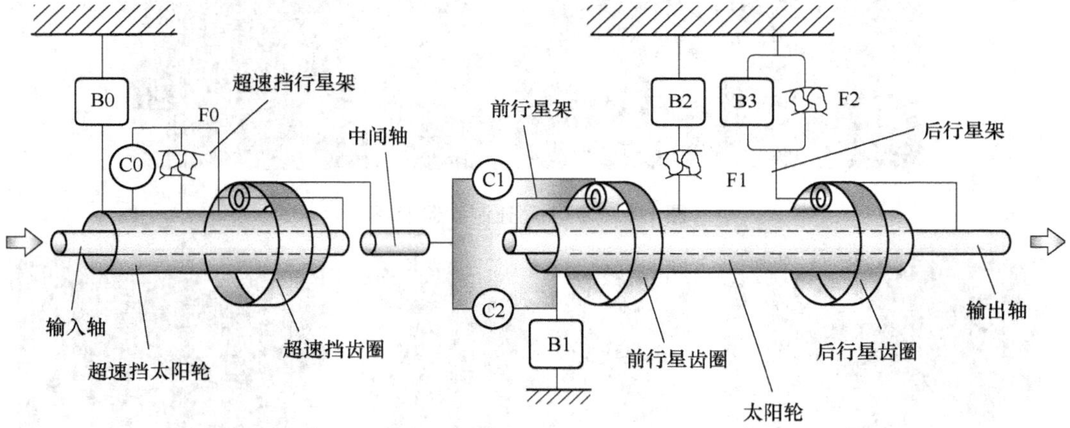

图 1-78　丰田 A341E 和 A342E 自动变速器的结构简图

（1）从自动变速器前方取出超速行星架和直接挡离合器组件及超速齿圈，如图 1-79、图 1-80 所示。

图 1-79　取出超速行星架

图 1-80　卸下超速齿圈

（2）拆卸超速制动器。用起子拆下超速制动器卡环，取出超速制动器钢片和摩擦片。拆下超速制动器鼓的卡环，松开壳体上的固定螺栓，用拉具拉出超速制动器鼓，如图 1-81 ~ 图 1-83 所示。

图 1-81　拆下超速制动器卡环

图 1-82　取出制动器钢片和摩擦片

图 1-83　松开壳体上的固定螺栓，用拉具拉出超速制动器鼓

（3）拆卸 2 挡强制制动带活塞。从外壳上拆下 2 挡强制制动带液压缸缸盖卡环，如图

1-84 所示，用手指按住液压缸缸盖，从液压缸进油孔中吹入压缩空气，将液压缸缸盖和活塞吹出如图 1-85、图 1-86 所示。

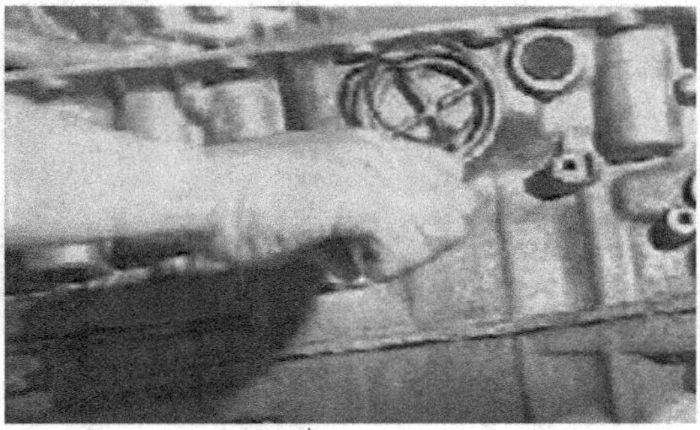

图 1-84　拆下卡环

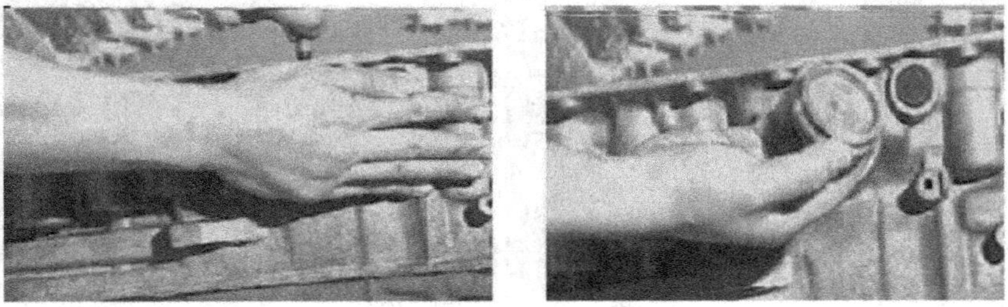

图 1-85　用手指按住液压缸缸盖，从液压缸进油孔中吹入压缩空气，取出液压缸缸盖

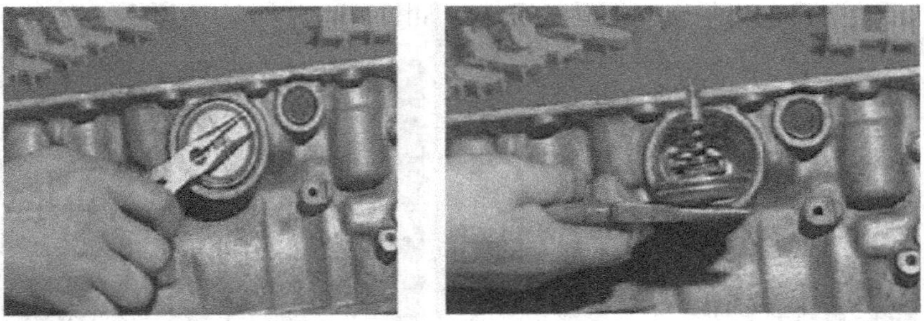

图 1-86　取出液压缸活塞组件

（4）取出中间轴、高挡及倒挡离合器和前进离合器组件，如图 1-87 所示。

图 1-87　从壳体上取出离合器组件

（5）拆出2挡强制制动带销轴，取出制动带，如图1-88、图1-89所示。

图1-88　抽出制动带销

图1-89　取出制动带

（6）拆出前行星排。取出前齿圈，将自动变速器立起，用木块垫住输出轴，拆下前行星架上的卡环，拆出前行星架和行星轮组件，如图1-90～图1-92所示。

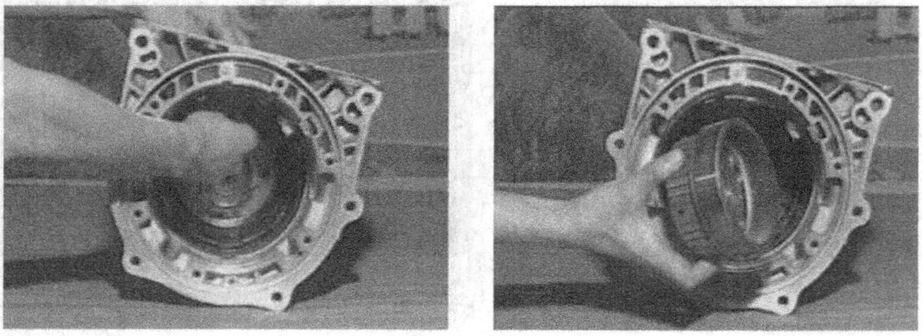

图1-90　取出前齿圈

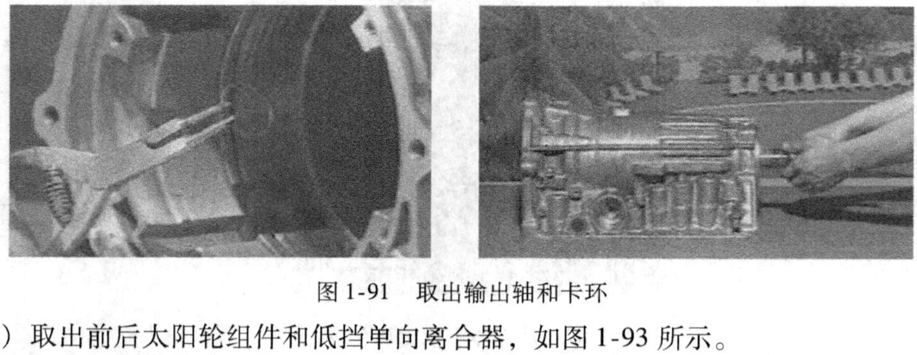

图1-91　取出输出轴和卡环

（7）取出前后太阳轮组件和低挡单向离合器，如图1-93所示。

图 1-92　取出前行星轮组件

(8) 拆卸 2 挡制动器。拆下卡环，取出 2 挡制动器的所有摩擦片、钢片及活塞衬套，如图 1-94 ~ 图 1-96 所示。

图 1-93　取出太阳轮组件和单向离合器

图 1-94　拆下卡环

图 1-95　取出所有钢片和摩擦片

图 1-96　取出活塞衬套

(9) 拆卸输出轴、后行星排和低挡及倒挡制动器组件。拆下卡环，抓住输出轴，取出输出轴、后行星排、前进单向超越离合器、低挡及倒挡制动器和 2 挡制动器鼓组件，如图 1-97 所示。

在分解自动变速器时，应将所有组件和零件按分解顺序依次排放，以便于检修和组装。要特别注意各个止推垫片、止推

图 1-97　取出输出轴、后行星排、前进单向超越离合器、低挡及倒挡制动器和 2 挡制动器鼓组件

轴承的位置，不可错乱。

1.3.5　行星齿轮机构的组装

行星齿轮机构的组装顺序与分解顺序相反，先拆的后装，后拆的先装，这里不再多述。但组装时应注意以下几个事项：

（1）更换所有的密封圈和密封环。

（2）在安装一些小零件（如止推轴承、止推垫片、密封环等）时，为防止零件掉落，可在小零件表面涂抹一些普通润滑脂或凡士林，以便将小零件固定在安装位置。

（3）在组装过程中，要特别注意各个止推轴承、止推垫片和垫圈的位置、方向，不能错乱。

【任务实施】

在拆卸与组装齿轮变速机构的过程中，认真观察各零部件之间的安装位置关系及各组成部分的结构特点，通过观察，结合理论知识，尽可能自行完成如下工作单（表1-6），然后在教师指导下完成本任务。

表1-6　观察液力变矩器及液力变矩器的检查任务工作单

任务名称	要　求
齿轮变速机构的组成	实操拆装行星齿轮机构，认识行星齿轮机构的结构
齿轮变速机构的工作原理	掌握行星齿轮变速机构的工作原理
换挡执行元件的结构及工作原理	明确各挡位换挡执行元件的原理
挡位传动路线	对照分解的实物、模型或图片说明辛普森式行星齿轮机构各挡的传动路线

【知识与技能拓展】

自动变速器如何超车？

当需要超车时，迅速将节气门开度增大，此时，通过强制降挡开关或加速踏板位置传感器将信号传递给电脑，电脑通过控制相应的电磁阀使自动变速器自动降低一个挡，汽车的动力性增强，可获得强烈的加速效果。待加速达到要求后，应立即松开加速踏板（自动变速器又自动升入高挡），以避免发动机的转速过高和对高挡换挡执行元件造成过大的冲击。行驶中，若非紧急超车等情况，尽量不要将加速踏板迅速踩到底，因为这样做自动变速器会进行“强制低挡”控制，即自动变速器立即强制挂入抵挡，容易使发动机转速过高，造成自动变速器中摩擦片磨损加剧和自动变速器油温过高。

为何自动变速器不能应用在重型车上？

手动变速器利用离合器将发动机的动力传递给变速器，属于机械传动。在手动变速器内部，通过接合套使各挡位的常啮合齿轮工作，也属于机械传动。在自动变速器车辆中，用液力变矩器代替手动变速器中的离合器将发动机的动力传递给自动变速器。由于液力变矩器是依靠自动变速器油来传动动力的，因此属于液力传动。在自动变速器内部的离合器、制动器是通过油液的压力控制来工作的，属于液力传动。

由此可以看出，对于手动变速器，整个传动动力的过程属于机械传动，它可以传动大转矩。而自动变速器的动力传递过程属于液力传动和液压传动，当其所传递的转矩达到一定程度时，变速器内部的离合器、制动器将会打滑烧蚀，造成自动变速器以及液力变矩器的损坏。因此，自动变速器不能应用在传动大转矩的重型车上。

【任务总结】

（1）齿轮传动是应用极为广泛的传动形式之一。其特点是能够传递任意两轴间的运动和动力，传动平稳、可靠，效率高，寿命长，结构紧凑，传动速度和功率范围广。行星齿轮机构是一种优秀的齿轮传动设计机构，由于行星齿轮机构具有传动比大、占据空间小的显著优点，被广泛应用到汽车自动变速器之中。

（2）最简单的行星齿轮机构，由一个太阳轮，一个内齿圈，一个行星架及若干行星齿轮组成，内齿圈也称内齿环。一个简单的行星齿轮机构也称一个行星排，由多个行星排串联在一起组成多排行星齿轮机构。

（3）由多个行星排有机联在一起组成复合行星齿轮机构，汽车自动变速器有两种常见复合行星齿轮结构。一种是拉维娜式，它由两个行星排组成，共用一个内齿圈和一个行星架，且内齿圈连接输出轴，内齿圈也可以直接进行输出，小太阳轮轴穿过大太阳轮轴，也可以作为输入。其特点是轴向尺寸小，输出可进一步减速，带动差速器及两半轴，驱动车轮，因此拉维娜式汽车自动变速器主要适用于前置前驱动或后置后驱动汽车。

（4）汽车自动变速器的另一种常见复合行星齿轮机构，是辛普森式行星齿轮机构。辛普森式复合行星齿轮机构，也由两个行星排组成，共用一个太阳轮，两个行星排中一个内齿圈和一个行星排的齿轮架连接，共同连接输出轴。其特点是轴向尺寸较长，但径向尺寸小，因此辛普森式汽车自动变速器主要适于前置后驱动汽车。

（5）自动变速器换挡依靠各施力装置的相关动作，控制行星齿轮机构三个基本元件太阳轮、内齿圈、行星架的运动。若需要变速传动，必须一个输入，一个固定，一个输出；若需要等速传动，即直接挡，必须两个基本元件固定在一起作为输入或输出；若不需要传动，即空挡，则三个基本元件均不固定。施力装置主要有离合器、制动器、单向离合器。

【思考与练习】

1.3-1 填空题

（1）丰田 A341E 辛普森变速器低速挡单向离合器 F2 和（　　　　）一起负责固定（　　　　）。

（2）自动变速器的汽车，上下陡坡时应用（　　　　）挡。

（3）离合器的作用是（　　　　），制动器的作用是（　　　　），单向离合器的作用是（　　　　）。

（4）制动器分为（　　　　）和（　　　　）两种。

（5）拉维娜式行星齿轮机构有四个独立元件，包括共用齿圈，以及（　　　　）、（　　　　）和（　　　　）。

（6）拉维娜式行星齿轮机构中，小太阳轮与（　　　　）轮啮合。

1.3-2　选择题

（1）A341E 自动变速器1挡单向离合器装反会（　　）。

A. 没有倒挡　　B. 不能升入2挡

C. D位是空挡　　D. L位不能行驶

（2）辛普森式变速器中超速挡单向离合器负责倒挡的是（　　）。

A. 超速挡行星排装在前端　　B. 超速挡行星排装在后端

C. 超速挡行星排装在旁边　　D. 装在哪里都可以

（3）两种行星轮共用一个太阳轮的是（　　）。

A. 辛普森式　　B. 拉维娜式　　C. 串联式

（4）在单排行星齿轮中，以（　　）为输入，（　　）固定可以实现超速挡。

A. 太阳轮　行星架　　B. 太阳轮　齿圈

C. 行星架　太阳轮　　D. 齿圈　行星架

1.3-3　简答题

（1）简述辛普森行星齿轮机构的特点。

（2）简述单排行星齿轮的运动规律。

（3）简述自动变速器的正确使用方法。

任务1.4　认识液压控制系统的结构

液力变矩器和齿轮变速机构组成了自动变速器的机械传动部分，这一部分可以提供若干个传动比供汽车行驶时选择，且在动力不中断情况下实现挡位的变换，这一切都是在液压控制系统的控制下完成的。

如果齿轮变速机构是自动变速器的“腿”，那么控制系统就是自动变速器的“神经”，它控制着变速器的自动升降挡、锁止离合器的锁止以及调节主油压的大小，从而使我们的驾驶随心所欲。

【任务内容】

（1）掌握液控控制系统的基本组成。

（2）掌握油泵的结构和工作原理。

（3）掌握液压控制系统中各种阀的结构和工作原理。

（4）正确进行阀体的分解。

【任务目标】

（1）说明液压控制系统元件解体的步骤，并对照阀板总成结构图说明各阀体的功用。

（2）理解液压元件的工作原理。

【相关知识】

液压控制系统由动力源、执行机构和控制机构三部分组成。

动力源是被液力变矩器的泵轮驱动的液压泵，它除了向控制机构、执行机构供给压力油以实现换挡外，还给液力变矩器提供冷却补偿油，向行星齿轮变速器供给润滑油。

执行机构包括各离合器、制动器和单向锁止离合器。有关执行机构的基础知识及检修已在任务 1.3 中详细讲解，这里不再叙述。

控制机构大体包括主油路系统、换挡信号系统、换挡阀系统、缓冲安全系统和液力变矩器控制装置等。

1.4.1　系统结构

1.4.1.1　液压泵

液压泵又称油泵，一般位于液力变矩器和行星齿轮系统之间，其类型主要有齿轮泵、转子泵和叶片泵。

液压泵时液力变速器的重要元件，其技术状态的好坏对自动变速器的使用性能及使用寿命有直接影响。

A　内啮合齿轮泵

内啮合齿轮泵是自动变速器中应用最多的一种油泵，各种丰田汽车自动变速器都采用这种泵。它具有结构紧凑、尺寸小、质量轻、自吸能力强、流量波动小、噪声低等特点。

它由小齿轮、内齿轮、月牙形隔板、泵壳、泵盖等组成，如图 1-98 所示。

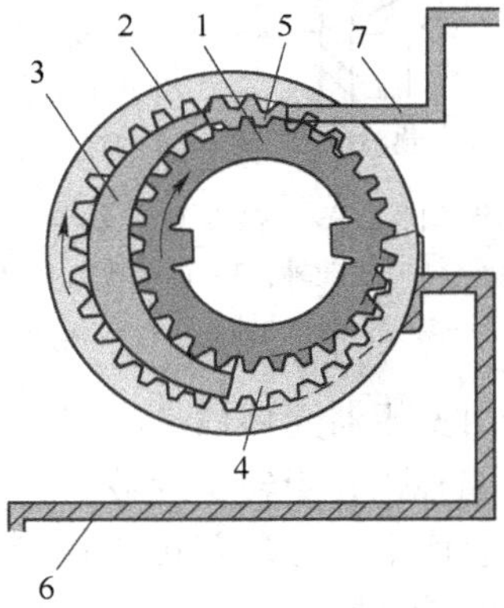

图 1-98　内啮合齿轮泵

1—小齿轮；2—内齿轮；3—月牙形隔板；4—吸油腔；5—压油腔；6—进油腔；7—出油道

小齿轮以变矩器壳体后端轴套驱动为主动齿轮，内齿轮为从动齿轮，月牙形隔板的作用是将工作腔分隔为吸油腔和压油腔，泵壳上有进油口和排油口，发动机运转时，小齿轮带动内齿轮沿顺时针方向旋转。在吸油腔，因齿轮不断退出啮合，容积增大，形成真空吸油；在压油腔，因齿轮不断进入啮合，容积减小，将液压油压出。

B　摆线转子泵

摆线转子泵是一种特殊齿形的内啮合齿轮泵。它具有结构简单、尺寸紧凑、噪声小、运转平稳、高速性能良好等优点；其缺点是流量脉冲大、加工精度要求高。

它由一对内啮合的转子及泵盖、泵壳等组成，如图 1-99 所示。

内外转子不同心，有一定的偏心距，且外转子比内转子多一个齿。发动机运转时，带动油泵内外转子同向旋转，但内转子的转速大于外转子。从而在内外转子之间形成与内转子齿数个数相同的工作腔。这些工作腔的容积随着转子的旋转而不断变化，当转子沿顺时针方向旋转时，内、外转子中心线右侧的各个工作腔的容积由小变大，形成真空吸油；中心线左侧的各个工作腔的容积由大变小，将液力传动油压出。

C 叶片泵

叶片泵由定子、转子、叶片及壳体、泵盖等组成，如图1-100所示。它具有运转平稳、噪声小、泵油流量均匀、容积效率高等优点；但结构复杂，对液压油的污染比较敏感。

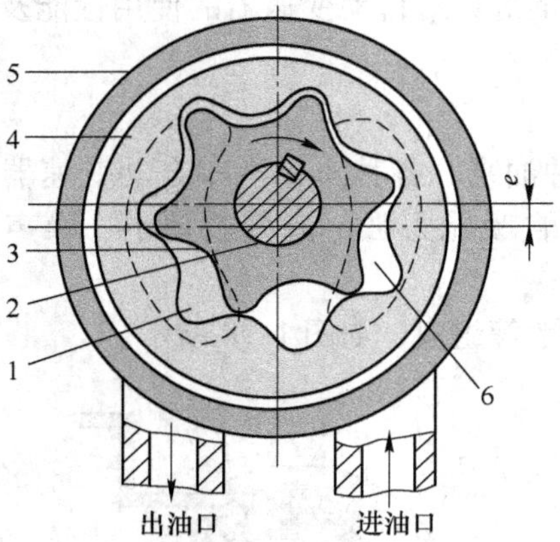

图1-99 摆线转子泵

1—出油腔；2—驱动轴；3—内转子；4—外转子；5—泵壳；6—进油腔；e—偏心距

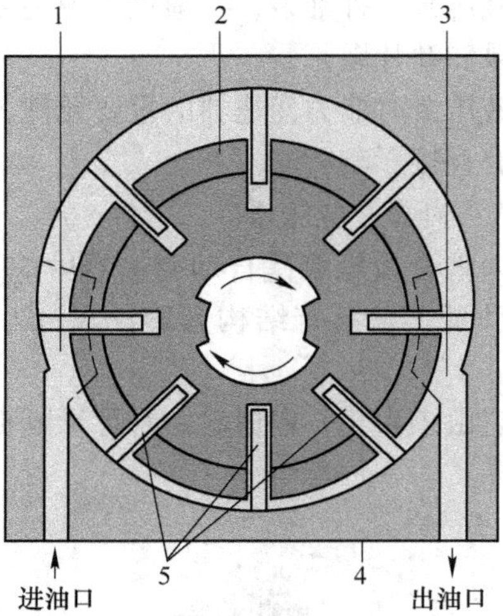

图1-100 叶片泵

1—吸油腔；2—转子；3—压油腔；4—定子；5—叶片

转子由变矩器壳体后端的轴套带动，绕其中心旋转，定子是固定不动的，二者不同心有一定的偏心距，当转子旋转时，叶片在离心力及叶片底部的油压作用下向外张开，紧靠在定子内表面上，并随着转子的转动，在转子叶片槽内作往复运动。这样相邻叶片之间便形成密封的工作腔。如果转子朝顺时针方向旋转，在转子与定子中心连线的右半部的工作腔容积逐渐增大，产生真空吸油，中心线左半部的工作腔容积逐渐减小，将油压出。

变速器油进入油泵前必须经过滤清器去除杂质和异物，防止油泵油路和控制阀磨损或阻塞。常用的滤清器有表面滤清器和深滤程滤清器两种。表面滤清器通过金属滤网的表面孔隙过滤杂质，由于滤芯较薄，过滤杂质的能力较差。深滤程滤清器的滤芯比较厚，变速器油在流过滤芯的过程中被逐步过滤，过滤效果大大提高。

油泵使用时应注意以下几点：

（1）发动机不工作时，油泵不泵油，变速器内无控制油压。推车启动时，即是D位或R位，输出轴实际上是空转，发动机无法启动。

（2）车辆被牵引时，发动机不工作，油泵也不工作，无压力油。长距离牵引，无润滑油，磨损加剧。因此牵引距离不应超过50km，牵引速度不得高于30～50km/h。

（3）变速器齿轮系统有故障或严重漏油时，牵引车辆应将传动轴脱开。对于前轮驱动的汽车，应将前轮悬空牵引。

1.4.1.2　控制机构

A　主油路系统

自动变速器油液从油泵输出后，即进入主油路系统。由于油泵是发动机直接驱动的，故其输出流量和压力均受发动机运转状况的影响。发动机怠速工作时，转速一般低于1000r/min，而在最高车速时，发动机转速在5000r/min以上，从而使得系统输出的油液流量和压力变化很大。当主油路压力过高时，会引起换挡冲击和增加功率消耗；而主油路压力太低时，又会使得离合器、制动器等执行元件打滑，二者均影响液压控制系统的正常工作。

主油路控制装置的主要任务就是控制主油道压力，使油泵的泵油压力经调节后符合自动变速器各系统的工作需要。

a　主调压阀

主调压阀由滑阀、阀板和弹簧组成，如图1-101所示，其作用是根据节气门开度和手控阀位置，把自动变速器油泵产生的液流压力控制在一个合适的范围，用于操作变速器内离合器和制动器以及进一步调节变速器内的其他压力。

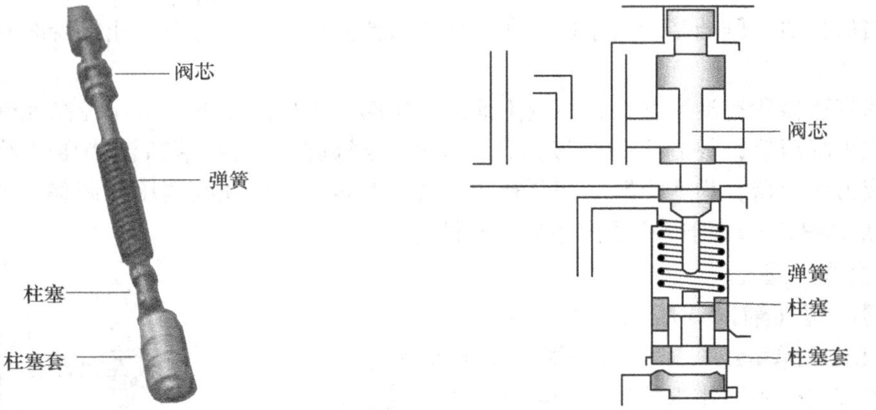

图1-101　主油路调压阀

主调压阀的工作原理如图1-102所示。油泵运转时，来自油泵出口的压力油经油道通至调压阀上端的A腔，当A腔油压对调压阀的推力小于压紧弹簧的预紧力时，调压阀被推至上端顶部，这时，泄油口处于封闭状态，使油压上升。当A腔油压对调压阀的推力大于压紧弹簧的预紧力时，滑阀下移，将泄油口打开，油路中的部分液压油经泄油口流回油底壳，使主油道油压下降，由于A腔油压即为主油道油压，因此A腔油压降低，调压弹簧又使滑阀向上移，将泄油口关闭，由于油泵在不停运转，油压又会上升，如此反复，使主油道油压相对稳定。油压通常在0.4～1MPa变化。

在不同的工况下，对主油路油压的要求不同，一般要求为主油路油压随节气门开度（负荷）变化。大节气门开度（重负荷）时，主油路油压高，因为节气门开大时，发动机的负荷和自动变速器传动的转矩增大，为保证离合器、制动器等换挡执行元件不打滑，主

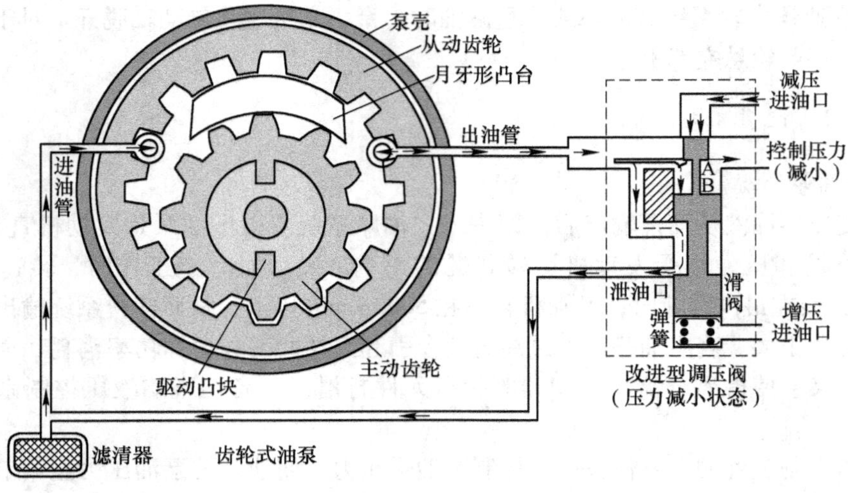

图1-102　主调压阀工作原理

油路油压应升高；而当节气门开度较小时，自动变速器传动的转矩较小，离合器、制动不易打滑，主油路油压可以降低。当自动变速器处在直接挡或超速挡，汽车以较高车速行驶时，传动系统处在高转速、低转矩状态下工作，这时应降低主油路油压，减少油泵运转阻力，节省燃油。随着挡位变化，倒挡时主油路油压较前进挡位高，一般为1.0～1.5MPa，因为倒挡离合器或倒挡制动器摩擦片在工作时需要的油压高，可以防止接合时打滑现象的发生。

自动变速器所有油压都是先经过主油路调压阀调整后形成的，液压控制元件直接利用其油压或再降压后，控制下一级液力元件工作。经调整后的油液节流降压（约0.7MPa）后充满液力变矩器，为变矩器冷却及补偿油液。变矩器油压经次调压阀调整，形成润滑油压（约0.4MPa），润滑变速器内各运转元件。

b　次调压阀

次调压阀（辅助调压阀）如图1-103所示，由滑阀和限压弹簧组成。作用是将主调压阀泄出的油液调节成变矩器使用的油压和润滑用的油压。变矩器油压分两个支路。上支路提供润滑油液，节流后的下支路为控制油压。若下支路油压大于弹簧力，滑阀上移使变矩器油腔与自动变速器油相通，开始为变速器齿轮机构提供自动变速器油；变矩器油过大，滑阀继续上移，泄油口打开，多余的油液流回油箱，使油压维持在一定范围。

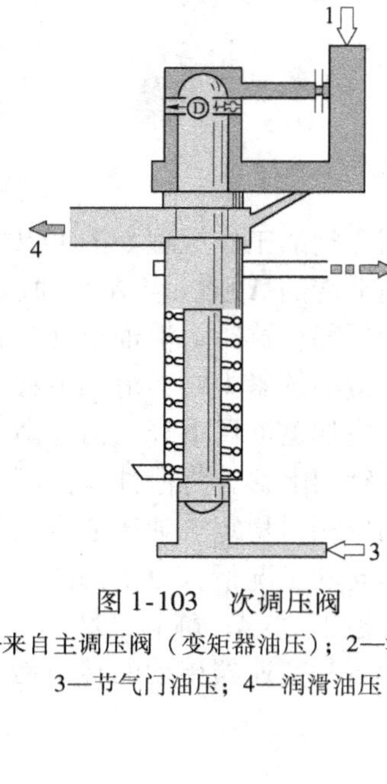

图1-103　次调压阀

1—来自主调压阀（变矩器油压）；2—泄油口；3—节气门油压；4—润滑油压

B　换挡信号系统

给自动变速器提供换挡操纵的有两个换挡信号，即发动机负荷与变速器输出转速。在液压控制系统中，这两个信号分别由节气门阀和速控阀提供。

a 节气门阀

节气门阀受发动机加速踏板控制，随节气门开度大小（即发动机负荷大小）而改变其输出油压的液压阀，其输出油压与节气门开度成正比关系。此油压作为液压控制系统自动换挡的一个信号。

节气门阀体内有两个滑阀（图1-104），上边一个是节气门阀，下边一个是强制降挡阀，两阀体之间有弹簧，使两阀受弹簧张力作用，阀内还有另一个弹簧作用在节气门阀的上部，给节气门阀一个向下的张力。强制降挡阀外露部分装有一个滚轮，滚轮与节气门分凸轮滚动接触，凸轮通过一个软轴内的拉索与节气门轴联动，节气门开闭，凸轮便转动，凸轮顶着强制降挡阀上下移动，于是强制降挡阀推动弹簧和节气门阀上下移动，以控制节气门油压。

b 速控阀（调速器）

速控油压的动力源仍然是主油路油压。速控阀的作用是输出一个与车速相关的控制油压，作用于各换挡阀，控制换挡。它一般安装在自动变速器的输出轴上，随轴一起转动，或者安装在自动变速器的壳体上，通过齿轮与输出轴相连。其基本原理是利用离心力控制滑阀阀芯的位置，来控制速控阀油压的大小。离心式速控阀由壳体、阀体、重块、弹簧组成，如图1-105所示。

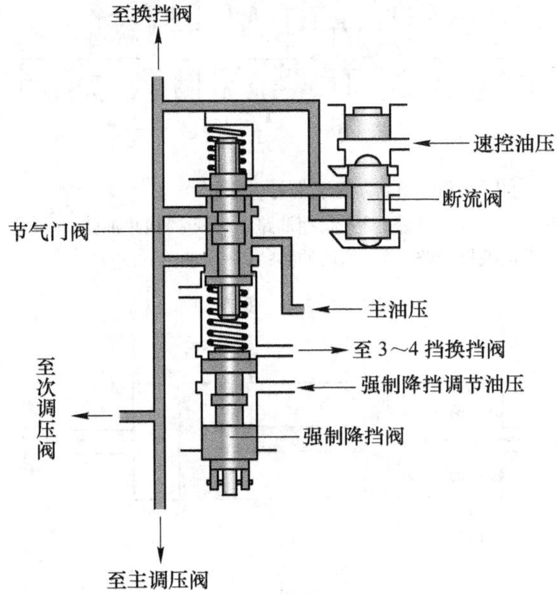

图1-104 节气门阀动作原理图

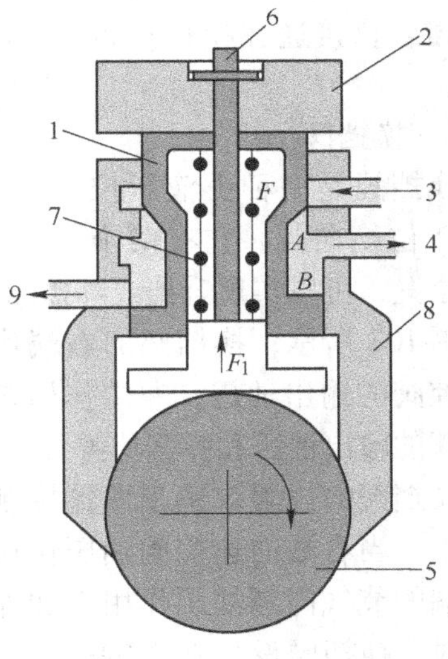

图1-105 速控阀

1—滑阀；2—重块；3—进油孔；4—出油孔；5—输出轴；6—导杆；7—弹簧；8—外壳；9—泄油孔

C 换挡阀系统

自动变速器控制系统的作用是根据变速器变速杆的位置以及汽车行驶时的车速、发动机负荷等因素，按照预先设定的换挡规律，在汽车行驶过程中自动选择挡位，并通过换挡执行元件的工作改变变速器的传动比，实现换挡。

换挡阀系统主要包括手动阀、换挡阀、强制低挡阀等控制阀及相应的油路组成。

a　手动阀

手动阀是由操纵手柄控制的多路换向阀。它位于控制系统的阀板总成中，经机械传动机构和自动变速器的操纵手柄连接，由驾驶员手工操作，用于控制自动变速器的工作状态。

驾驶员通过操纵手柄拨动手动阀，当操纵手柄位于不同位置时，手动阀也随之移至相应的位置，使进入手动阀的主油路与不同的控制油路接通，或直接将主油路压力油送入相应的换挡执行元件（如前进离合器、倒挡离合器等），并让不参与工作的控制油路与泄油孔接通，使这些油路中的压力油泄空，从而使控制系统及自动变速器处于不同挡位的工作状态。如手柄处于前进（D）位置时，对于三挡自动变速器而言，变速可根据换挡信号在1到3挡之间自动变换；对于四挡自动变速器而言，变速器则可根据换挡信号在1到4挡之间自动变换。当手柄置于前进挡S位（2位）时，自动变速器只能在1到2挡间自动变速器换挡。当手柄置于前进低挡L位（1位）时，自动变速器被限制在1挡工作。手动阀还提供倒挡（R）、空挡（N）、停车挡（P）等功能。

图1-106所示为手动阀结构简图，在阀体上有多条油路，一条油路与主油路相连，其余为出油道，分别至D、S、L、P和R挡位相应的滑阀或直接通往换挡执行元件。

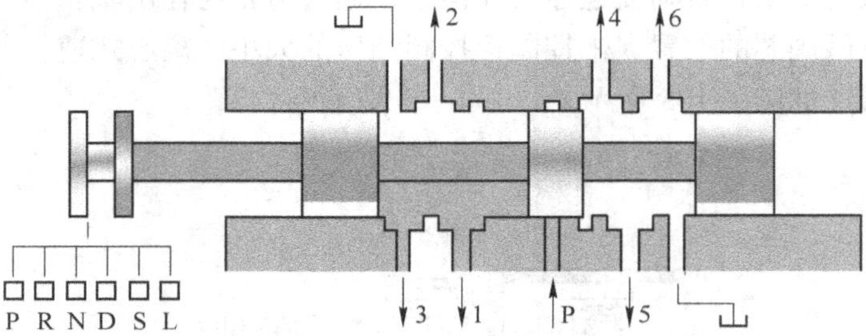

图1-106　自动变速器手动阀

1—前进挡油路；2—2挡油路；3—高挡油路；4—2挡锁止油路；5—手动低挡油路；6—倒挡油路；P—主油路

b　换挡阀

换挡阀是一种由液压控制的2位换向阀。它有两个工作位置，可以实现升挡或降挡的目的。如图1-107所示，换挡阀的右端作用来自速控阀的输出油压，左端作用来自节气门阀的输出油压和弹簧的弹力。

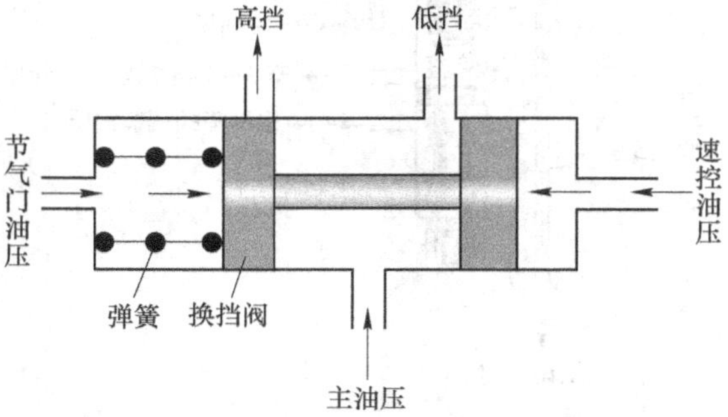

图1-107　换挡阀构造及原理示意图

换挡阀的位置取决于两端控制压力的大小。当右端的速控阀油压作用力低于左端的节气门阀油压作用力和弹簧力之和时，换挡阀保持在右端；当右端的速控阀油压作用力高于左端的节气门阀油压作用力和弹簧作用力之和时，换挡阀移至左端。换挡阀改变方向时，主油路的方向发生变化，自动变速器升高一个挡位；反之降低一个挡位。

由此可知，自动变速器的升挡和降挡完全受节气门阀油压和速控阀油压控制。节气门阀油压大小反映的是油门的开度大小，速控阀的油压大小反应车速的大小。若汽车行驶时油门开度保持不变，车速低速换挡阀在右端处于低挡，随着车速升高至规定值将推动换挡阀移至左端升入高挡，这个车速的规定值称为升挡车速或升挡时刻。当油门开度增大时，节气门阀油压增大，从而使相应的升挡速控阀油压增大即升挡车速降增大，这种规律十分符合汽车的实际使用要求。因每个换挡阀只有两个工作位置，只能在两个挡位之间变化，故对三挡自动变速器而言要设置两个换挡阀分别用于控制 1—2 挡的切换及 2—3 挡的切换；同理 4 挡自动变速器应有 3 个换挡阀。它们的工作原理一样，只是控制的挡位不同而已。

上述讲解的是换挡阀的基本工作原理，自动变速器实际的换挡阀结构要比图 1-107 复杂些。下面以液压控制式辛普森式三前进挡自动变速器 1—2 挡换挡阀为例叙述换挡阀工作原理。1—2 挡换挡阀的结构如图 1-108 所示。1—2 挡换挡阀的工作原理如图 1-109 所示。

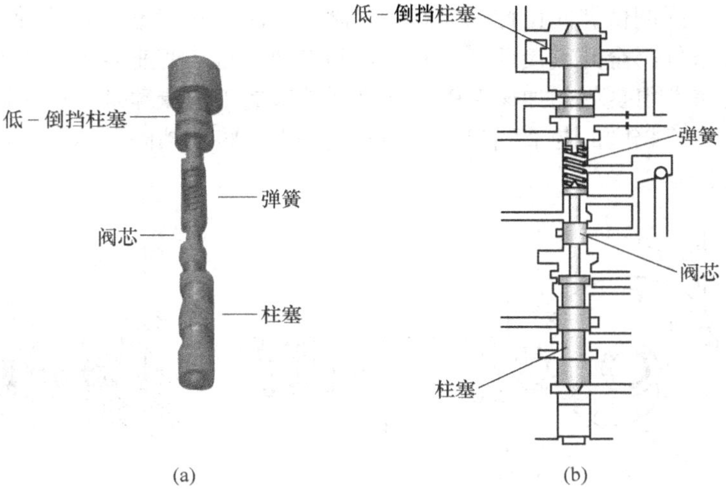

图 1-108　1—2 挡换挡阀的结构

（a）实物图；（b）结构示意图

控制自动变速器在 1 挡和 2 挡之间的变换，实质上是控制通向制动器 B2 的油路，因为 1 挡时 B2 不工作，靠低挡单向离合器 F1 限制太阳轮相对于行星架逆向旋转，太阳轮旋转；2 挡时 B2 工作，锁定太阳轮。

1 挡时，换挡阀滑阀的上端作用有向下的节气门油压和弹簧力，下端有向上的调节后的速控油压，如图 1-109（a）所示。由于速控油压力小于向下的合力，柱塞滑阀位于下方，来自手动阀的主油压通道被堵塞而不能送至制动器 B2。

当速控油压升高时（车速增加），速控油压将柱塞滑阀推向上方，如图 1-109（b）所示，此时，从手动阀来的主油压经 1—2 挡换挡阀下端通道被送至制动器 B2，变速器自动升入 2 挡。

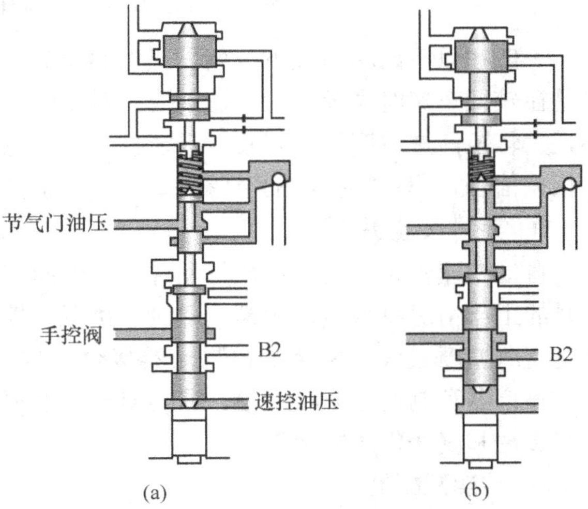

图 1-109　1—2 挡换挡阀的工作原理

（a）1 挡；（b）2 挡

柱塞滑阀上移后，将节气门油压通道关闭，节气门油道入口突然关闭后，节气门油压和速控油压恒定，阀体也会显著上移，因为节气门油压突然消失，此时柱塞滑阀向下的作用力只剩下弹簧力，变速器维持在 2 挡。当车速降低时，速控油压降低，柱塞滑阀在原位置（离节气门油道入口开启有一段距离）随车速逐步下移，移至比升 2 挡时小许多的车速时，才到节气门油道入口开启位置，一旦开启，阀体也会显著下移，维持在 1 挡，达到延迟降挡效果。

升挡过程同降挡过程恰好相反，使自动变速器从 2 挡降至 1 挡的速度低于 1 挡升至 2 挡的速度，减少了变速器频繁换挡的可能性。

c　强制低挡阀

强制低挡阀也称为强制降挡阀，有滚轮式和电磁式两种，如图 1-110 所示。其作用是在节气门全开或接近全开时，强制性地将自动变速器降低一个挡位，以提高驱动轮的驱动力来获得良好的加速性能。强制低挡阀的工作原理是：从阀输出来自主油路的压力油作用于各换挡阀的与节气门作用相同的一端，将换挡阀阀芯向降挡方向移动，从而使自动变速器降挡。

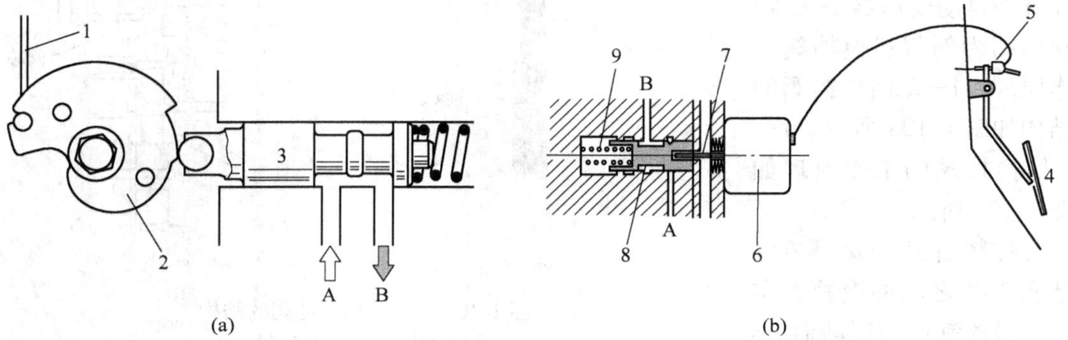

图 1-110　强制低挡阀

（a）滚轮式强制低挡阀；（b）电磁式强制低挡阀

1—节气门拉索；2—节气门阀凸轮；3—强制低挡阀；4—加速踏板；5—强制降挡开关；6—强制降低电磁阀；7—阀杆；8—阀芯；9—弹簧

一般在以下两种情况下，驾驶员会将加速踏板踩到底：一是在较高车速时需要超车，二是在较低车速时需要很大的驱动力。对于配备自动变速器的车辆来讲，无论是高速超车还是大转矩前进或爬坡，驾驶员只需按自己的意识，控制加速踏板即可。控制系统通过获取相关信号，驱动换挡阀的滑阀移动，来自动实现换挡。

D　缓冲安全系统

自动变速器是利用换挡执行元件的工作而实现挡位变换的，换挡执行元件在接合或放松时的工作情况将直接影响换挡质量。执行元件的工作是液力传动油来控制的，如其油压在建立时速度太快，离合器和制动器接合过快，将产生冲击，而油压在泄空时，速度太慢，离合器和制动器放松太慢，将会出现打滑现象，因此在自动变速器的液控系统装有许多起缓冲和安全作用的装置。

a　蓄能减振器

蓄能减振器也称为储能减振器，常用来缓冲换挡冲击，一般由减振活塞和弹簧组成，其工作原理如图 1-111 所示。

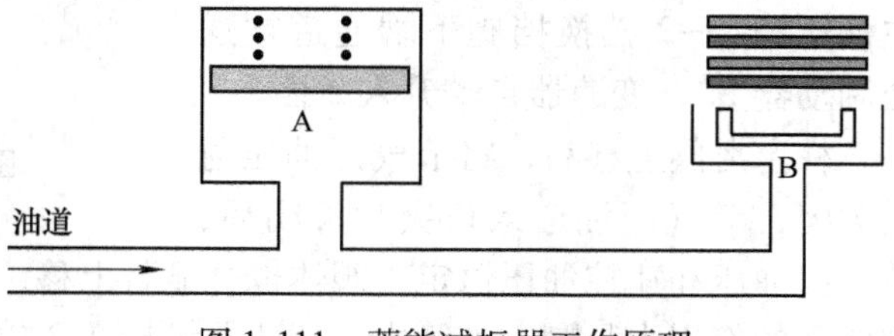

图 1-111　蓄能减振器工作原理

它与离合器或制动器并联安装，图左侧为蓄能减振器，右侧为离合器或制动器，也就是说压力油进入离合器或制动器活塞工作 B 腔的同时也进入 A 腔，根据液压原理，A 腔与 B 腔压力相等，A 腔由于有弹簧作用，起缓冲作用，减小冲击，离合器或制动器完全接合后，又能起到一定的保压作用。

b　蓄压减振器

蓄压减振器的作用和蓄能减振器类似。区别在于蓄压减振器在弹簧的一侧还作用有节气门油压或主油压，称之为蓄压减振器背压，当节气门油压变化时，减振器的工作会得到有效控制，如图 1-112 所示。在节气门开度大时，适当降低减振器的减振能力，会加速换挡过程，防止高负荷传动动力时换挡执行元件打滑，以满足换挡需要。

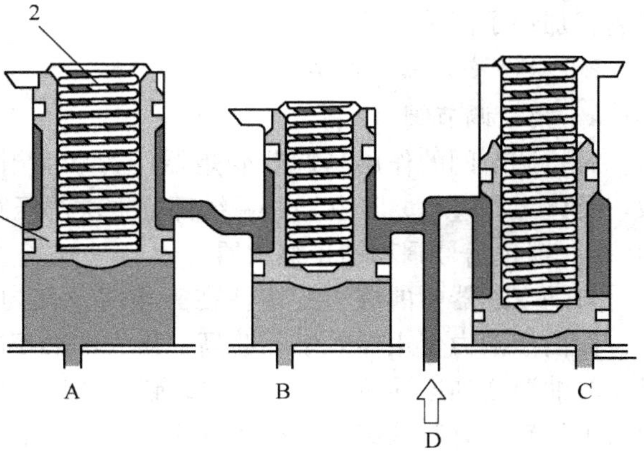

图 1-112　蓄压减振器
1—减振器活塞；2—减振弹簧；A，B，C—通换挡执行元件油路；D—节气门油路

一般的液压系统有多个蓄压减振器，分别与相关换挡执行元件的油路相通，对应于各挡动作时起换挡缓冲作用。

c　单向节流阀

单向节流阀布置在换挡阀至换挡执行元件之间的油路中，作用是对流向换挡执行元件的液压油产生节流作用，在换挡执行元件接合时延缓油压增大的速率，以减少换挡冲击。在换挡执行元件分离时，单向节流阀对换挡执行元件的泄油不产生节流作用，以加快泄油过程，使换挡执行元件迅速分离。

单向节流阀有两种形式，一种是弹簧节流阀式，如图 1-113（a）所示。在充油时，节

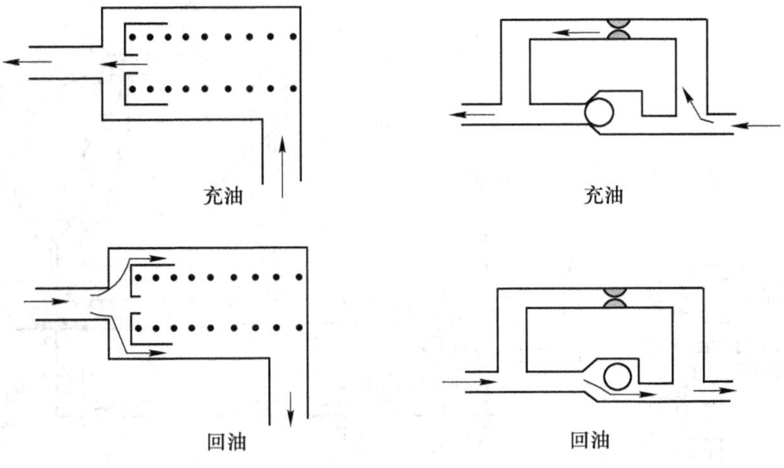

图 1-113　单向节流阀
（a）弹簧节流式；（b）球阀节流孔式

流阀关闭，液压油只能从节流阀中的节流孔通过，从而产生节流效应；在回油时，液压油将节流阀推开，节流孔不起作用。另一种是球阀节流孔式，如图1-113（b）所示。在充油时，球阀关闭，液压油只能从球阀旁的节流孔经过，减缓了充油过程；在回油时，球阀开启，加快了回油过程。

E　液力变矩器控制装置

a　第二调节阀

第二调节阀的作用是调节变矩器压力和润滑压力，与发动机功率和车辆速度保持一致。具体工作过程，见主油路系统部分中次调压阀的结构和工作原理。

b　锁止信号阀和锁止继动器

自动变速器中的液力变矩器在工作时，其内部的工作油液要传递发动机的大部分功率，而由于液力变矩器效率不够高，损失的功率转化成热的形式，使得油液的温度升高，过高的油温会加速油液的老化变质，破坏密封，甚至产生沸腾，影响正常工作。另外，变矩器工作轮中有些区域，工作液体的流速高、压力低，往往出现气蚀，使得传递的转矩减小。因此在液力变矩器减速增矩状态，油液经锁止继动阀至冷却器进行冷却，然后加压送回到变矩器进行补偿，其控制结构及工作原理如图1-114所示。

目前大部分自动变速器所采用的液力变矩器均是锁止式液力变矩器，液力变矩器锁止控制机构的作用是控制液力变矩器的工作状态：锁止/分离。

为此，控制装置中需要增设锁止信号阀和锁止继动阀来共同控制变矩器中的锁止。锁止信号阀就是相关信号来控制锁止继动阀工作，锁止继动阀通过滑阀上下移动控制相应的油路，改变液力变矩器进出液流方向及进行冷却。

起车及低挡位时，为获得良好的加速性能，采用图1-114（b）状态液流方式，达到减速增矩目的；在超速挡稳定车速时，不再需要减速增矩而减小功率损失，改变液力变矩器内液力方向，如图1-114（a）所示，使与输出轴相连接的锁止离合器直接与壳体连接，达到与发动机飞轮同步旋转提高传动效率。

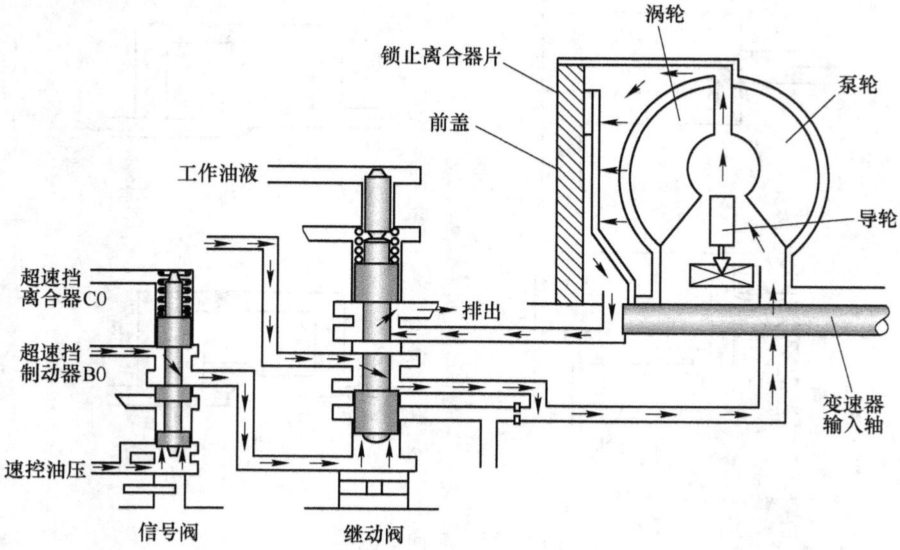

(a)

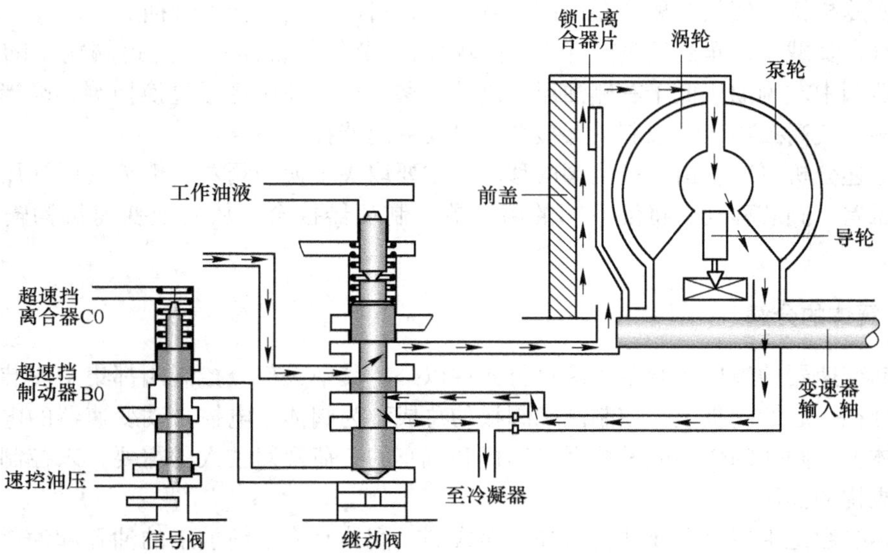

(b)

图 1-114　液力变矩器锁止控制结构及工作原理
(a) 接合状态；(b) 分离状态

1.4.2　液压控制系统的工作原理

液压控制系统的工作原理如图 1-115 所示。

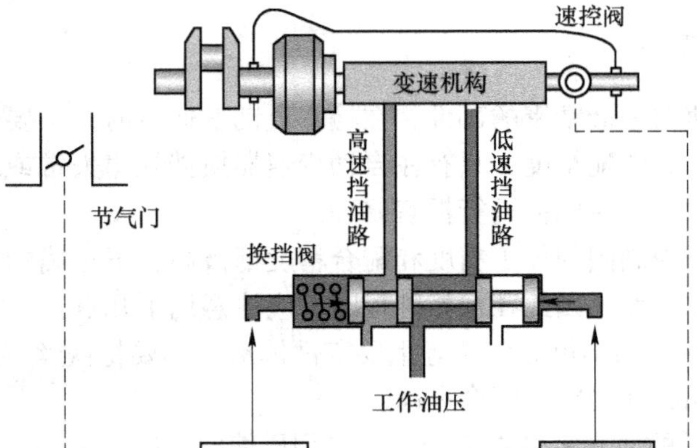

图 1-115　液压系统工作原理图

节气门对应的节气门阀产生节气门油压，速控阀产生与车速相对应的速控油压，换挡阀控制换挡油路，控制系统的工作油压在换挡阀的控制下通过高挡油路进入变速机构，使自动变速器挂上高挡，通过低挡油路进入变速机构，使自动变速器挂上低挡。

当汽车负载大，节气门开度大，车速低时，节气门阀输出的节气门油压高，速控阀输出的速控油压低，换挡阀左侧大于右侧油压，阀芯右移，工作油压将通过换挡阀、低挡油路进入变速机构，使低挡离合器或制动器接合，自动变速器挂上低挡。

当汽车负载小，车速高时，节气门阀输出的节气门油压低，速控阀输出的速控油压高，换挡阀中左侧油压低于右侧油压，阀芯左移，工作油压将通过换挡阀、高挡油路进入变速机构，使高挡离合器或制动器接合，自动变速器挂上高挡。

从上述分析可以看出，换挡阀的移动，主要取决于换挡阀左右侧节气门油压和速控油压的油压差，阀芯移动，将使不同的离合器、制动器接合，从而使变速机构输出不同的挡位。

1.4.3 阀体的分解

自动变速器的液压控制系统除执行元件以外，其中大部分控制阀都集中安装在一块或几块组合在一起的阀板上，控制阀和阀板的总成称为阀体。电控自动变速器的电磁阀通常装在阀体上。阀体的作用就是根据发动机和汽车的负荷及驾驶人的需要，来控制输出到不同执行机构的油压。

阀体多数是由铝合金或铁铸造加工而成的，阀体有许多精加工的油孔和油道。油液通过一定的油道和油孔流入和流出阀体。虽然许多油道和油孔加工在自动变速器壳体和油泵壳上，但是大多数还是在阀体上。

自动变速器大部分控制阀安装在阀体上，阀体上也安装有许多不同的单向球阀。阀体上的控制阀的作用是控制通过变速器的油液的通断或调节油液的流量，可以通过一个阀或多个阀控制流经油道和油孔的油液。

各类自动变速器中阀体的拆装方法基本相同，下面以 A341E 型自动变速器阀体的检修为例，来说明阀体的拆装。

1.4.3.1 注意事项

阀体是自动变速器中最精密的部件，在检修自动变速器时，不要轻易拆检阀体，以免破坏阀体内各控制阀的装配精度，只有在自动变速器换挡规律失常或摩擦片严重烧毁，阀体内粘有大量粉末时，才对阀体进行拆解修理。

由于阀板中各个控制阀的加工精度和配合精度都极高，不正确的检修方法往往会损坏控制阀，影响其正常工作。因此在检修阀板时，应注意以下几点：

（1）拆检阀板时，切不可让阀芯等重要零件掉落。不要将铁丝、起子等硬物伸入阀孔中，以免损伤阀芯和阀孔的精密配合表面。

（2）阀板分解后的所有零件在清洗后，可用压缩空气吹干。不允许用棉布擦拭，以免粘上细小的纤维丝，造成控制阀卡滞。

（3）装配阀板时，应检查各控制阀阀芯是否能在阀孔中活动自如。如有卡滞，应拆下，经清洗后重新安装。

（4）不要在阀板衬垫及控制阀的任何零件上使用密封胶或黏合剂。

（5）在更换隔板衬垫时，要将新旧件进行对比，确认无误后再装入，以防止因零件规格不符而影响自动变速器的正常工作。有些自动变速器的修理包中没有阀板的隔板衬垫，在维修中如果旧衬垫破损，可用清克纸（电工用绝缘纸）自制，方法是将旧衬垫的形状画在清克纸上，用割纸刀和圆冲照原样刻出。

（6）在分解、装配阀板时，要有详细的技术资料（如阀板分解图），以作为对照。拆下的各个控制阀零件要按顺序排放，以便重装。另外，在分开上下阀板时，要特别注意不要使阀板油道中的阀球、滤网等小零件掉出。在拿起上面的阀板时，要将隔板连同阀板一同拿起，待翻转阀板使油道一面朝上后再拿开隔板；认清上下阀板油道中所有阀球等零件的位置并画在简图上，同时测量并记下不同直径的阀球的位置，然后才能取出阀球等零件，做进一步分解及阀板清洗工作。

1.4.3.2　液压控制阀板的分解

（1）按图 1-116 所示拆下阀板上的手动阀阀芯及电磁阀等零件。

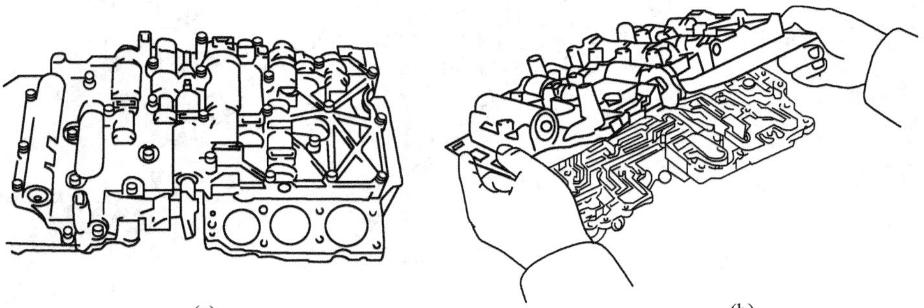

(a)　　(b)

图 1-116　分开上下阀板

（a）上阀板；（b）将上阀板与下阀板分开

（2）松开上下阀板之间的固定螺栓，将上下阀板分开。在拿起上阀板时，为了防止上阀板油道内的单向阀阀球掉落，应将上下阀板之间的隔板和上阀板一同拿起，并将上阀板油道一面朝上放置后再取出隔板。

（3）从上阀板一侧取下隔板，取出上阀板油道内的所有单向阀阀球。

（4）按图 1-117 所示顺序拆出上阀板中所有的控制阀。在拆出每个控制阀时，应先取出锁销和栓塞，再让阀芯和弹簧从阀孔中自由落出。若阀芯在阀孔中有卡滞，不能自由落出，可用木槌或橡皮锤敲击阀板，将阀芯震出。不要用铁丝或钳子伸入阀孔去取阀芯，以免损坏阀孔内径或阀芯。

（5）按图 1-118 所示顺序拆出下阀板中所有的控制阀。

1.4.3.3　液压控制阀板的装配

（1）将清洗后的上下阀板和所有控制阀零件放在干净的液压油中，浸泡几分钟。

（2）按图 1-117、图 1-118 相反的顺序安装上下阀体各控制阀，注意各控制阀弹簧的安装位置，切不可将各控制阀的弹簧装错。

（3）按图 1-119 所示位置，将上阀板油道内的阀球装入。

（4）用螺钉将隔板及隔板衬垫固定在上阀板上。

（5）将上下阀板合在一起，按图 1-120 所示方法将三种不同规格的阀板螺栓安装在不同的位置上，分 2～3 次将所有螺栓拧紧。阀板螺栓的标准拧紧力矩为 6.1N · m。

（6）顺序安装电磁阀、手动阀等零件。

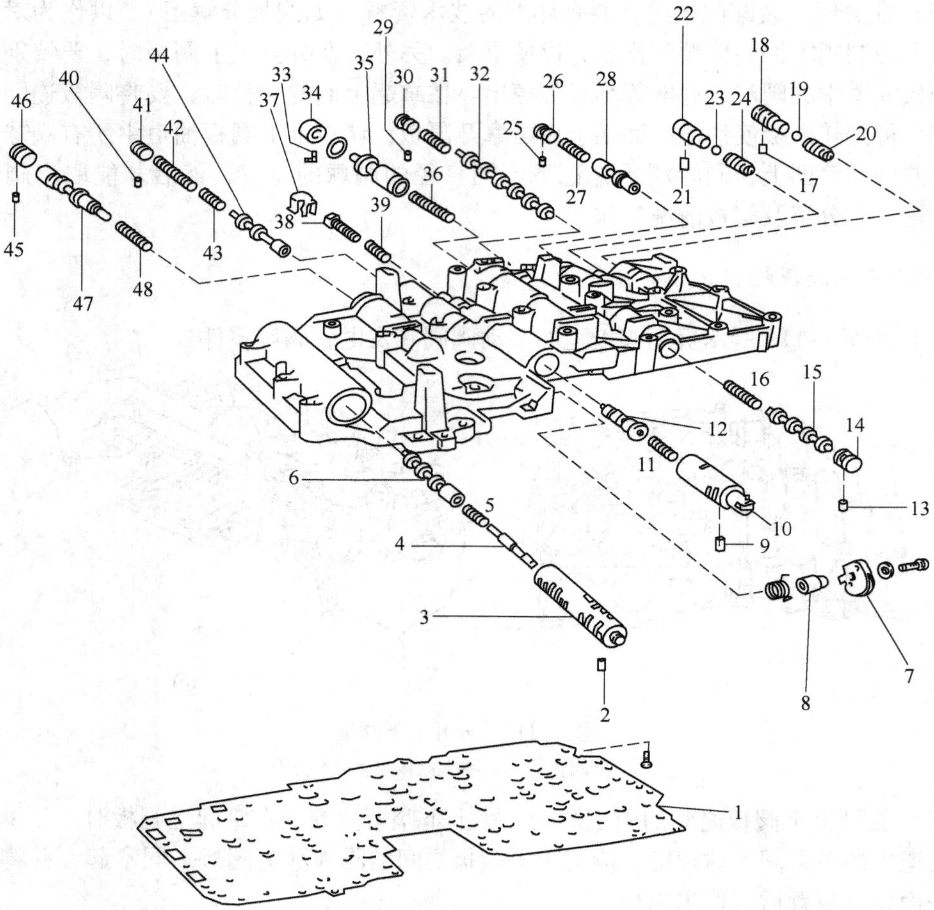

图1-117 上阀板分解

1—隔板和衬垫；2，9，13，17，21，25，29，33，40，45—锁销；3—锁止控制阀阀套；4—锁止控制阀；5，11，16，27，31，36，39，42，43，48—弹簧；6—锁止继动阀；7—节气门阀凸轮；8—销套；10—强制降挡阀；12—节气门阀；14，18，22，26，30，34，41，46—栓塞；15—3—4 挡换挡阀；19，23—止回阀阀球；20，24—止回阀；28—倒挡控制阀；32—2—3 挡换挡阀；35—前进挡减振器活塞；37—锁片；38—节气门阀调节螺钉；44—前进挡减振器节流阀；47—变扭器阀

【任务实施】

在拆卸与组装液压控制系统的过程中，认真观察各零部件之间的安装位置关系及各组成部分的结构特点，通过观察，结合理论知识，尽可能自行完成如下工作单（表1-7），然后在教师指导下完成本任务。

表1-7 观察液力变矩器及液力变矩器的检查任务工作单

任 务 名 称	要 求
液压控制系统的组成	实操拆装液压控制系统，认识液压控制系统的结构
液压控制系统各部件的工作原理	掌握液压泵、各种控制阀体的工作原理

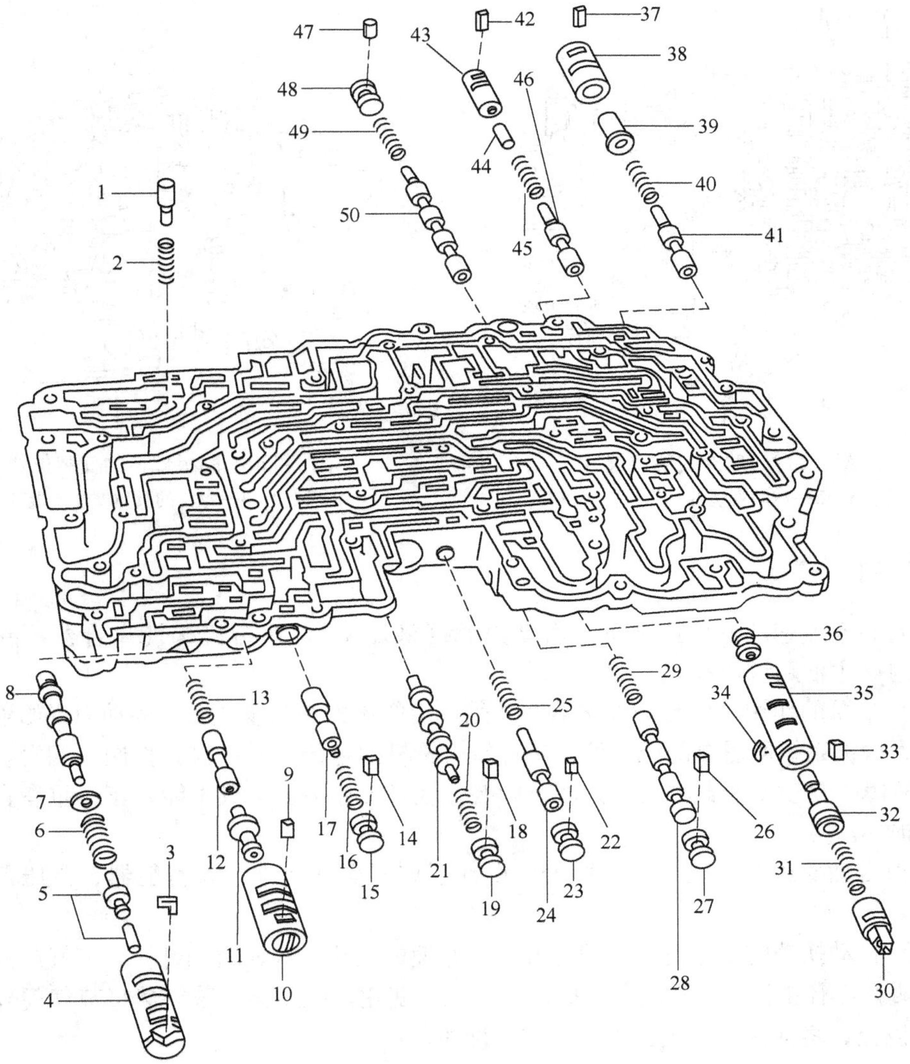

图 1-118　下阀板分解

1—止回阀；2，6，13，16，20，25，29，31，40，45，49—弹簧；3，9，14，18，22，26，33，34，37，42，47—锁销；4，10，35，38，43—阀套；5，11，36，39，44—阀杆；7—垫圈；8—主油路调压阀；12—锁止控制阀；15，19，23，27，30，48—栓塞；17—止回阀；21—电磁转换阀；24—电磁调节阀；28—截止阀；32—减振器控制阀；41—滑行调节阀；46—滑行调节阀；50—1—2 换挡阀

【知识与技能拓展】

案例：一辆装备自动变速器的本田雅阁的车主反映，当该车车速达到 50km/h 时发动机转速会突然升高，自动变速器出现打滑现象。

故障原因分析：通过对该车进行试验，发现只有在三挡时存在打滑现象，对该车三挡打滑原因进行分析，最后确认是三挡齿轮轴环位置装反了。轴环位置装反就会造成三挡齿轮毂紧靠三挡离合器活塞，当离合器工作时不能压紧离合器摩擦片，反而压紧了齿轮毂，造成离合器摩擦片打滑。更换离合器摩擦片，并按照要求装配好自动变速器后试车，上述故障消失。

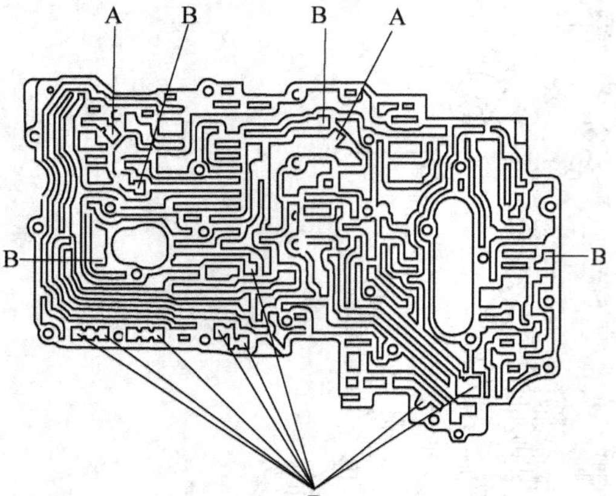

图1-119　球阀安装位置
A，B—球阀安装的具体位置

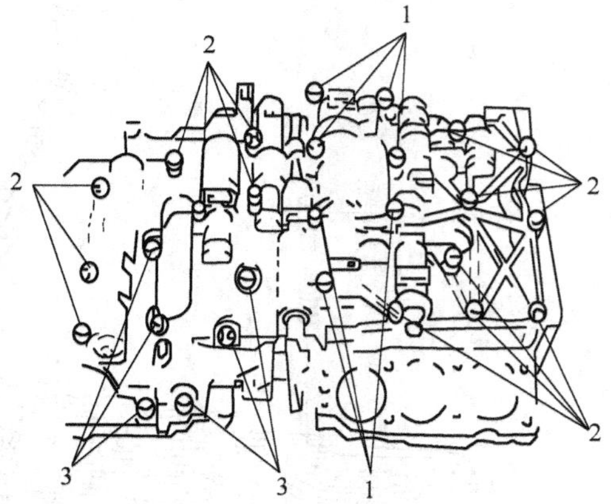

图1-120　阀板螺栓的安装位置
1，2，3—螺栓的具体安装位置

【任务总结】

（1）自动变速器液压控制系统由动力源（液压泵）、执行机构（离合器、制动器）、控制机构（主油路调压阀等）组成。

（2）油泵的作用是使自动变速器油产生一定的压力和流量，并作为动力供给液力变矩器和液力操纵系统所需要的压力油，使行星齿轮机构各传动元件得到控制和润滑。如果油泵发生故障，自动变速器将会受到严重影响，轻者工作不正常或不能行车，重者自动变速器严重损坏。

（3）自动变速器为减小换挡冲击，设计了许多缓冲元件，如蓄能器、蓄压器、节流阀等。

（4）自动换挡的依据是节气门的开度和车速的变化，车速增加升挡，节气门开度增大降挡，两者均有变化时，视两者对应产生的油压变化量的差异。若突然将节气门开度加大到85%以上，将强制降一挡，以获得加速性能。

【思考与练习】

1.4-1　填空题

（1）自动变速器的油泵主要由（　　　）、（　　　）、（　　　）和（　　　）组成。

（2）自动变速器中换挡执行机构主要由（　　　）、（　　　）和（　　　）三种执行元件组成。

（3）在自动变速器中常用的制动器有（　　　）、（　　　）两种。

（4）自动变速器中换挡控制阀主要由（　　　）和（　　　）等控制阀组成。

（5）常见的换挡品质控制阀有（　　　）、（　　　）和（　　　）等。

1.4-2　判断题

（1）油泵通常安装在液力变矩器后，由飞轮通过液力变矩器壳直接驱动。（　　）

（2）油面过高会影响执行元件的平顺分离和换挡稳定性。（　　）

（3）换挡阀也具有强制降挡功能。（　　）

1.4-3　简答题

（1）油泵是由什么来驱动的？常见的形式有哪些？

（2）主油路调压阀的作用是什么？影响主油路压力的因素有哪些？

（3）节气门阀的作用是什么？如何工作？

（4）强制降挡阀的作用是什么？

任务 1.5　电子控制系统的结构与检修

电子控制系统是由电子控制装置和阀板两大部分组成的。它与传统的液压控制系统相比，不论是控制原理还是控制过程都有很大的不同，目前越来越多的轿车自动变速器采用这种控制系统。

电子控制系统能按汽车行驶的需要选择相应的挡位，实现更复杂、更合理的控制，获得更理想的经济性和动力性，并可简化液压控制系统，提高控制精度和反应速度，容易实现整车控制。

【任务内容】

（1）了解自动变速器电子控制系统的结构。

（2）理解自动变速器电子控制系统的工作原理。

（3）掌握电控元件的检测方法。

【任务目标】

对电子控制系统进行检修，掌握检修方法。

【相关知识】

1.5.1　电子控制系统的组成

自动变速器电子控制系统由输入装置、电子控制单元 ECU 和执行器三部分组成，如图 1-121 所示。

当电控系统的元件出现故障时，电控单元将故障信息储存起来，检修人员可以利用专用检测仪器读出故障码。此外，电控系统还具有失效安全保护功能，即当电控系统出现故障时，汽车能以较低的速度行驶。

1.5.2　电子控制系统的结构和工作原理

1.5.2.1　传感器

自动变速器电子控制装置中常用的传感器主要有节气门位置传感器、车速传感器、转速传感器和温度传感器等。

A　节气门位置传感器

节气门位置传感器安装在节气门体上，用于检测节气门的开度并将其转换位电信号输

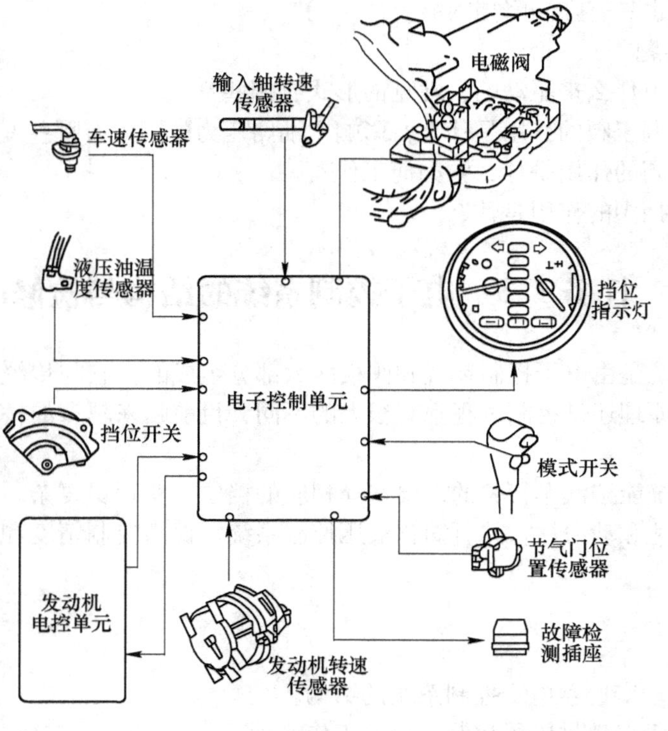

图 1-121　电子控制系统的组成

送给 ECU，以控制换挡正时和锁止正时。

节气门位置传感器有开关式、线性式和霍尔式等多种类型。节气门位置传感器常采用线性式节气门位置传感器，它主要由一个线性电位计和一个怠速开关组成，如图 1-122 所示。传感器上有两个信号触点。当节气门位置发生变化时，节气门位置信号触点就位于不同位置，输出的电压信号也就不同。当节气门关闭时，IDL 怠速信号触点接通，判断发动机是否在怠速工况。

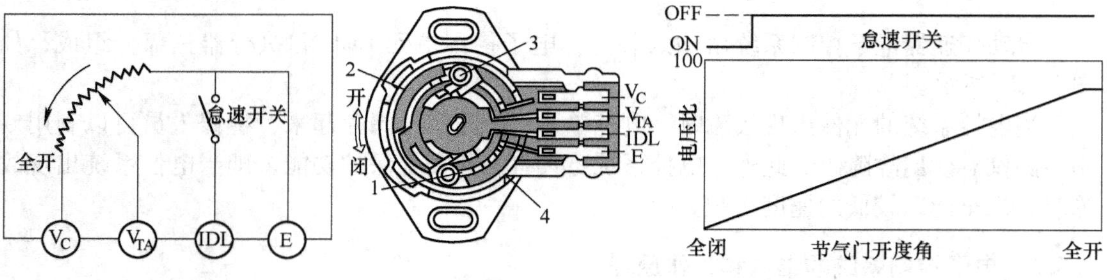

图 1-122　节气门传感器结构和原理

1—IDL 信号触点；2—电阻器；3—节气门位置信号触点；4—绝缘部分

B　车速传感器

车速传感器用来测量汽车的行驶速度，作为 ECU 控制换挡点和锁止离合器运作的信号。对于后轮驱动的车型，车速传感器多安装在变速器的后输出轴上；对于前驱车型，车速传感器除安装在输出轴上外，还可能安装在变速驱动桥半轴上，ECU 为了获得正确的车速信息，一般采用 2 个车速传感器，并不断对 2 个信号进行比较，确保信息的准确性。

车速传感器主要有片簧开关式、磁阻元件式、磁电脉冲式和光电式，常用的有磁阻元件式和磁电脉冲式（图 1-123）。

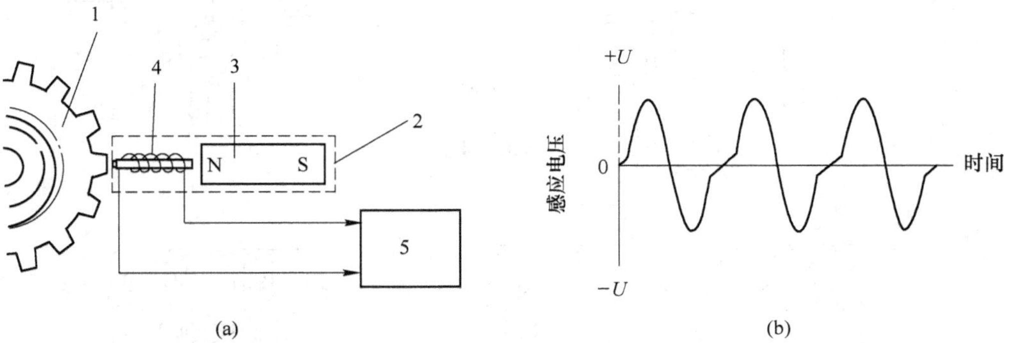

图 1-123　磁电式车速传感器的结构和工作原理

（a）结构；（b）感应电压曲线图

1—停车锁止齿轮（安装在输出轴上）；2—车速传感器；3—永久磁铁；4—电磁感应线圈；5—ECU

C　转速传感器

自动变速器接收的转速信号包括发动机转速信号和变速器内部输入轴/中间轴的转速信号，输入轴转速信号作为变矩器涡轮的转速信号，发动机转速信号作为变矩器泵轮转速信号，两个信号进行比较，计算出变矩器的传动比，以优化锁止离合器的控制过程，减少换挡冲击，改善汽车行驶的平顺性。

D　稳定传感器

变速器电子控制装置根据冷却液温度传感器或油温传感器熄火来检测发动机冷却液温度和变速器油的温度，并根据温度信号控制变速器的换挡点、工作压力及锁止离合器的锁止。

1.5.2.2　执行器

电子控制装置中的执行器各种电磁阀。常见的电磁阀有开关式和脉冲式两种。

A　开关式电磁阀

开关式电磁阀的作用是开启或关闭自动变速器油路，可用于换挡及液力变矩器的锁止离合器的控制。

如图 1-124 所示，开关式电磁阀由电磁线圈、衔铁、阀芯和回位弹簧组成。它只有两种工作状态：全开或全关。图中当线圈不通电时，阀芯被油压推开，打开泄油孔，该油路压力泄为 0；当线圈通电时，电磁力使阀芯上移，关闭泄油孔，油路压力上升。

B　脉冲线性式电磁阀

脉冲线性式电磁阀的结构与开关式电磁阀相似，也是由电磁线圈、衔铁、阀芯或滑阀等组成，如图 1-125 所示，它用来控制油路中的油压。通电，电磁力使阀芯或滑阀开启泄压孔，压力下降；不通电，在弹簧弹力作用下阀芯或滑阀关闭泄油孔，压力上升。其控制

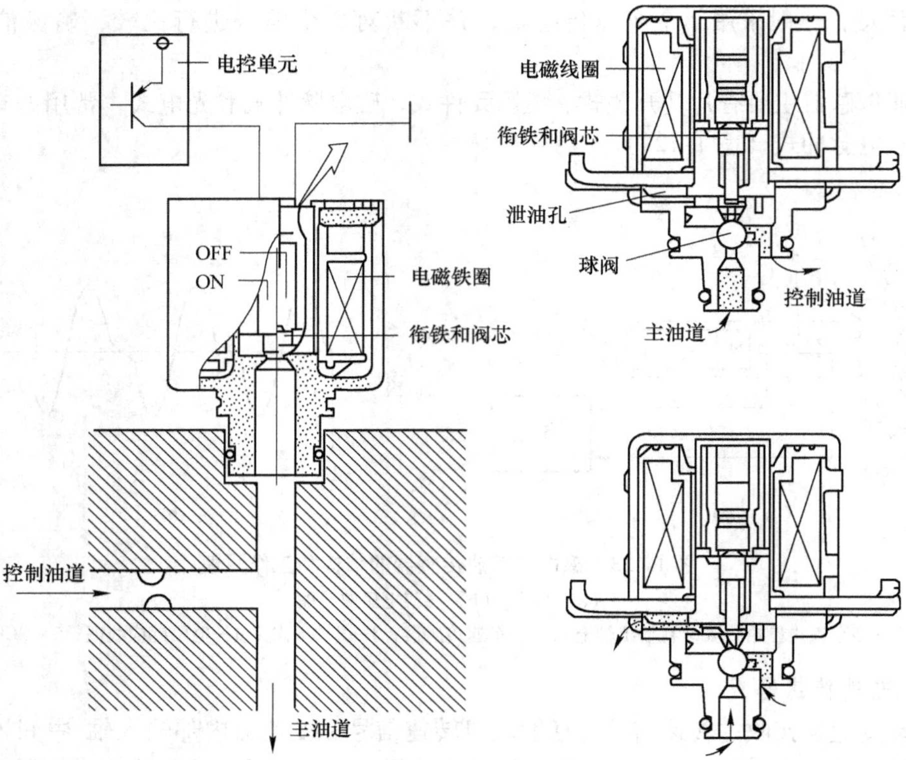

图 1-124　开关式电磁阀

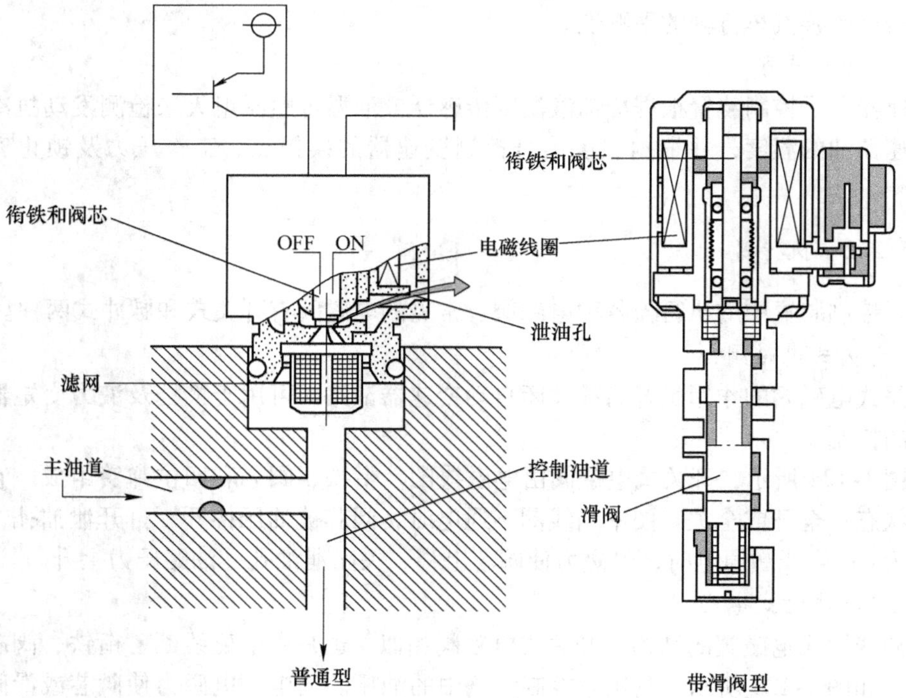

图 1-125　脉冲线性式电磁阀

电信号为一个频率固定的脉冲电信号，脉冲电信号使电磁阀不断反复地开启和关闭泄油孔，电子控制单元通过改变每个脉冲周期内电流接通和断开的时间比例，即占空比，来控制油路压力。

1.5.2.3　电控单元 ECU 及其控制内容

自动变速器电子控制单元 ECU 是电子控制系统的控制核心，它根据各传感器及控制开关的信号和设定控制程序，通过运算分析，向各个执行器输出控制信号，从而实现对自动变速器的控制。其基本结构和汽车其他系统电子控制单元 ECU 相似，它的控制内容主要有如下方面。

A　换挡控制

ECU 根据挡位开关和模式开关的信号，再将车速传感器和节气门位置传感器测得的车速、节气门开度与自动换挡图进行比较，在达到设定的换挡车速时，向换挡电磁阀发出电信号，实现自动换挡。如图 1-126 所示。

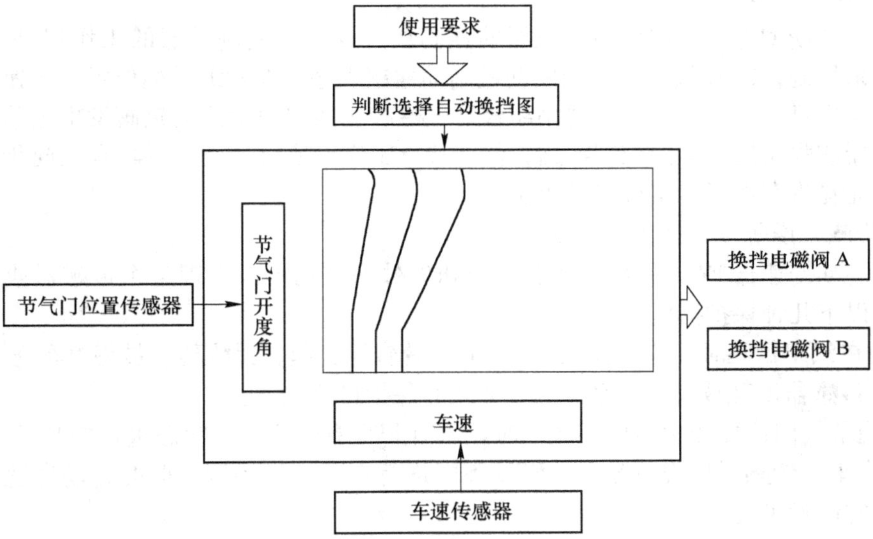

图 1-126　自动换挡控制方框图

B　主油路油压控制

主油路油压由主油路调压阀调节，早期的电子控制系统中节气门阀输出油压和倒挡油路油压对其进行反馈控制，如图 1-127 所示。新型电子控制自动变速器由电子控制单元 ECU 根据节气门开度、挡位、油温及换挡等信号，计算得到相应的主油路压力值，并通过输出相应的占空比脉冲信号来控制油压电磁阀的开、关比率，实现对主油路的控制。

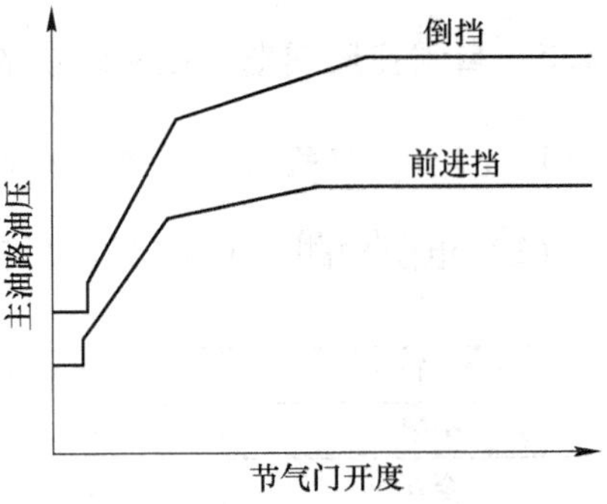

图 1-127　主油路油压曲线图

节气门开度越大，主油路油压越高；节气门开度越小，主油路油压越低；倒挡时主油路油压较前进挡高。

换挡时，为减小冲击，应减小换挡执行元件中液力传动油油压。

C　自动模式控制

新型自动变速器取消了手动选择的模式开关，采用了电子控制单元 ECU 自动模式变换控制，ECU 根据各个传感器的信号测得汽车的行驶状况，根据操纵手柄的位置和加速踏板踩下的速率来判断驾驶员的操作方式，经运算分析，自动选择采用经济模式、普通模式、动力模式来进行换挡控制，以满足不同的操作要求。

D　锁止离合器控制

最理想的锁止离合器控制是既能保持汽车的行驶要求，又能最大限度地提高变矩器的传动效率，以降低油耗。ECU 中储存有不同工作条件下的最佳锁止离合器控制程序。工作中，ECU 根据挡位、模式等工作条件从存储器内选择相应的最佳控制程序，并与当前车速、节气门开度等进行比较，当车速及其他因素均满足锁止条件时，ECU 向锁止离合器的锁止电磁阀输出控制信号，使锁止离合器接合。

E　发动机制动控制

目前一些新型电子控制自动变速器的强制离合器或强制制动器的工作都是由 ECU 通过电磁阀来控制，ECU 按照设定的发动机制动控制程序，在操纵手柄位置、车速、节气门开度等因素满足一定条件时，向强制离合器电磁阀或强制制动器电磁阀发出电信号，打开强制离合器或强制制动器的控制油路，使之接合工作，使自动变速器具有反向传递动力的能力，从而在汽车滑行时实现发动机制动。

F　故障自诊断与失效保护功能

电控自动变速器 ECU 具有故障自诊断和失效保持功能。发现某个传感器或执行器有故障，有以下几种保护措施。

(1) 在汽车行驶时，仪表盘上的 AT 故障警告灯亮起，提醒驾驶员将汽车送厂检修。

(2) 传感器出现故障时，采取控制方式和保护措施如下：

1) 当节气门位置传感器出现故障时，ECU 根据怠速开关的状态进行控制。

2) 当车速传感器出现故障时，ECU 不能进行自动换挡控制，此时自动变速器的挡位由变速杆的位置决定。

3) 输入轴转速传感器出现故障时，ECU 停止减转矩控制，换挡冲击有所增大。

4) 自动变速器油温度传感器出现故障时，ECU 按自动变速器油温度为 80℃的设定进行控制。

1.5.3　自动变速器电子控制装置的检查

1.5.3.1　节气门位置传感器的检测

(1) 电阻检测：节气门位置传感器各端子的电阻值见表 1-8。

表 1-8　电阻检测

节气门开度	VTA-E	IDL-E	VC-E
全闭	0.2 ~ 0.8kΩ	0Ω	固定值
全开	2.8 ~ 8.0kΩ	∞	固定值
从全闭到全开	逐渐增大	∞	固定值

（2）电压检测：全开和全闭时的电压见表 1-9。

表 1-9　电压检测

节气门开度	VTA-E	IDL-E	VC-E
全闭	0.7V	低于 1V	5V
全开	3.5～5.0V	4～6V	5V
从全闭到全开	逐渐增大	4～6V	5V

（3）怠速开关检查：用万用表测量怠速开关导通情况，当节气门全闭时，应导通，开启时，则不导通。

（4）接地检测：检测接地安装是否牢固，有无腐蚀等。

1.5.3.2　车速传感器检测

（1）电阻检测：关闭点火开关，拔下车速传感器的线束插头，用万用表测量传感器两接线柱之间电阻，应为 560～680Ω。如果感应线圈短路、断路或电阻不符合标准，则更换传感器。

（2）传感器输出脉冲的检测。

1）用千斤顶将汽车的一侧驱动轮顶起，将换挡杆位于 N 位，用手转动悬空的驱动轮，用万用表测量车速传感器两接线柱之间有无脉冲感应电压。若有电压输出，说明其工作正常，否则应更换传感器。

2）将车速传感器拆下，用一块磁铁靠近传感器的前端，然后迅速移开，用万用表检查传感器端子间的电压，若有电压，则说明传感器良好，否则应更换传感器。

1.5.3.3　温度传感器检测

将传感器拆下将其放入水中检测，并对液体试杯加热，当温度由低到高变化时，用欧姆表检测传感器线束插头端子间的电阻，其电阻值应均衡变化，并应在规定范围内，如表 1-10 所示。

表 1-10　不同温度下的电阻值

温度/℃	电阻/kΩ
10	6.5
110	0.2

1.5.3.4　电磁阀电阻的检测

不同汽车公司的变速器电磁阀的电阻值是不同的。电磁阀电阻应使用欧姆表进行测量，如低于标准值，说明内部短路，高于标准值，说明有断路现象，都必须更换。

【任务实施】

根据以上所学的理论知识，能够对自动变速器电子控制系统的电子元件进行检测，并完成任务工作单，见表 1-11。

表 1-11 观察液力变矩器及液力变矩器的检查任务工作单

任务名称	要 求
电子系统的组成	在自动变速器实体上，认识液压控制系统的组成
各传感器、电磁阀的检查	熟知各传感器、电磁阀的检测程序

【知识与技能拓展】

案例：一辆伊兰特（自动挡）车主称自己的车辆在行驶中，当时速达到70km时，自动变速器在二挡和四挡之间频繁跳挡，车辆感觉有点发耸，同时故障灯常亮。

故障原因分析：维修人员用解码器读取故障码，无故障码。然后用解码器读取数据流时发现，当发生故障时发动机的转速突然升高，且节气门开度由22%上升到55%，然后再回落到原值，相应的发动机转速也随之回落，但无故障码显示。维修人员根据经验分析，可能是节气门位置传感器有误，传出的电压不稳，造成电脑得到错误信号，以为此时处于急加速工况，所以发出错误指令，强制降挡。更换节气门位置传感器，故障解除，同时故障灯熄灭恢复正常。

【任务总结】

（1）电子控制自动变速器的控制系统由输入装置、控制装置、执行装置三部分组成。

（2）电液式自动变速器利用各传感器和开关获得车辆速度和节气门开度等信号，再将此类信号送至变速器ECU，ECU经过判断，决定转速比和换挡时机，实现自动换挡。

（3）电控液力自动变速器能对不同负荷和车速选择最佳转速比，所有换挡由自动变速器自动完成。

（4）自动变速器电脑的控制功能包括换挡时机控制、变速器锁止控制、主油路油压控制、发动机制动控制、故障自诊断和失效保护控制。

【思考与练习】

1.5-1 填空题

（1）自动变速器电子控制装置主要由（　　　）、（　　　）、（　　　）和（　　　）组成。

（2）自动变速器电子控制装置中常用的传感器主要有（　　　）、（　　　）、（　　　）、（　　　）。

（3）车速传感器主要有（　　　）、（　　　）、（　　　）和光电式4种。

（4）自动变速器电控系统的执行器主要是（　　　）。

1.5-2 判断题

（1）节气门开度不变时，汽车升挡和降挡时刻完全取决于车速。（　　）

（2）占空比越大，油路压力越高。（　　）

（3）自动变速器中超速挡开关的作用是用来超车的。（　　）

1.5-3 简答题

（1）电控自动变速器的传感器有哪些？

（2）如何使用故障检测仪读取和清除电控自动变速器的故障码？

项目 2　自动变速器的检修

【项目导入】

自动变速器是一个由机械、液压和电子控制系统组成的封闭装置，一旦出现故障，检修的难度较大，在没有确定故障部位时不能随便进行解体检修，因为自动变速器从发动机上分离并解体后，由于缺少 ATF 的压力和电流的控制，解体后的自动变速器只能检查机械故障，而其他部分的故障没有办法进行检查。

任务 2.1　液力变矩器的检修

【任务内容】

（1）了解液力变矩器检修的注意事项。
（2）掌握液力变矩器的检查方法。
（3）掌握液力变矩器损坏的常见原因及故障诊断方法。

【任务目标】

对液力变矩器进行检修，掌握检修方法。

【相关知识】

2.1.1　液力变矩器检修注意事项

（1）拆装及检修前将车辆可靠驻停。
（2）正确选用拆装与检修工具。
（3）检修前对变矩器进行清洗。
（4）拆卸液力变矩器时，最好打上装配位置标记，以便装复时按原位装回，避免影响动平衡。
（5）更换新液力变矩器时，一定注意其型号要相同。

2.1.2　液力变矩器的检查

2.1.2.1　目视法（外观检查）

检查液力变矩器外部有无损坏和裂纹，轴套外径有无磨损，驱动油泵的轴套缺口有无损伤。如有异常，应更换液力变矩器。

2.1.2.2　径向圆跳动检查

将液力变矩器安装在发动机飞轮上，转动飞轮一周，千分表的指针偏摆应小于 0.03mm，否则需转换一个角度重新安装，然后再进行测量。如果径向圆跳动在允许的范围内，应作一记号，以保证安装正确。如果径向圆跳动始终不能调整到允许的范围以内，则应更换液力变矩器，如图 2-1 所示。

2.1.2.3　单向离合器的检查

如图 2-2 所示，用专用工具插入油泵驱动毂和单向离合器外座圈的槽口中。然后用手指压住单向离合器的内座圈并转动它。检查是否顺时针转动平稳而逆时针方向锁止。如有异常，说明单向离合器损坏，应更换单向离合器。

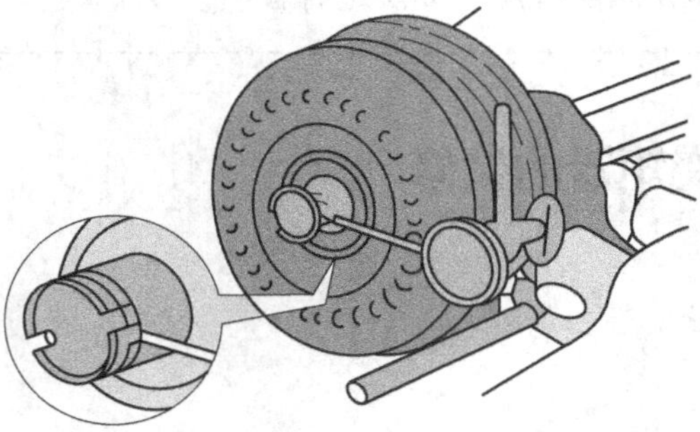

图 2-1　检查轴套径向

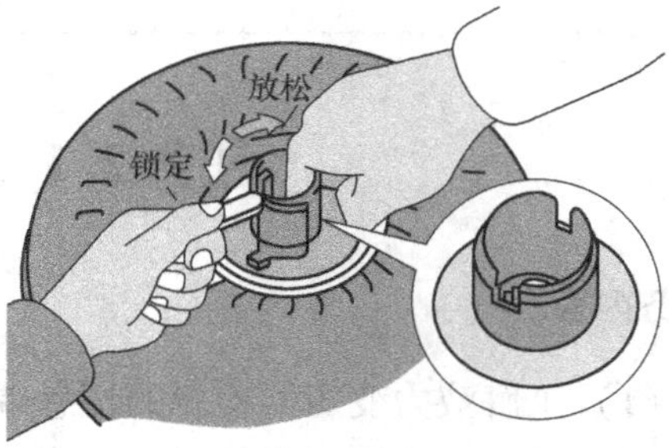

图 2-2　检查单向离合器

2.1.2.4　锁止离合器的检查

A　不锁止

现象：油耗增加，高速不快。

原因：控制系统出现异常。

B　不解锁

汽车在高速行驶，紧急制动时锁止离合器应打开，以使泵轮和涡轮脱离刚性连接，避免紧急制动时发动机熄火。在全液式自动变速器中，当紧急制动车速降低时，速控油压的降低会使控制锁止离合器的继动阀动作，使锁止离合器解锁，若锁止继动阀或其控制油压等有问题，会使锁止离合器不能及时打开。对电液控自动变速器，在紧急制动时，与制动踏板连动的制动开关向电控单元提供制动信号，电控单元接到制动信号后变向锁止电磁阀发出指令，锁止电磁阀的动作控制油路，使锁止离合器解锁。

现象：紧急制动时发动机熄火。

检查：对电控液压自动变速器，检查时可将点火开关接通，当踩下制动踏板时，变速器壳体处应听到“咔”的一声动作声，如听不到响声，应检查电路，电控系统及电磁阀是否损坏卡住。如电控系统无故障，则说明是锁止离合器本身的故障或油路故障引起，应逐一检查。液力变矩器异响，可用踏动和放松制动踏板的办法判断，当轻踩制动踏板后，异响立刻消失，放松踏板后，异响又出现，反复测试现象依旧，则可判定锁止离合器有故障。

C　打滑

现象：加速时动力不足，锁止离合器振动、有噪声，液力变矩器产生高温，ATF 变质

检查：使汽车预热到正常温度，在 D 位行驶，当车速达刚进入锁止工况时（60km/h）进入锁止工况，在 60～80km/h，变矩器会出现异响，踩制动踏板到接近一半时，异响终止，松开，异响重新出现。节气门开度较小时汽车有窜动感，节气门开度较大时不窜动，松开加速踏板再次踩下，窜动感更明显。有以上现象，则说明离合器打滑。

2.1.2.5　干涉检查

主要指导轮和涡轮之间，导轮和泵轮之间的干涉，如果有干涉，液力变矩运转时会有噪声。

A　导轮与泵轮之间的干涉检查

如图 2-3 所示，将油泵放在台架上，并把液力变矩器安装在油泵上，旋转液力变矩器使液力变矩器油泵驱动毂与油泵主动部分接合好。定住油泵并逆时针转动液力变矩器，如果转动不顺畅或有噪声，则更换液力变矩器。

B　导轮与涡轮之间的干涉检查

如图 2-4 所示，将液力变矩器与飞轮连接侧朝下放在台架上，然后装入油泵总成，确保液力变矩器油泵驱动毂与油泵主动部分接合好。把变速器输入轴插入涡轮轮毂中，使油泵和液力变矩器保持不动，然后顺时针、逆时针反复转动涡轮轴，如果转动不顺畅或有噪声，则更换液力变矩器。

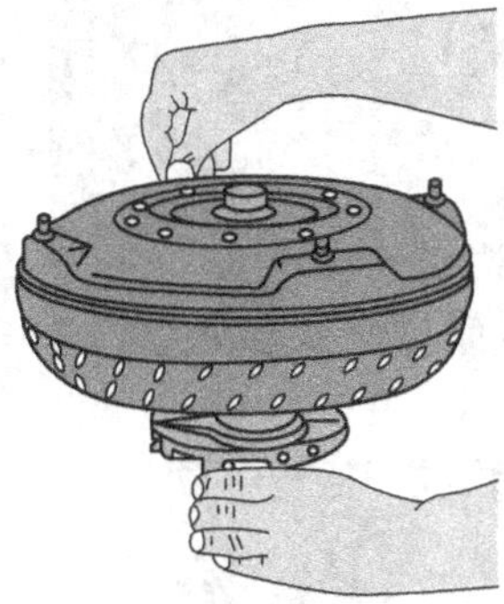

图 2-3　导轮与泵轮之间干涉检查

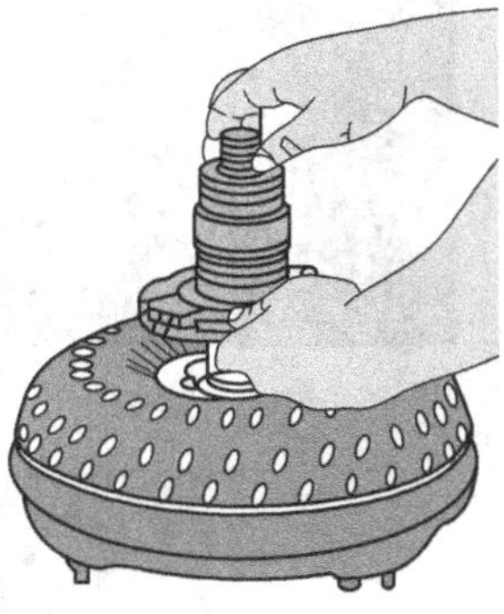

图 2-4　导轮与涡轮之间干涉检查

2.1.2.6　液力变矩器的清洗

（1）倒出变矩器中残留的液压油。

（2）向变矩器内加入 2L 干净的液压油，摇动变矩器，以清洗其内部，然后将液压油倒出。

（3）再次向变矩器内加入 2L 干净的液压油，清洗后倒出。

2.1.3　液力变矩器损坏的常见原因及处理方法

2.1.3.1　液力变矩器损坏的常见原因

（1）检查油面不及时。液力变矩器因自动变速器油泄漏、蒸发而长时间缺油运转，以

致因“热负荷”加大，油质变坏。

（2）更换自动变速器油不及时。液力变矩器因油质变坏（磨料微粒污染和自动变速器油高温氧化、结胶）而损坏。正常的自动变速器油如图2-5所示，应为透明的红色。

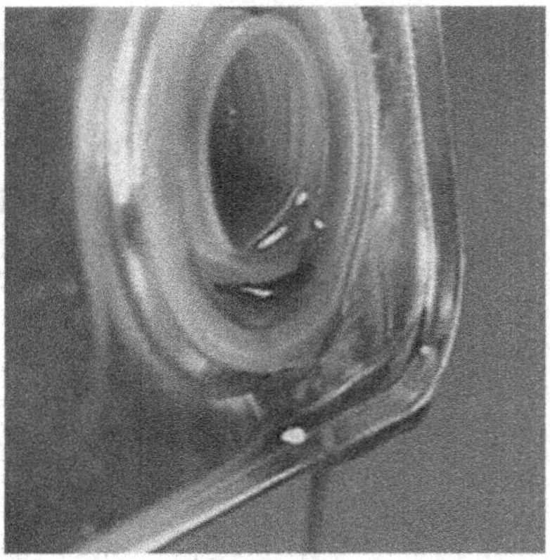

图2-5　正常的自动变速器油

（3）液力变矩器因使用了非规定牌号的自动变速器油或劣质自动变速器油而损坏。

2.1.3.2　处理方法

（1）应经常检查自动变速器油的液面高度。自动变速器油的液面高度检查，分为冷态检查（不行车、不换挡）和热态检查（行车后或停车换挡）两种。检查时要求车辆停在平地上，发动机达到正常工作温度后进行。此时油平面应分别在自动变速器油标尺的冷态上、下两刻线或热态上、下两刻线之间，不足时及时添加，如图2-6所示。若油面过低，则油压不足而打滑；若液面过高，产生气泡，则同样打滑。

(a)

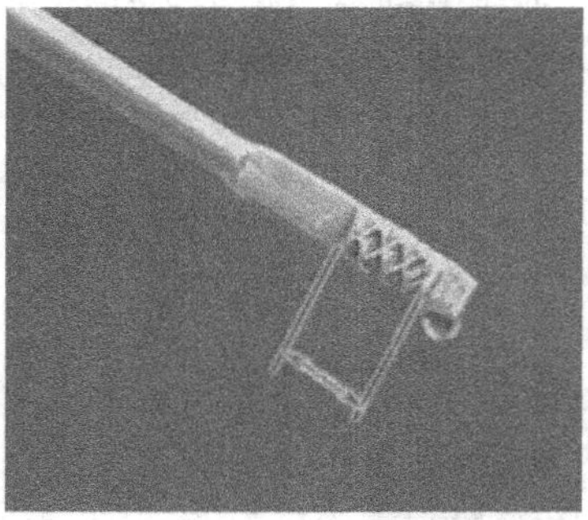

(b)

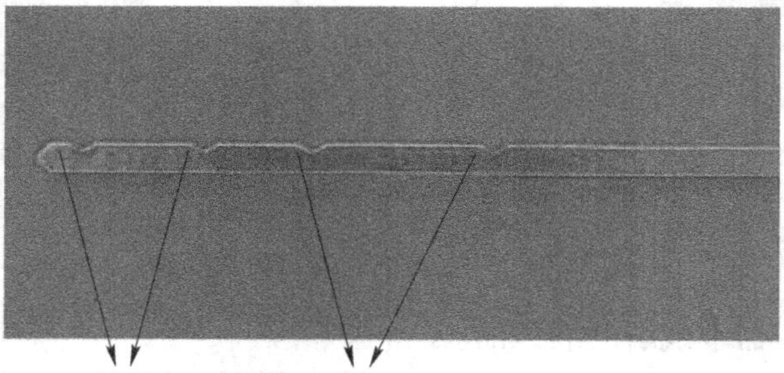

(c)

图2-6　液面高度的检查

（a）将油尺抽出；（b）观察油液所处位置；（c）油尺上的刻度

（2）注意保持自动变速器油的正常温度。油温过高，易变稀、变质，油压降低，使自动变速器打滑；油温过低，油压变高，时滞过长，使自动变速器换挡不及时；按车辆的使用说明书的规定更换自动变速器油。通常每行驶 10000km 应检查油面一次，每行驶 30000km 应更换油液。

通过油尺取出自动变速器油。如图 2-7 所示。

图 2-7　油液的取出

将取出的自动变速器油滴到白纸上观察，正常使用的自动变速器油呈淡粉色，超过使用期限的自动变速器油呈灰白色。通过比较两个油滴可看出，超过使用期限的自动变速器油已经变色。

另外，如图 2-8 所示，从油中的杂质可以判断自动变速器的磨损情况，如果油变成褐色有糊焦味甚至变成黑色、有恶臭味，则多为摩擦片磨损。如果油中有金属杂质，则多为轴承磨损。

当自动变速器油中有乳状泡沫时，如图 2-9 所示，则说明冷却液进入了自动变速器油中。

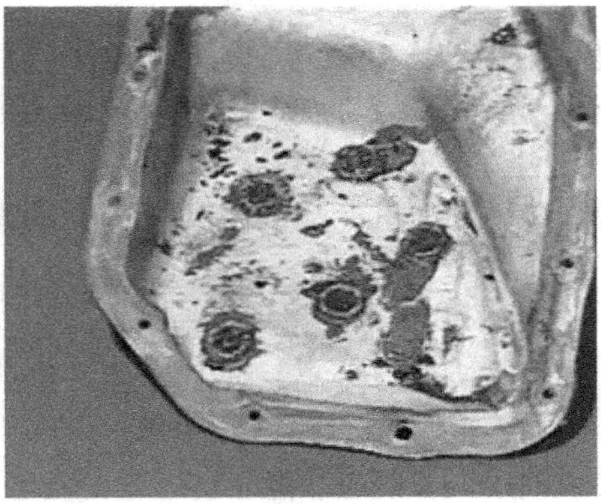

图 2-8　变质的油液

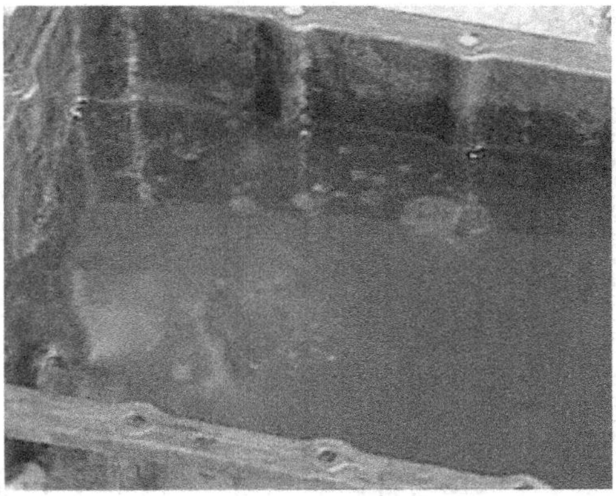

图 2-9　含冷却液的油液

说明一下：多数的自动变速器油的更换周期为 $4 \times 10^4 \sim 5 \times 10^4$km，换油时有 1/4 ~ 1/3 的自动变速器油残存于液力变矩器中（个别车除外），残存自动变速器油中的杂质和磨料微粒往往是液力变矩器损坏的主要原因。

（3）由于变速器油的不同，其摩擦系数不同，所以自动变速器油的选择按车辆使用说明书的规定，选用适当品种的液力传动油。

2.1.4　液力变矩器常见故障及诊断方法

液力变矩器为不可拆式总成，一旦它产生了故障，能用于判断故障的参数只有发动机转速（泵轮转速）、涡轮转速（变速器输入轴转速）和 ATF 温度信号，只能通过对数据流进行机理分析和换件试验的方法排除故障。为了能正确地判断故障，对多个具有不同故障的液力变矩器进行了解剖、检查和分析，总结出 3 种常见的机械故障现象及故障判断方法。

（1）汽车起步时液力变矩器增大转矩的能力变差，甚至在起步加速时发动机熄火。

故障原因：单向离合器打滑，导轮因不能锁止而反向旋转。

故障判断方法：将变速杆置于D位和R位下进行失速试验，如果失速转速远低于标准值（大于600r/min）或发动机熄火，则单向离合器打滑。若单向离合器损坏，则要更换液力变矩器总成。

（2）汽车加减速时液力变矩器中的异响增大，严重时出现挂挡熄火。

故障原因：

1）泵轮、涡轮和导轮间的轴承损坏（滚针飞脱，使各轮间的轴向冲击增大，产生异响；严重时，滚针将涡轮卡住在液力变矩器壳内，使两套变为刚性连接，无相对滑转以致汽车一起步，发动机便熄火。

2）锁止离合器内减振弹簧的弹力降低引发异响；减振弹簧在断裂后可能将涡轮卡住在液力变矩器壳体内，以致发生挂挡熄火现象。

故障判断方法：

1）如果在汽车停驶状态下将变速杆依次挂入D位和R位时，发动机熄火或在汽车强行起步、加速时发动机的转速较高（大于1500r/min），则可能是泵轮、涡轮和导轮间的轴承损坏。

2）在汽车停驶状态下不断改变发动机的转速，如果液力变矩器中的异响增大（用听诊器检查），则减振弹簧的弹力降低（还可在将液力变矩器拆下后通过不断晃动液力变矩器的方法来检查）。

（3）汽车在高速行驶时，发动机相应的转速偏高，发动机冷却液温度和ATF温度也偏高。

故障原因：

1）由于液力变矩器锁止阀泄漏，锁止离合器频繁结合与分离，使其摩擦片磨损量过大。

2）锁止离合器锁止电磁阀卡滞，锁止离合器或油压调节阀有故障。

故障判断方法：

1）当车速为100km/h条件下（锁止离合器已结合）急促加速时，车速和发动机转速应同步上升，如果车速上升的幅度不大，而发动机转速猛升，则锁止离合器摩擦片磨损量过大。

2）根据解码器读得的数据流的下列参数进行判定：发动机转速、挡位、输入轴转速、输出轴转速、锁止离合器的状态和ATF温度。

2.1.5　液力变矩器的安装

当液力变矩器与变速器一同从车上拆下时，在移去变矩器前，要检查它在变速器前壳内的安装深度，不同型号的自动变速器其深度值（图2-10*A*）不同。

如果测得的深度小于标准值，说明变矩器未安装到位，其后端的轴套上的缺口未插入油泵齿轮中间的凸块内。对此，应取出变矩器，让变矩器后端轴套上的缺口与油泵驱动齿轮中间的凸块对准后装入，否则，在装上汽车时会压坏自动变速器的油泵齿轮，如图2-11所示。

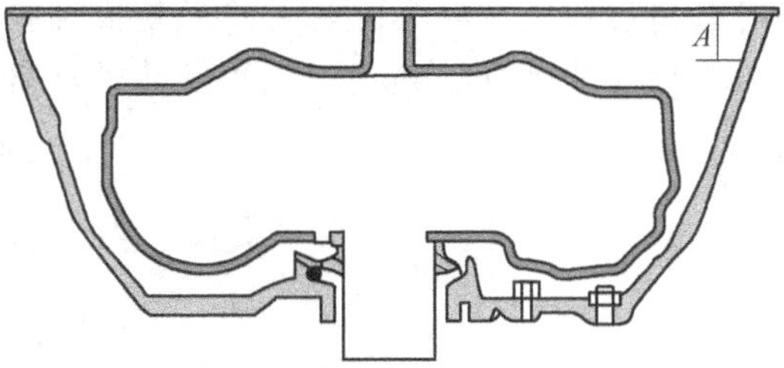

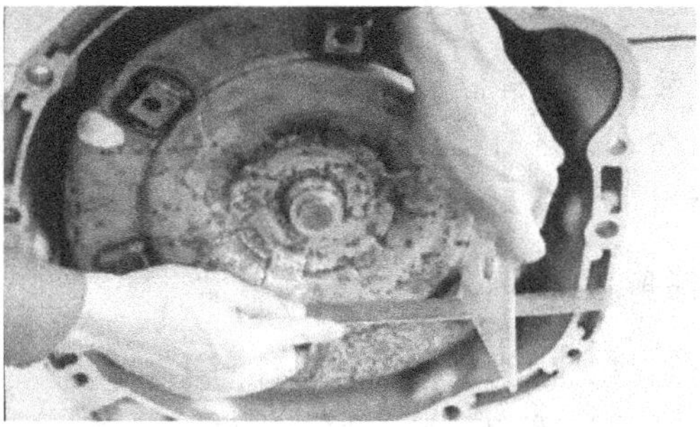

图 2-10　液力变矩器的安装深度

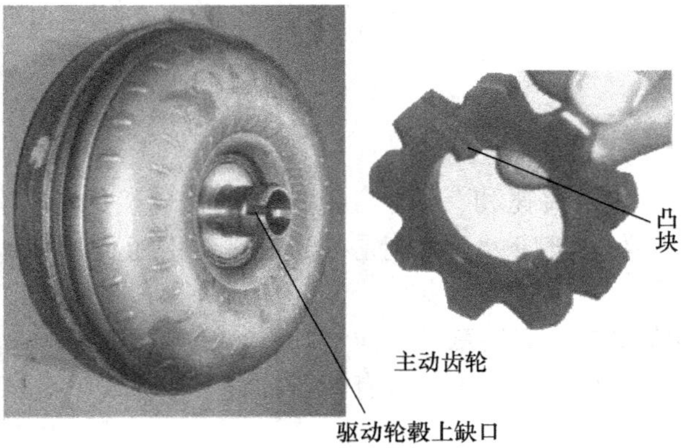

图 2-11　液力变矩器的安装注意事项

【任务实施】

根据以上所学的理论知识，能够对液力变矩器进行检修，并完成下面的任务工作单，见表 2-1。

表 2-1　观察液力变矩器及液力变矩器的检查任务工作单

任务名称	要求
液力变矩器安装位置	用游标尺和直尺测量从变矩器安装面至变速器壳体前端面的距离
液力变矩器元件的检查	单向离合器检测方法
	锁止离合器的检查方法

【知识与技能拓展】

案例：一位自动挡五代雅阁客户驾车来到 4S 店向前台接待报修，最近车辆频繁出现异常事故，出现在加速及制动两种不同工况：首先加速工况无力，速度缓慢；而车辆行驶高速时踩刹车制动减速有时车辆会突然熄火。

故障原因分析：

该车辆故障的出现发生在加速及制动两种不同的工况，而且车况很旧，首先就加速无力而言，在液力变矩器的工作范畴，可能由于变矩器内部支承导轮的单向离合器卡滞影响了涡轮转速的提高，导致加速无力；还有可能是液力变矩器的锁止离合器无法锁止，导致传动效率下降。而另外一个故障关于车辆高速时踩制动踏板车辆有时熄火的问题很大程度上在于高速锁止后的锁止离合器无法在接通制动踏板开关时自动解锁，导致发动机与驱动轮刚性连接在一体无法承受很大的阻力矩而熄火。

【任务总结】

（1）液力变矩器检修注意事项。

（2）液力变矩器为不可拆式总成，一旦它产生了故障，能用于判断故障的参数只有发动机转速、涡轮转速和 ATF 温度信号，只能通过对数据流进行机理分析和换件试验的方法排除故障。

【思考与练习】

2.1-1 填空题

（1）只有（　　　　）转速和（　　　　）转速比较接近时才有耦合工况。

（2）紧急制动时，发动机熄火，可能是由于变矩器不能及时使（　　　　）分离。

2.1-2 判断题

（1）单向离合器在安装时应注意其方向性。（　　）

（2）单向离合器接合与否取决于是否有液压油直接作用于单向离合器。（　　）

2.1-3 简答题

（1）单向离合器的检查方法有哪些？

（2）锁止离合器的检查前提是什么？

（3）当液力变矩器固定导轮的单向离合器出现故障时，自动变速器车辆行驶过程中会有何症状？

（4）锁止离合器的常见故障有哪些？各自对应的现象是什么？

任务 2.2 行星齿轮变速机构的检修

【任务内容】

（1）了解行星齿轮变速机构检修的注意事项。

（2）掌握行星齿轮变速机构的检查方法。

【任务目标】

对行星齿轮变速机构各零部件进行检修，并掌握检修方法。

【相关知识】

行星齿轮机构的检修主要指离合器、制动器、行星排的检修，离合器和制动器的检修工作包括摩擦片、钢片、制动带的检查，离合器鼓、制动器鼓的检查，离合器和制动器活塞的检查，回位弹簧的检查等内容。

2.2.1　检查离合器、制动器的摩擦片、钢片和制动带

（1）离合器、制动器表面如有烧焦、表面粉末冶金层脱落或翘曲变形，应予以更换。许多自动变速器摩擦片上印有符号，若这些符号已磨去，说明摩擦片损至极限，应更换。也可以测量摩擦片的厚度，若小于极限厚度，应更换，如图 2-12 所示。

（2）带式制动器的制动带内表面如有烧焦、表面粉末冶金层脱落或表面符号已被磨去也应更换，如图 2-13 所示。

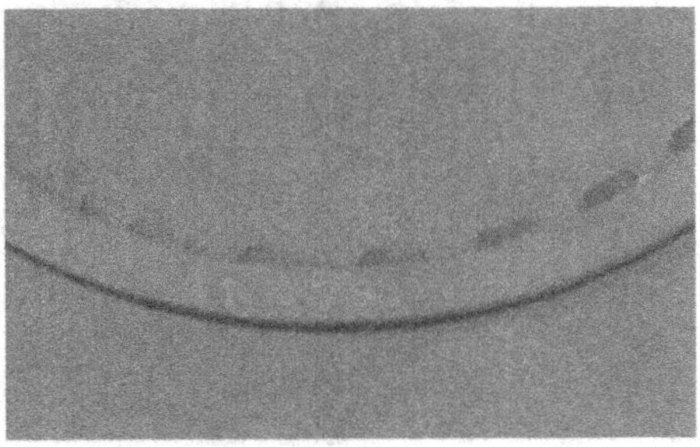

图 2-12　摩擦片上的符号

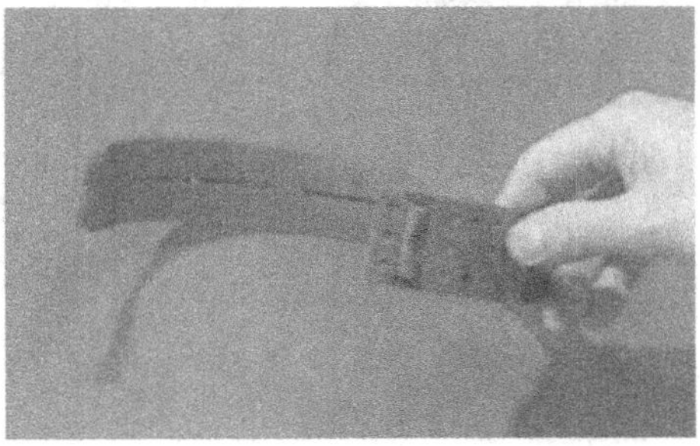

图 2-13　制动带

（3）检查钢片如有磨损，表面起槽或翘曲变形应更换。

（4）检查挡圈的摩擦面，如有磨损，应更换。

2.2.2　检查离合器鼓、制动鼓、制动器毂

检查离合器鼓、片式制动器鼓的油缸内表面应无损伤或拉毛，与钢片配合的花键应无磨损。如有异常应更换新件。带式制动器毂的外表面应无损伤、拉毛或起槽，如有异常应更换新件。

2.2.3　检查离合器活塞、制动器活塞

（1）检查离合器、制动器的活塞，其表面应无损伤、拉毛或起槽，否则应更换新件。

（2）检查离合器活塞上的单向阀，其阀球应能在阀座内活动自如。用压缩空气或煤油检查单向阀的密封性（从油缸一侧往单向阀内吹气），密封性应良好。如有异常应更换活塞，如图 2-14 所示。

图 2-14　检查单向阀工作情况

（3）更换所有离合器、制动器及制动带油缸活塞上的 O 形密封圈及轴颈上的密封环。新密封圈或密封环上应涂上少许自动变速器油或凡士林后装入。

2.2.4　检查回位弹簧和密封圈

测量回位弹簧的自由长度，并与制动器维修手册比较，若弹簧自由长度过小或有变形，应更换新弹簧，如图 2-15、图 2-16 所示。

图 2-15　回位弹簧

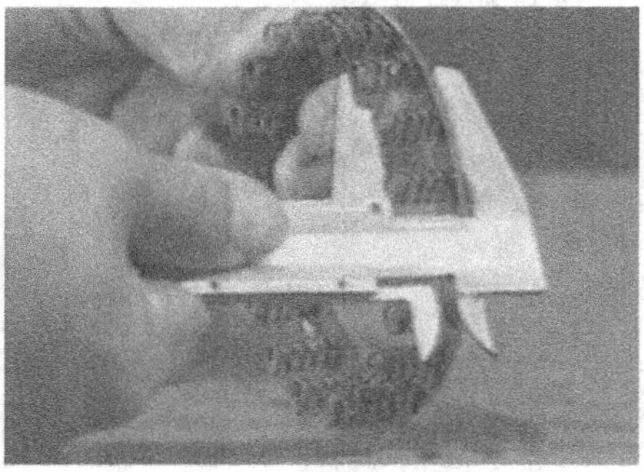

图 2-16　测量回位弹簧

2.2.5　行星排的检修

（1）检查太阳轮、行星轮、内齿圈的齿面，如有磨损或疲劳剥落，应更换整个行星排。

（2）检查齿圈衬套内径，若内径大于最大值，则更换齿圈，如图 2-17 所示。

（3）检查行星轮与行星架之间的间隙，其标准间隙为 0.2 ~ 0.6mm，最大不得超过 1.0mm，否则应更换止推垫片、行星架和行星轮组件，如图 2-18 所示。

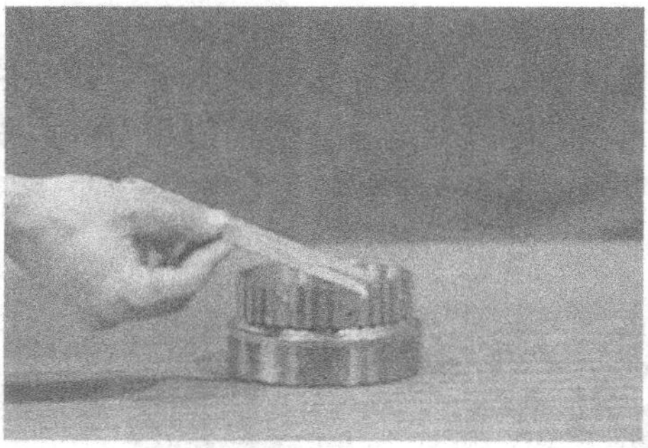

图 2-17　检查齿圈衬套内径

图 2-18　检查行星轮与行星架之间的间隙

（4）检查太阳轮衬套内径，最大内径为 27.08mm，若超过最大值则应更换太阳轮，如图 2-19 所示。

（5）检查太阳轮、行星轮、内齿圈等零件的轴颈或滑动轴承处有无磨损，如有异常磨损应更换新件。

（6）检查单向离合器，如滚柱破裂、滚柱保持架断裂或内外圈滚道磨损起槽应更换新

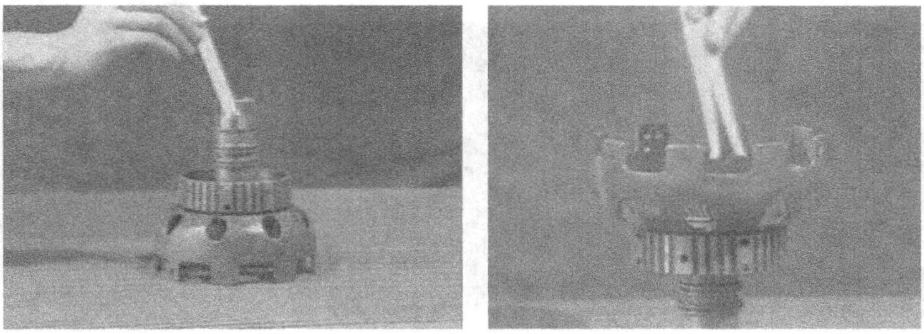

图 2-19　检查太阳轮衬套内径

件。如果在锁止反向上打滑或在自由转动方向上有卡滞，也应更换。

2.2.6　装配

2.2.6.1　离合器和制动器的装配

在装配离合器、制动器之前，应将所有零件用清洁的煤油清洗干净，油道、单向阀孔等处要用压缩空气吹干净，以免被脏物堵塞。

（1）装配前应在所配合零件表面涂上少许自动变速器油。

（2）更换摩擦片时，应将新摩擦片放在干净的自动变速器油中浸泡 30min 后再安装，如图 2-20 所示。

（3）安装回位弹簧座圈的卡环时，应确认卡环已落在弹簧座圈上的凸凹槽内，保证安装要到位，如图 2-21 所示。

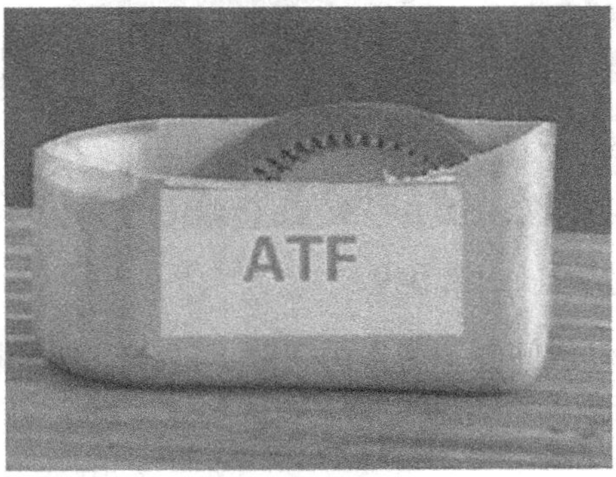

图 2-20　零件在自动变速器中的浸泡

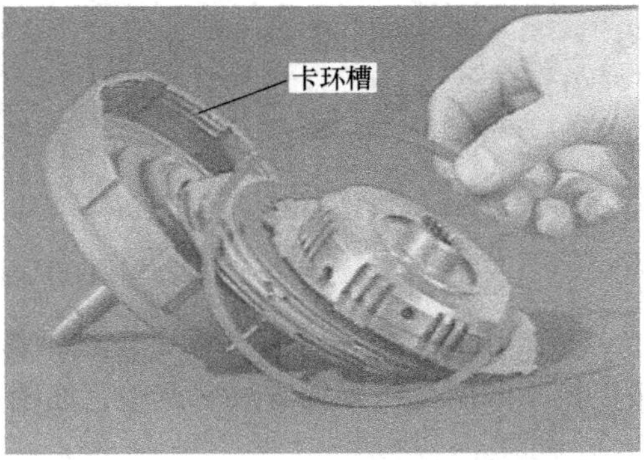

图 2-21　卡环的安装位置

（4）摩擦片和钢片要按拆卸时的顺序交错排列。摩擦片和钢片原则上没有方向性，正反面都可以安装，但在重新安装使用过的钢片和摩擦片时，应按拆装前的顺序安装。在安装挡圈时有台阶的一门应朝上，让平整的一面与摩擦片接触。有碟形环的前离合器或制动器应将碟形环放置在下面第一片的位置上，使之与活塞接触并使碟形的凹面向上，如图 2-22 所示。

（5）每个离合器或制动器装配后，都应检查活塞的工作是否正常。可按照分解时的方法，向油道内吹入压缩空气，检查活塞能否向上移动，将钢片和摩擦片压紧。若吹入压缩

图 2-22　钢片和摩擦片交替安装

空气后活塞不能移动，则应检查漏气的部分，分解修复后再重新安装，如图 2-23 所示。

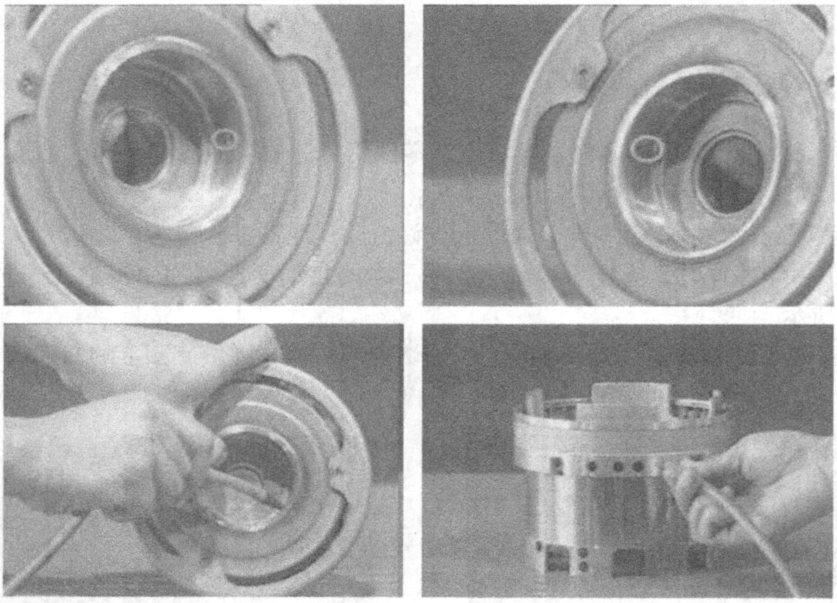

图 2-23　检查离合器或制动器活塞工作情况

（6）用塞尺或千分表测量离合器和制动器的自由间隙，若自由间隙不符合标准，可采用更换不同厚度挡圈的方法来调整，如图 2-24 所示。

图 2-24　用千分表测量制动器或离合器的自由间隙

2.2.6.2　行星排的装配

（1）将行星排和单向离合器的所有零件清洗干净，涂上少许自动变速器油，按与分解相反的顺序装配。

（2）装好单向离合器之后应再次检查，保证其锁止方向正确，在自由转动方向上转动灵活。如图 2-25 所示。

注意：在分解行星排、单向离合器之前，应先确认各单向离合器的锁止方向，其方法是用双手分别握住与单向离合器内外圈连接的零件，朝不同的方向相对转动，检查并记下内外圈的相对锁止方向。在没有详细技术资料的情况下维修自动变速器时，一定要做好这一记录，以防在装配时将单向离合器装反。

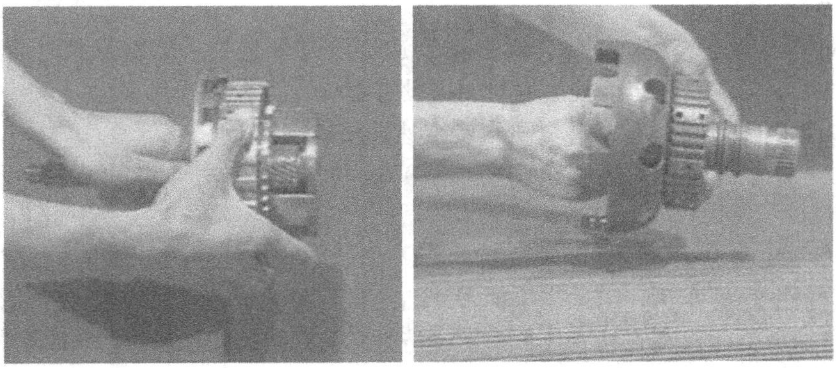

图 2-25　单向离合器的检查

【任务实施】

根据以上所学的理论知识，能够对行星齿轮变速机构进行检修，并完成下面的任务工作单，见表 2-2。

表 2-2　行星齿轮变速机构的检修任务工作单

任务名称	要　求
行星排的装配间隙	行星轮与行星架之间最大间隙、齿圈套内径最大值、太阳轮衬套内径最大值分别为（　　）mm、（　　）mm（　　）mm
离合器、制动器、行星排的装配	离合器、制动器的装配方法 行星排的装配方法

【知识与技能拓展】

案例：一辆丰田（TOYOTA）大霸王 MPV 被拖车拖进中升集团丰田 4S 店，据车主反映车辆早上打火起步时突然出现严重故障，故障症状为车辆在 D 挡位时只有一挡，不能自动升挡，无法提速，并伴随齿轮敲击声，遂不敢再驾驶并拨打了救援电话，希望排除故障。

故障原因分析：

该车型装备的是典型辛普森式 A340E 自动变速器，故障主要原因包括机械系统和电控系统两方面。机械系统的原因：一、二挡换挡阀卡死在一挡位置、B2 间隙过大、F1 失效、行星齿轮打滑或轴承损坏等。电控系统的原因：换挡电磁阀及其线路故障、节气门位置传感器及其线路故障、车速传感器及其线路故障。

【任务总结】

（1）行星齿轮变速机构检修注意事项。

（2）行星齿轮变速机构的检修与装配方法。

【思考与练习】

2.2-1　填空题

（1）如果（　　　　）故障，则自动变速器没有前进挡，即将选挡杆置于 D 位、2 位或 L 位时车辆都无法起步行驶。但对倒挡没有影响。

（2）如果（　　　　）故障，则自动变速器没有倒挡。

（3）换挡时，单向离合器是（　　　　）参与工作的，所以只考虑离合器和制动器的工作即可。

2.2-2　判断题

（1）自动变速器车辆，当操纵手柄置于前进低挡位置，发动机有制动作用。（　　）

（2）空挡滑行时提高自动变速器车辆经济性的有效可行方法。（　　）

任务 2.3　液压控制系统的检修

【任务内容】

（1）了解液压控制系统检修的注意事项。

（2）掌握液压控制系统的检修方法。

【任务目标】

对液压控制系统主要部件进行检修，并掌握检修方法。

【相关知识】

2.3.1　油泵的检修

（1）检查从动齿轮壳体间隙。如图 2-26 所示，将从动齿轮推向壳体的一侧，用厚薄规测量间隙。标准壳体间隙为 0.07 ~ 0.15mm，最大壳体间隙为 0.3mm。如果壳体间隙大于最大值，则更换主动齿轮、从动齿轮或泵体。

图 2-26　检查从动齿轮壳体间隙

（2）检查从动齿轮齿顶间隙。如图 2-27 所示，测量从动齿轮的齿顶与泵体月牙形件之间的间隙，标准齿顶间隙为 0.11 ~ 0.14mm，最大齿顶间隙为 0.3mm。如果齿顶间隙大于最大值，则更换主动齿轮、从动齿轮或泵体。

（3）检查两轮齿端面间隙。如图 2-28 所示，使用直尺和厚薄规测量两轮齿端面间隙，标准端面间隙为 0.02 ~ 0.05mm，最大端面间隙为 0.1mm。如果端面间隙大于最大值，则更换主动齿轮、从动齿轮或泵体。

图 2-27　检查从动齿轮齿顶间隙

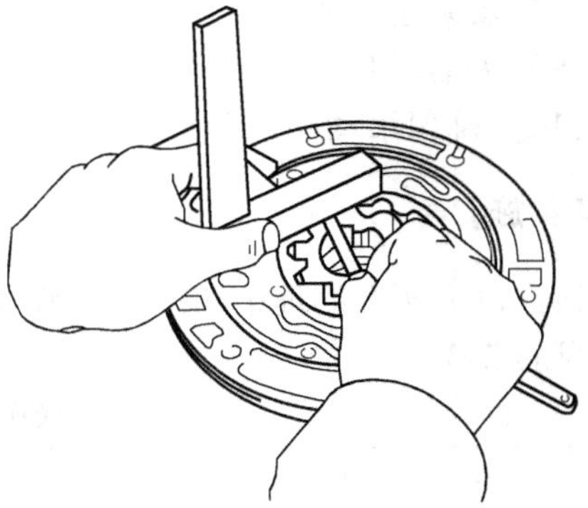

图 2-28　检查从动齿轮齿顶间隙

2.3.2　阀体的清洗和检修

阀体是自动变速器中最为精密的部件之一，它性能的好坏直接影响自动变速器换挡规律。在拆自动变速器时，并非一定要拆检阀体，只有在自动变速器换挡规律失常或摩擦片严重烧毁，阀体内有大量摩擦粉末时，才对阀体进行拆检修理，以免无谓的拆装破坏阀体内各个控制阀的装配精度。

2.3.2.1　阀体零件的检修

（1）将上下阀体的所有控制阀的零件用清洁的煤油或酒精清洗干净。

（2）检查控制阀阀芯表面，如有轻微刮伤痕迹，可用金相砂纸抛光。

（3）检查各阀弹簧有无损坏，测量各阀弹簧的长度，如不符合规定要求，应更换。

（4）检查滤油器，如有损坏或堵塞，应更换。

（5）检查隔板，若有创伤或损坏，应更换。

（6）更换隔板上的纸质衬垫。

（7）更换所有塑胶球阀。

（8）如控制阀卡死在阀孔中，应更换阀体总成。

2.3.2.2　阀体总成的装配

（1）将清洗后的上下阀体和所有控制阀零件放在干净的液压油中，浸泡几分钟。

（2）安装上下阀体各控制阀，注意各控制阀弹簧的安装位置，切不可将各控制阀的弹簧装错。

（3）将上阀体油道内的球阀装入。

（4）将组装的密封垫装在工作阀体上，应对准组装密封垫的每一个螺栓孔并装上螺钉。

（5）将带密封垫的上阀体装到下阀体上，应保证对准密封衬垫和阀体的每一个螺栓孔。

（6）安装 28 个螺栓到上阀体。

（7）安装滤油器、卸压阀和电磁线圈。

（8）安装手动阀。

（9）安装带爪弹簧。

（10）确保手动阀运动平稳。

【任务实施】

根据以上所学的理论知识，能够对液压控制系统进行检修，并完成下面的任务工作单，见表 2-3。

表 2-3 液压控制系统的检修任务工作单

任务名称	要求
油泵的检修	从动齿轮壳体间隙最大值为（ ）mm、两轮齿端面间隙（ ）mm
阀体的清洗和检修	阀体清洗的方法

【知识与技能拓展】

案例：一位客户反映其轿车行驶中在没有任何征兆的情况下突然停驶，但维修人员来后，踩了两次加速踏板，轿车又能行驶了，而且随后行驶正常，但放了一夜后轿车又无法行驶。

故障原因分析：

维修人员根据经验判断有可能是变速器油严重氧化或过脏，控制阀内的滑阀就容易发生卡滞。检测之后发现是主调压阀卡滞在泄压异常，没有主油压，变速器就没有挡，汽车在行驶中没有任何征兆的情况下，就会突然停驶。急加速后，在油液冲击下，导致主调压阀卡滞的杂质被冲走，主调压阀工作暂时恢复正常，汽车可正常行驶。由于并没有清洗变速器，严重氧化的油和杂质依然存在，放了一夜后，主调压阀有可能再次卡滞在泄油一侧，轿车又无法行驶，经过彻底清洗整个变速器系统，重新换油后，故障排除。

【任务总结】

（1）油泵的检修项目分部为从动齿轮壳体间隙的检查、从动齿轮齿顶间隙的检查、两轮齿端面间隙的检查。

（2）阀体的清洗和检修方法。

【思考与练习】

2.3-1 填空题

（1）换挡品质的检查主要是检查（ ），正常的电控自动变速器的换挡冲击应十分微弱。若换挡冲击过大，说明（ ），其原因可能是（ ）或

（　　　　），如果所有挡位都出现换挡冲击，检查（　　　　），如果个别挡出现换挡冲击则应检查（　　　　）。

（2）正常液压油的颜色应为（　　　　），且（　　　　）气味。如果液压油呈（　　　　），说明已变质，应立即换油。

2.3-2　判断题

（1）节气门开度越大，节气门油压也越高。（　　）

（2）离合器摩擦片上有数字记号的，记号磨掉后也必须更换。（　　）

（3）对于自动变速器油液，提倡“只添不换”的方法。（　　）

项目3 汽车行驶稳定电子控制系统

【项目导入】

汽车防抱死制动系统（Antilock Braking System，ABS）是汽车上的一种主动安全装置。用于汽车制动时防止车轮抱死拖滑，以提高汽车制动过程中的方向稳定性、转向操控能力和缩短制动距离，充分发挥汽车的制动效能。

汽车驱动防滑系统（Anti-slip Regulation，ASR）是 ABS 系统的延伸，它是通过调节驱动车轮的驱动力而对驱动车轮的滑转进行控制的一套电子控制装置。有些车上将其称为牵引力控制系统（Traction Control System，TCS 或 TRC）。

ASR 在技术上与 ABS 比较接近，部分软、硬件可以共用。ABS 电子控制装置只需要在功能上进行相应的扩展即可用于 ASR 控制，ABS 所用的传感器和调节器均可被 ASR 利用。在 ABS 的基础上，只需添加 ASR 电磁阀，即可对打滑的驱动轮实施制动。所以很多车型通常把二者有机地结合起来，采用了集成 ABS 与 ASR 功能于一体的结构，控制系统共用一个 ECU，以共享 ECU 的硬件与软件资源，这种结构也简称为 ABS/ASR 防滑控制系统，或者说车辆的防滑控制系统是对 ABS 和 ASR 的统称。

ESP 是 Electronic Stability Program 的缩写，意为电子稳定程序，应用于大众、奥迪、奔驰等车型上。与此功能相似的系统在其他车型上的名称有所不同，例如丰田的 VSC（车辆稳定性控制系统）、宝马的 DSC（动力学稳定控制系统）、本田的 VSA（车辆稳定辅助系统）等。

任务 3.1 电控防抱死制动系统

【任务内容】

（1）熟悉防抱死制动系统的组件，结构、工作原理。
（2）掌握防抱死执行系统的检修。
（3）能够正确识别制动报警灯点亮的故障原因。

【任务目标】

能够诊断与排除防抱死制动系统的常见故障。

【相关知识】

3.1.1 ABS 的理论基础

3.1.1.1 汽车制动性

制动性能是汽车的主要性能之一。评价汽车制动性能的指标主要有制动效能和制动稳定性。

A 制动效能

制动效能，即制动距离、制动时间、制动减速度。由汽车理论可知，制动效能主要取决于制动力 F_t 的大小，而制动力不仅与制动器的摩擦力矩有关，而且还受车轮与地面的附着系统的制约，即

$$F_t \leqslant F_\mu = G\varphi_B$$

式中，F_μ 为车轮与路面间的附着力；G 为车轮对路面的垂直载荷；φ_B 为轮胎与路面间的纵向附着系数。

即制动力的最大值等于附着力。

在车轮对路面的垂直载荷 G 一定时，制动力的最大值取决于车轮与路面的纵向附着系数 φ_B，而 φ_B 与车轮相对于地面的滑移率 S 有关。滑移率 S 为：

$$S = (v - v_c)/v \times 100\%$$

式中，v 为车身瞬时速度；v_c 为车轮圆周速度。

纵向附着系数 φ_B 与滑移率 S 的关系如图 3-1 所示。

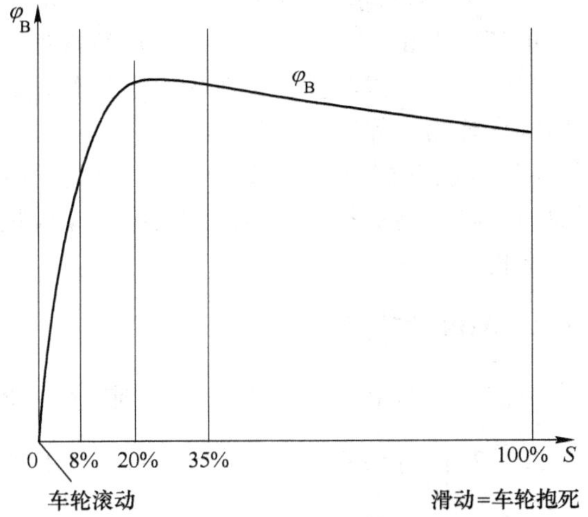

图 3-1 纵向附着系数与滑移率的关系

由曲线可知，纵向附着系数在滑移率为 20% 左右时最大，此时制动力最大。当车轮抱死滑移率为 100% 时，纵向附着系数反而有所下降，因而制动力也有所下降，即制动效能将下降。

B 汽车制动稳定性

制动时汽车的方向稳定性是指汽车制动时仍能按指定方向的轨迹行驶，即不发生跑偏、侧滑以及失去转向能力。

汽车制动时产生侧滑及失去转向能力与车轮和地面间的横向附着力有关，即与横向附着系数 φ_s 有关，而横向附着系数和车轮与路面的滑移率 S 有关。由图 3-2 可知，当滑移率增大时，横向附着系数减小，当 $S = 100\%$，即车轮抱死时，横向附着系数 φ_s 下降至接近于零。此时，车轮在极小的侧向外力的作用下即产生侧滑。转向轮抱死后将失去转向操纵能力。因此，车轮抱死后将导致制动时汽车的方向稳定性变坏。

从以上分析可知，制动时车轮抱死，制动效能和制动时方向稳定性均将变坏。而如果制动时将车轮滑移率 S 控制在图中 S_{opt} 处，此时纵向附着系数 φ_B 最大，可得到最大的制动力。

同时横向附着系数 φ_s 也保持较大值，使汽车具有良好的抗侧滑能力及制动时的转向操纵能力，因而得到最佳的制动效果。

3.1.1.2 理想的制动控制过程

汽车理想的制动过程为制动开始时让制动力骤升，滑移率达到 S_{opt} 的时间，即 φ_B 达到最大值 φ_{Bmax} 的时间最短。当达到 S_{opt} 后，即适当降低制动压力，并使滑移率 S 保持在 S_{opt}，纵向附着系数 φ_B 保持在最大值 φ_{Bmax}。同时横向附着系数 φ_s 也保持较大值，这样即可获得最短的制动距离，又具有良好的抗侧滑能力和转向操纵能力，这种制动控制称为最佳控制。

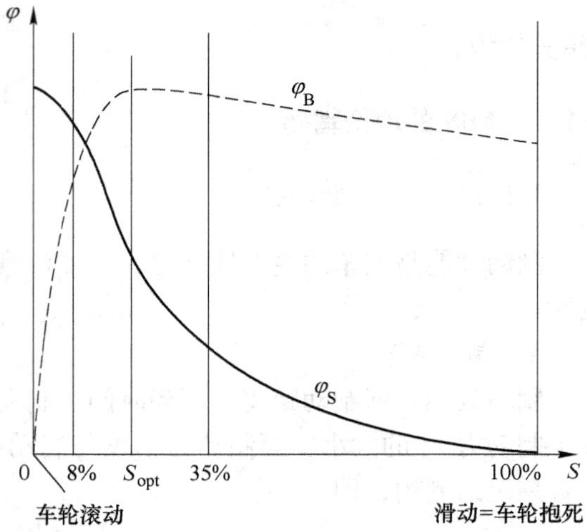

图 3-2 附着系数与滑移率之间的关系

3.1.1.3 ABS 的功用

（1）提高制动性能。ABS 系统能充分利用轮胎和地面的附着系数，在紧急制动情况下，将滑移率控制在20%左右，即可获得较大的地面附着系数，使汽车在车轮不抱死的情况下获得较大的制动力，提高制动减速度，缩短制动距离。

（2）提高制动时方向稳定性。当汽车制动时，由于制动力较大可能造成车轮抱死。若前轮抱死，汽车会失去转向能力，后轮抱死会造成汽车后轴侧滑，严重时甚至造成急转翻车。ABS 系统可以防止任何车轮完全抱死，因此能有效地提高汽车制动时的方向稳定性和转向操纵能力，保证汽车的安全行驶。

（3）能够改善轮胎的磨损状况。由于车轮抱死而造成轮胎的磨损是造成轮胎损坏的重要原因。经测定，汽车在紧急制动时，车轮抱死所造成的轮胎累加磨损已超过一套 ABS 系统的造价。

3.1.2 ABS 的种类

目前，汽车上使用的 ABS 有不同的结构形式，可以按以下方式进行分类。

3.1.2.1 按 ECU 所依据的控制参数不同分类

（1）以车轮滑移率 S 为控制参数的 ABS。ECU 根据车速和车轮车速传感器信号计算车轮的滑移率，作为控制制动力的依据。当计算滑移率 S 超出设定值时，ECU 就会输出减小制动力的信号，通过制动压力调节器减小制动压力，使车轮不被完全抱死；当滑移率低于设定值时，ECU 输出增大制动力信号，制动压力调节器使制动力增大。通过这样不断地调整制动压力控制车轮的滑移率在设定的最佳范围。

这种直接以滑移率为控制参数的 ABS，需要得到准确的车身相对于地面的移动速度信号和车轮车速信号。车轮转速信号容易得到，但取得车速移动速度信号则较难，目前为止，此类 ABS 的应用很少见。

（2）以车轮角加速度为控制参数的 ABS。ECU 根据车轮的车速传感器信号计算车轮角加速度，作为控制制动力的依据。一个是角减速度的门限值，作为被抱死的标志；一个是角加速度的门限值，作为制动力过小、车速过高的标志。制动时，当车轮角减速度达到门限值时，ECU 输出减小制动力信号；当车轮转速升高至角加速度门限值，ECU 输出增加制动力的信号。如此不断地调整制动压力，使车轮不被抱死，处于边滚边滑的状态。目前汽车上普遍应用此种类型。

3.1.2.2　按生产厂家分类

德国的博世（Bosch）ABS、戴维斯（TEVES）ABS 是目前欧、美、日、韩等国汽车使用最多的 ABS。另外还有美国德尔科公司的达科（Delco）ABS 等。

3.1.2.3　按照产生制动压力的动力源分类

按照产生制动压力动力源的不同分为液压式 ABS 系统、气压式 ABS 系统、气液混合式 ABS 系统。在轿车中液压式 ABS 系统应用最广泛，本章主要介绍液压式 ABS 系统。

3.1.2.4　按制动液压调节装置和制动主缸的相对位置关系分类

（1）分离式 ABS 系统。分离式 ABS 的特点是压力调节装置和制动主缸各自独立，通过制动管路与制动主缸和制动助力器相连。分离式结构的制动压力调节装置在汽车上布置比较灵活，成本较低，无需对汽车的布置做较大的改动，尤其适合将 ABS 系统作为选择装备时采用。但采用分离式制动压力调节装置会使制动管路比较复杂，管路接头也相应增加。

（2）整体式 ABS 系统。整体式 ABS 系统的特点是将制动压力调节装置与制动主缸或制动助力器构成一个整体。采用整体式结构可以使制动系统非常紧凑，管路接头较少，但成本较高。整体式 ABS 结构复杂，成本较高，高级轿车采用较多。

3.1.2.5　按控制方式分类

按照控制方式不同，可将 ABS 系统分为两大类：独立控制和一同控制。在 ABS 系统中，能够独立进行制动压力调节的制动管路称为控制通道。独立控制方式指一条控制通道只控制一个车轮；而一同控制方式则为一条控制通道同时控制多个车轮，按照这些车轮所处位置不同，一同控制方式又有同轴控制和异轴控制之分，同轴控制是指一个控制通道控制同轴的两个车轮，而异轴控制则是一个控制通道控制非同轴的两个车轮。

安装控制过程中控制依据不同，又可将 ABS 的一同控制方式区分为低选择控制和高选择控制两种。低选择控制是以保证附着系数小的一侧车轮不发生抱死为原则来进行制动压力调节；而高选择控制则以保证附着系数较大一侧车轮不发生抱死为原则来实施制动压力调节。

3.1.3　ABS 的组成与工作原理

3.1.3.1　ABS 的基本组成与工作原理

A　基本组成

制动系统由 ABS 和普通的制动系统组成。现在所说的 ABS，通常是单指防抱死电子控制系统。电控 ABS 由传感器、电子控制单元 ECU 和执行机构组成，如图 3-3 所示。

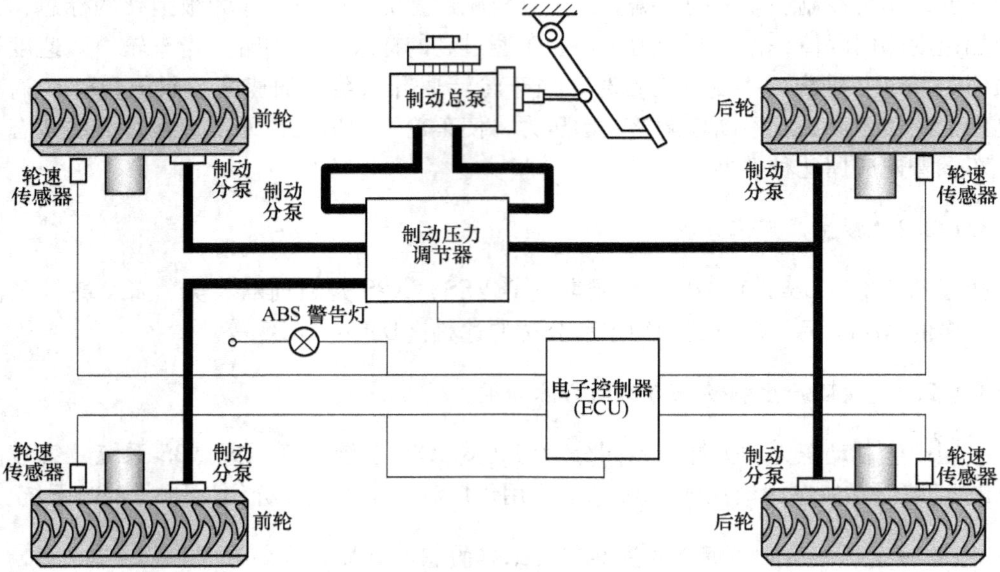

图 3-3　电子控制防抱死系统 ABS 的组成

B　工作原理

电控 ABS 的核心是电子控制单元 ECU，它通过传感器监视汽车制动时车轮是否抱死。在一般制动情况下，驾驶员踩住制动踏板上的力较小，车轮不会被抱死，ECU 无控制信号输出，这时，就如同普通的制动系统，制动力完全由驾驶员踩在制动踏板上的力来控制。在紧急制动或是在松滑路面行驶时制动，车轮将要被抱死的情况下，ECU 就会输出控制信号，通过执行机构（即制动压力调节器）控制制动器的制动力，使车轮不被抱死。

3.1.3.2　ABS 的控制方式

目前，液压制动系统汽车和气压制动系统汽车都采用 ABS，本书主要介绍液压制动系统 ABS 的控制方式。

根据安装不同数目控制通道和不同数目传感器的组合，液压 ABS 系统一般有以下几种布置形式。

（1）四传感器四通道/四轮独立控制。如图 3-4 所示，该控制系统是通过各车轮车速传感器的信号分别对各车轮制动压力进行单独调节。该控制系统的制动距离和操纵性最好，但在附着系数不对称路面上制动时的方向稳定性较差，其原因是由于此时同一轴上左右车轮的制动力不同，使汽车产生较大的偏转力矩而产生制动跑偏。

（2）四传感器四通道/前轮独立-后轮选择控制方式。如图 3-5 所示，该系统前轮独立控制，而后轮选择方式控制，一般采用低选择控制，即以易抱死的车轮为标准。给两后轮施加相等的制动压力控制车轮转动。此种控制方式用于 X 型制动管路汽车的 ABS 控制系统，因为左右后轮不是同一制动管路，因此需要采用四个通道。此种形式的操纵性、稳定性好，制动效能稍差。

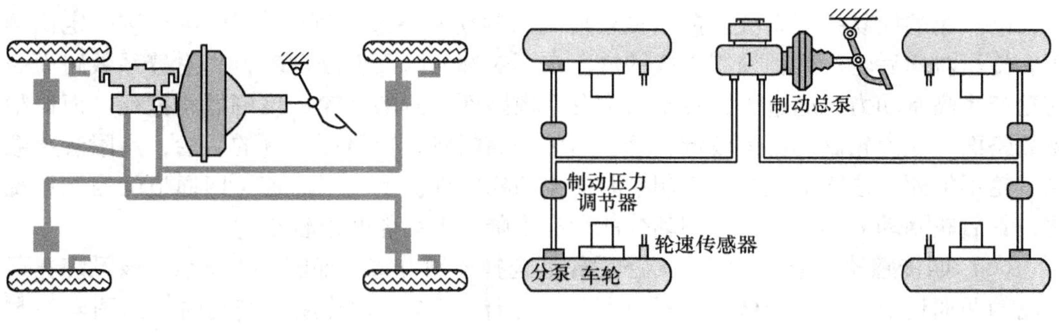

(a)　　(b)

图 3-4　四传感器四通道/四轮独立控制系统

（a）双管路 X 型；（b）双管路 H 型

（3）四传感器三通道/前轮独立-后轮低选择控制方式。如图 3-6 所示，该系统用于制动管路前后布置形式的后轮驱动汽车。由于采用四个车速传感器，检测左右后驱动轮的轮速，实现低选择控制方式，其性能与四传感器四通道/前轮独立-后轮选择控制方式相同，操纵性、稳定性较好，制动性能稍差。

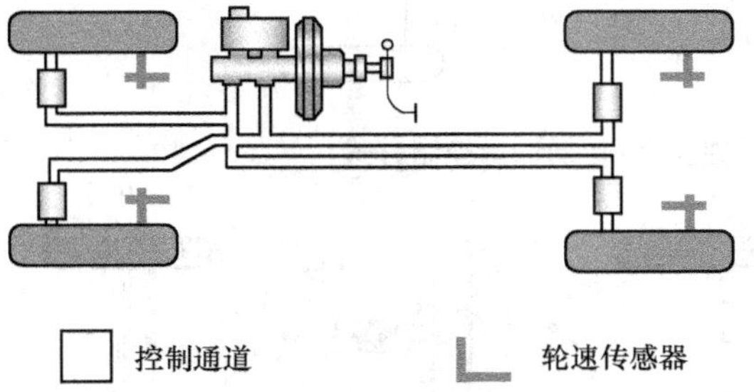

图 3-5　四传感器四通道/前轮独立-后轮选择控制方式

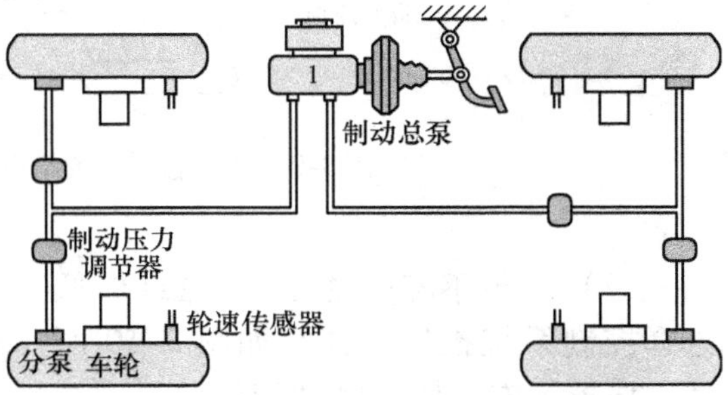

图 3-6　四传感器三通道/前轮独立-后轮低选择控制方式

（4）三传感器三通道/前轮独立-后轮低选择控制方式。如图 3-7 所示，该系统用于制动管路前后布置后轮驱动的汽车，前轮各有一个转速传感器，独立控制。而后轮转速则由装于差速器上的一个测速传感器检测，按低选的控制方式用一条制动管路对后轮进行制动控制，其性能与前面两种方式相近。

（5）四传感器二通道/前轮独立控制方式。如图 3-8 所示，该控制方式多用于 X 型制

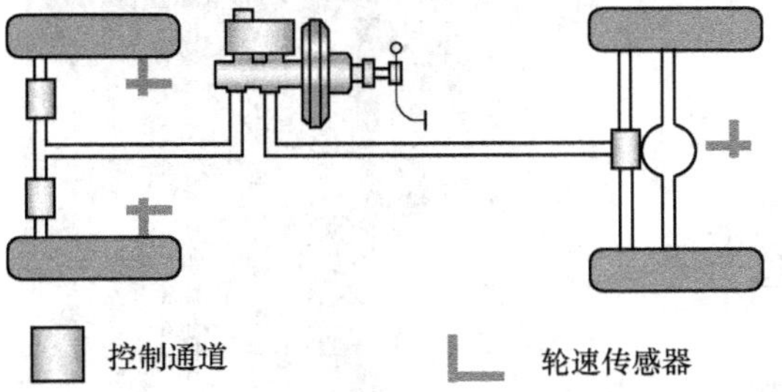

图 3-7　三传感器三通道/前轮独立-后轮低选择控制方式

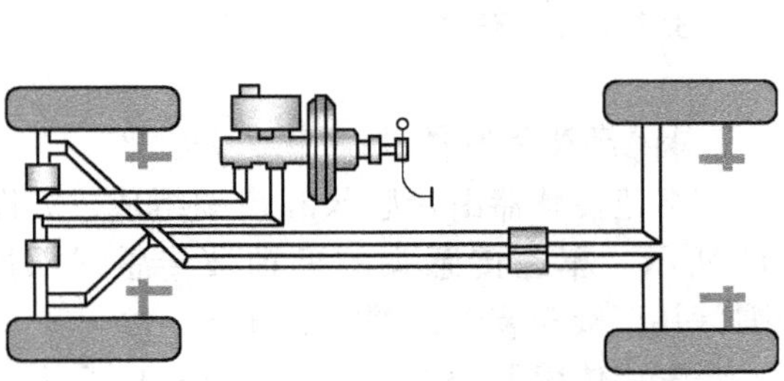

图 3-8　四传感器二通道/前轮独立控制方式

动管路汽车的简易控制系统。前轮独立控制，制动液通过比例阀（PV 阀）按一定比例减压后传至对角后轮。此种控制方式的汽车在不对称的路面上制动时，高附着系数路面一侧前轮产生高制动力，通过管路传至低附着系数路面一侧的后轮，该侧后轮抱死。而低附着系数路面一侧前轮制动压力较低，经管路传动高附着系数路面一侧的后轮，高附着系数一侧后轮不抱死。这样能提高汽车制动时的方向稳定性。但与三通道、四通道的控制系统相比，其后轮制动力稍有降低，制动效能稍有下降，但后轮侧滑较小。

（6）四传感器二通道/前轮独立-后轮低选择控制方式。如图 3-9 所示，该系统在通往后轮的两通道上增设一个低选择阀（SLV）。当汽车在不对称路面制动时，高附着系数侧前轮的高压不直接传至低附着系数侧对角后轮，而通过低选择阀只升至与低附着系数侧前轮相同的压力，这样就可以避免低附着系数侧后轮抱死，此种控制方式更接近三通道或四通道的控制效果。

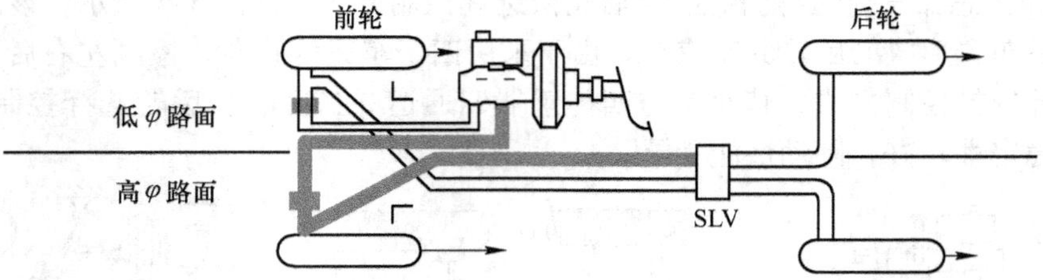

图 3-9 四传感器二通道/前轮独立-后轮低选择控制方式

（7）一传感器一通道/后轮近似低选择控制系统控制方式。如图 3-10 所示，该控制方式用于制动管路前后布置的汽车，只对后轮进行控制。一个传感器装于后桥差速器上，只对后轮采用近似低选择的控制方式。由于前轮无控制，故易抱死，转向操纵性差，制动距离较长。

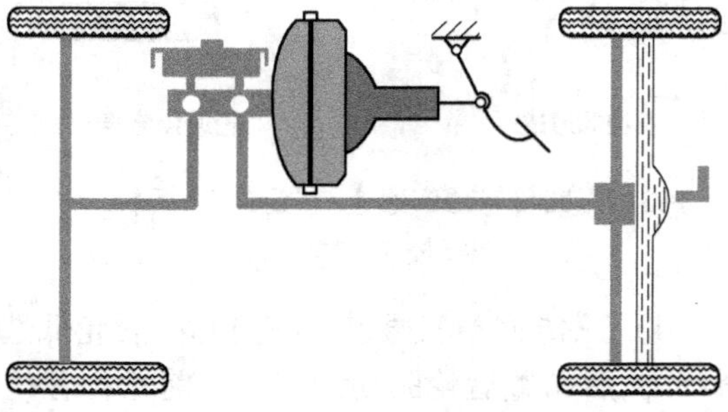

图 3-10 一传感器一通道控制方式

3.1.4 ABS 系统零部件的结构与工作原理

3.1.4.1 传感器

A 车速传感器

车速传感器由传感头和齿圈组成，如图 3-11 所示。车速传感头的极轴被传感线圈所包围，并直接安装于齿圈的上方。

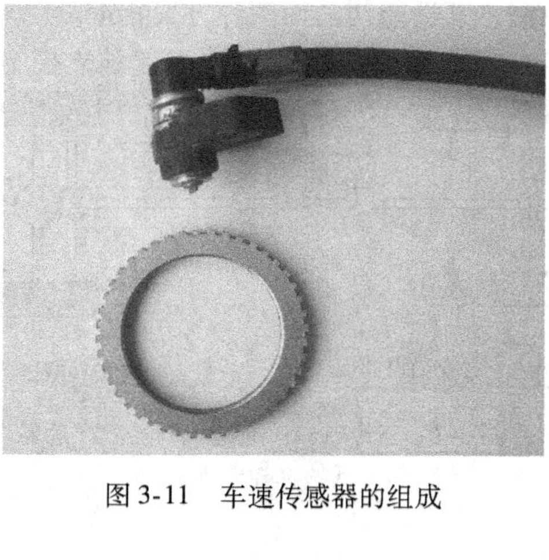

图 3-11 车速传感器的组成

车速传感器的工作原理如图 3-12 所示，齿圈是固装在轮毂上，极轴同永磁体相连接，磁体的磁通延伸到齿圈，并与它构成磁路。当齿

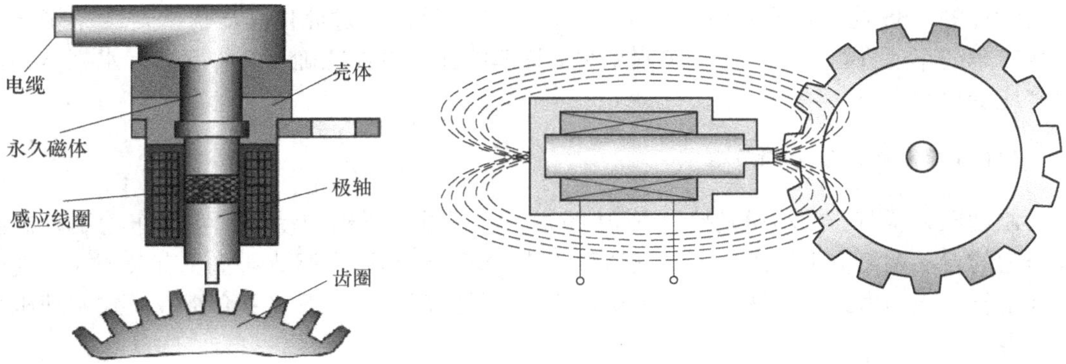

图 3-12　车速传感器的工作原理

圈旋转时，齿顶和齿隙轮流交替对向极轴，此时发生迅速变化，并切割传感线圈，于是在线圈中产生感应电动势，并由线圈末端通过电线传输，送至 ECU，该电压变化的频率便能精确地反映出车轮速度的变化。

对于极轴形状不同的传感头，其相对于齿圈的安装方式也不同。菱形极轴车速传感器头一般径向垂直于齿圈安装。凿形极轴车速传感器头其轴向相切与齿圈安装。而对于柱形极轴来说，其安装方式则需将其轴向垂直于齿圈。

为了保证传感器无错误信号输出，安装车速传感器时应保证其传感头与齿圈间留有一很小的空气隙，约 1mm。另外，要求安装要牢固，只有这样才能确保汽车在制动过程中的振动不会影响或干扰传感信号，做到正确无误地输出。为了避免灰尘与飞溅的水、泥等对传感器工作的影响，在安装前需将传感器加注润滑脂，如黄油。

一般汽车前轮上的传感器被固定在车轮转向架上，带齿圈的转子安装在车轮轮毂上，与车轮同步转动。而汽车后轮上的车速传感器则被固定在后车轴支架上，转子安装在驱动轴上、与车轮同步转动。

当转子随车轮转动时，带齿的转子与传感器之间的空气隙发生变化，使磁电传感器中磁路的磁通发生变化，从而切割传感线圈产生交流电，交流电频率随转子的转速快慢而变化，如图 3-13 所示。根据磁电传感器所感应出的交流电频率，电子控制单元就能计算出该转子或车轮转速。

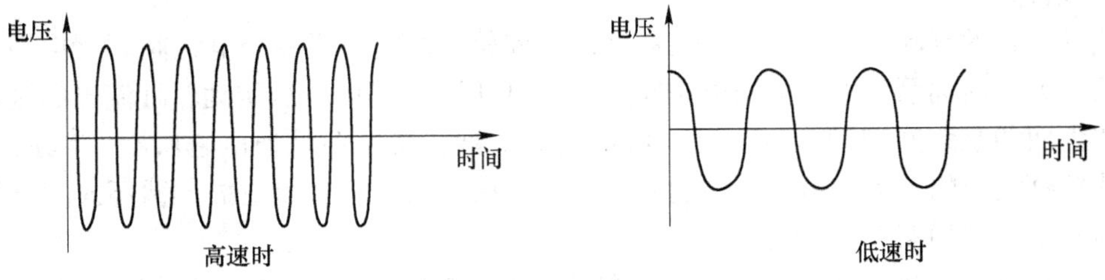

图 3-13　车轮转速传感器输出的电压值

B　加速度传感器

ABS 控制系统最重要的控制参数是车速（汽车行驶速度），以往设计的 ABS 都是根据汽车车轮的最大转速来估算车速的。随着对制动时的车速计算尽可能精确的要求，目前一些新设计的 ABS 控制系统采用了 G（加速度）传感器。通过此传感器可以对由车轮转速计算出来的车速进行补偿，使汽车制动时滑移率的计算更加准确。G 传感器有水银型、摆型和应变仪型。

3.1.4.2　制动压力调节器

制动压力调节器的功用是接收 ECU 的指令，通过电磁阀的动作来实现车轮制动器制动压力的自动调节。根据用于不同制动系统的 ABS，制动压力调节器主要有液压式、气压式和空气液压加力式等。现代轿车制动系统主要是液压式，以下主要介绍液压式制动压力调节器。

在液压式制动系统中，制动压力调节器一般串联在制动主缸和制动轮缸之间，如图 3-14 所示，主要由功能装置（液压泵、储液器等）、蓄压器（部分车型）、电磁阀等组成。其基本工作原理是通过电磁阀直接或间接地控制轮缸压力。通常把直接控制制动压力的调节器称为循环式制动压力调节器，把间接控制制动压力的调节器称为可变容积式制动压力调节器。

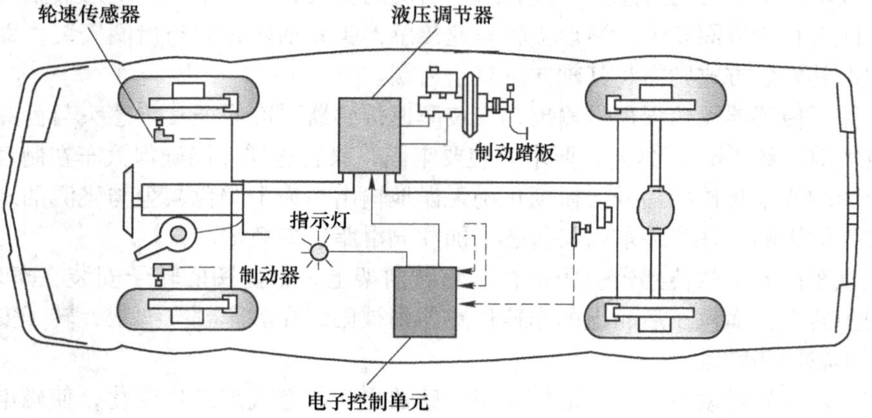

图 3-14　制动压力调节器位置

A　循环式制动压力调节器

a　结构

此种形式的制动压力调节器是在制动总缸和轮缸之间串联一个电磁阀，直接控制轮缸的制动压力。回油泵的作用是当电磁阀处于“减压”过程中，从制动轮缸流出的制动液经蓄能器由回油泵泵回制动主缸。蓄能器也叫储液器，其作用是当电磁阀在“减压”过程中，从轮缸流出的制动液由蓄能器暂时保管，然后由回油泵泵回主缸。循环式制动压力调节器的基本结构如图 3-15 所示。

（1）电磁阀。循环式制动压力调节器的电磁阀多采用三位三通电磁阀（3/3 电磁阀）。在四通道制动控制系统中每个轮缸都有一个 3/3 电磁阀；在三通道制动控制系统中，每个前轮有一个 3/3 电磁阀，两后轮共享一个 3/3 电磁阀。

电磁阀线圈受 ECU 的控制。阀上有三个孔分别通制动主缸、车轮轮缸和蓄能器。电磁线圈流过的电流受 ECU 控制，能使阀处于“升压”、“保压”、“减压”三种位置，

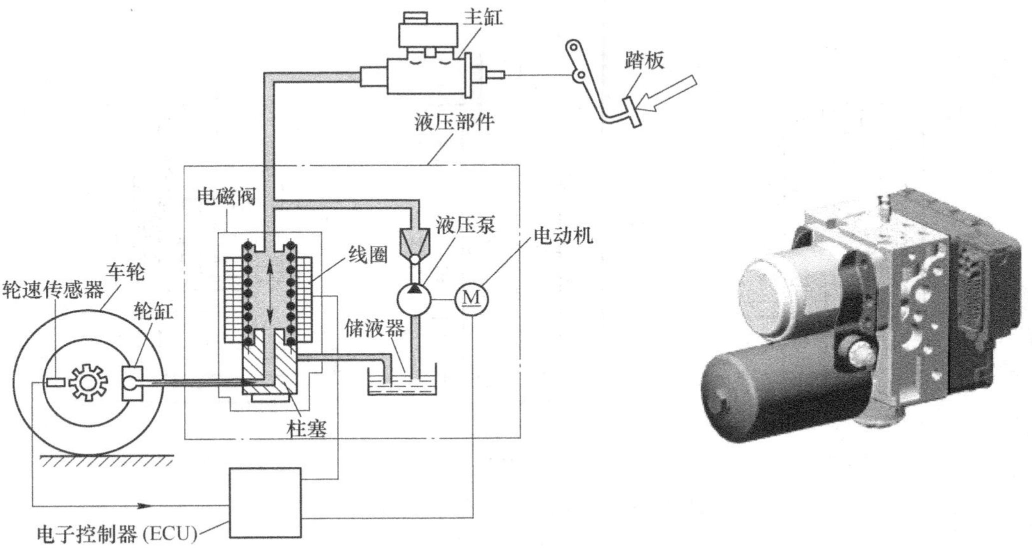

图 3-15　循环式制动压力调节器的基本结构

即“三位”。如图 3-16、图 3-17 所示。

(2) 回油泵与蓄能器。回油泵及蓄能器的结构如图 3-18 所示。回油泵多为柱塞泵，由电动机带动凸轮驱动，泵内有两个单向阀，上阀为进油阀，下阀为出油阀。柱塞上行时，轮缸及蓄能器的压力油推开上油阀进入泵体内。柱塞下行时，首先封闭进油孔，继而使泵腔内压力升高，推开出油阀，将制动液压回制动主缸。

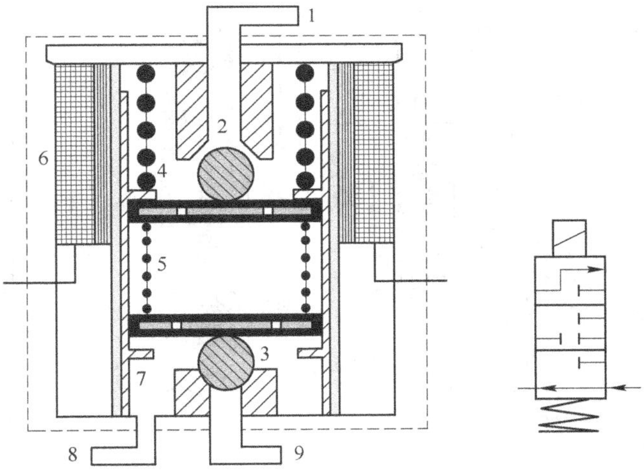

图 3-16　三位三通电磁阀结构

1—通主缸；2—进液阀；3—回液阀；4—主弹簧；5—副弹簧；6—线圈；7—阀芯；8—通轮缸；9—通储液室

蓄能器为一个内装活塞和弹簧的油缸，位于电磁阀与回油泵之间。由轮缸流入的压力油进入蓄能器作用于活塞，进而压缩弹簧使蓄能器容积变大，以暂时储存制动液。有的蓄能器也采用气囊式蓄能器。在容器中有气囊将容器分隔为两腔，气囊后部充有氮气，上腔与回油泵和电磁阀出油口相连。从轮缸流入的压力油进入气囊上腔，压力油作用在气囊上使气体压缩，上腔容积增大以暂时储存制动液和能量。

b　循环式制动压力调节器的工作过程

汽车在制动过程中，通过 ECU 控制流经制动压力调节器电磁阀的电流的大小，使 ABS 系统呈“升压”、“保压”、“减压”三种状态。

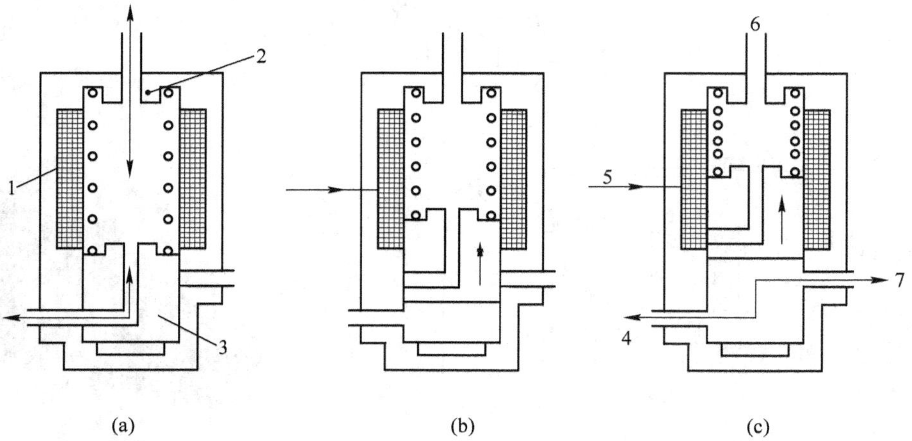

图3-17　三位三通电磁阀的工作原理

(a) 电流为0；(b) 电流小；(c) 电流大

1—线圈；2—固定铁芯；3—柱塞；4—通轮缸；5—电流；6—通主缸；7—通蓄能器

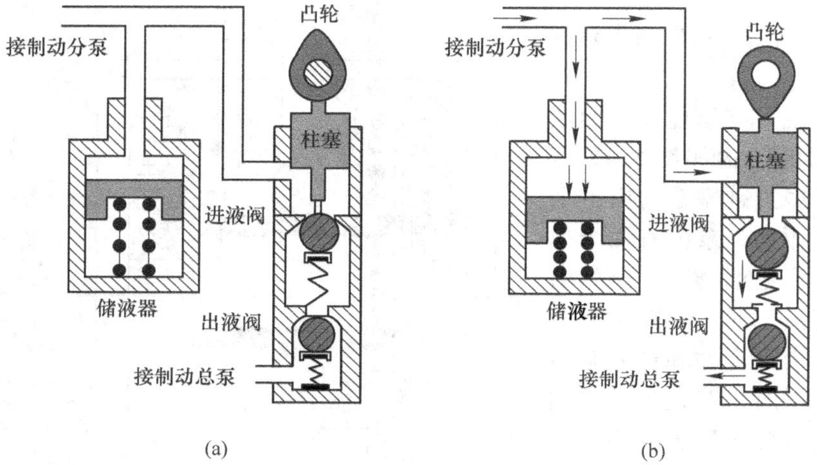

图3-18　回油泵与蓄能器

(a) 回油泵和蓄能器结构；(b) 回油泵和蓄能器的工作过程

(1) 升压（常规制动）。如图3-19所示，电磁线圈中无电流通过，电磁阀处于“升压”位置。此时制动主缸与轮缸相通，由制动主缸来的制动液直接进入轮缸，轮缸压力随主缸压力增减，ABS不工作，回油泵也不工作。

(2) 保压。当ECU向电磁线圈通入一个较小的保持电流（约为最大电流的1/2）时，电磁阀处于“保压”位置，如图3-20所示，此时主缸、轮缸和回油孔相互隔离密封，轮缸中保持一定制动压力。

(3) 减压。如图3-21所示，当ECU向电磁线圈通入一个最大电流时，电磁阀处于“减压”位置。此时电磁阀将轮缸与回油通道或蓄能器接通，轮缸中的制动液流经电磁阀进入蓄能器，轮缸压力下降。

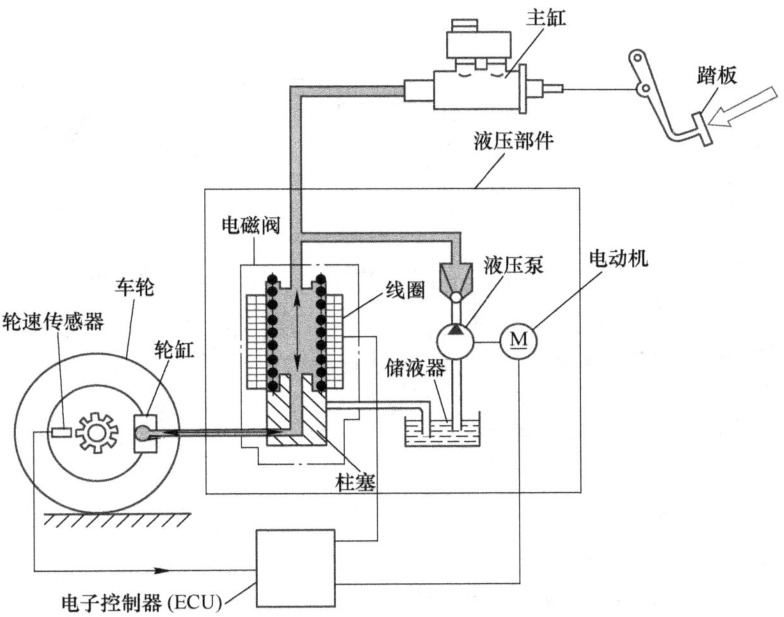

图 3-19　常规制动/升压过程

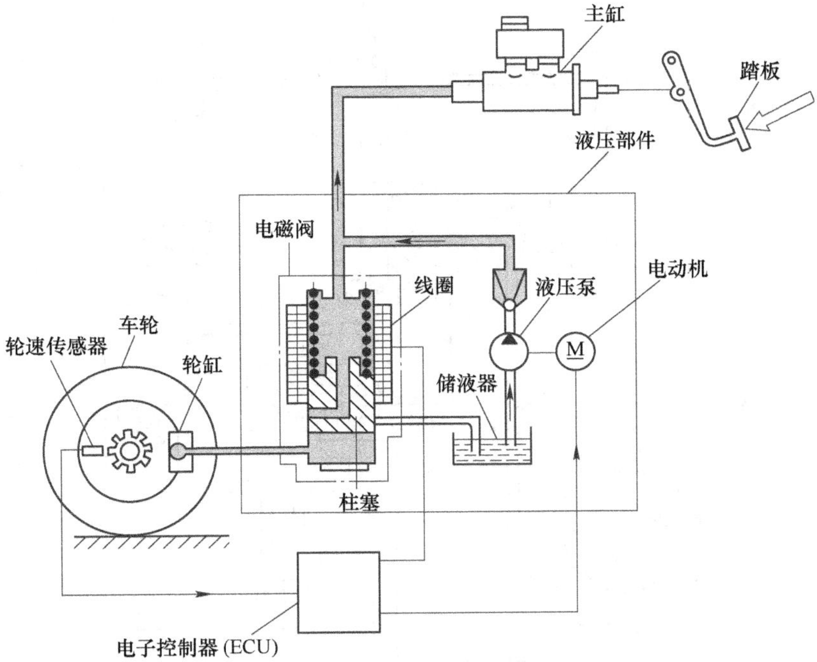

图 3-20　保压过程

B　可变容积式压力调节器

可变容积制动压力调节器，是在汽车原有制动系统管路上增加一套液压控制装置，用它控制制动管路中容积的增减，从而控制制动压力的变化。该种压力调节系统的特点是制动压力油路和 ABS 控制压力油路是相互隔开的，如图 3-22 所示。

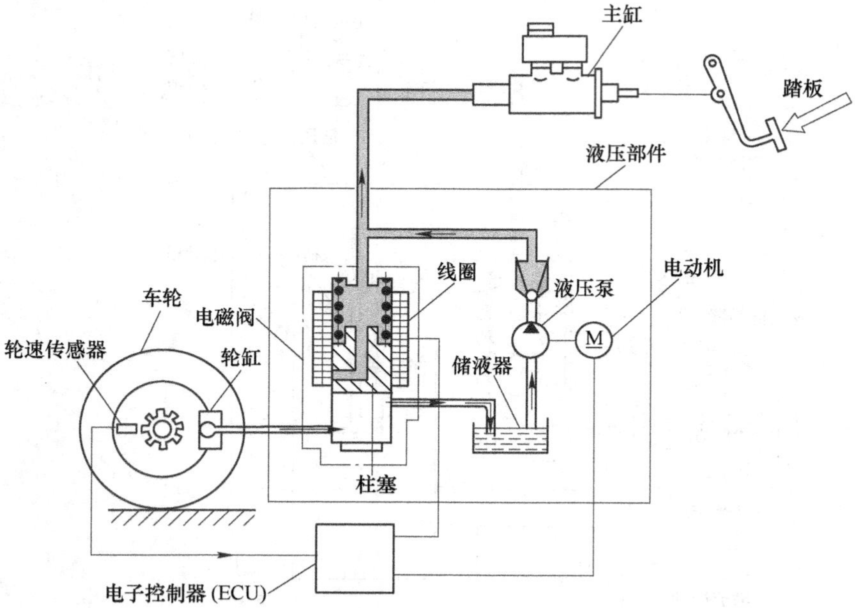

图 3-21　减压过程

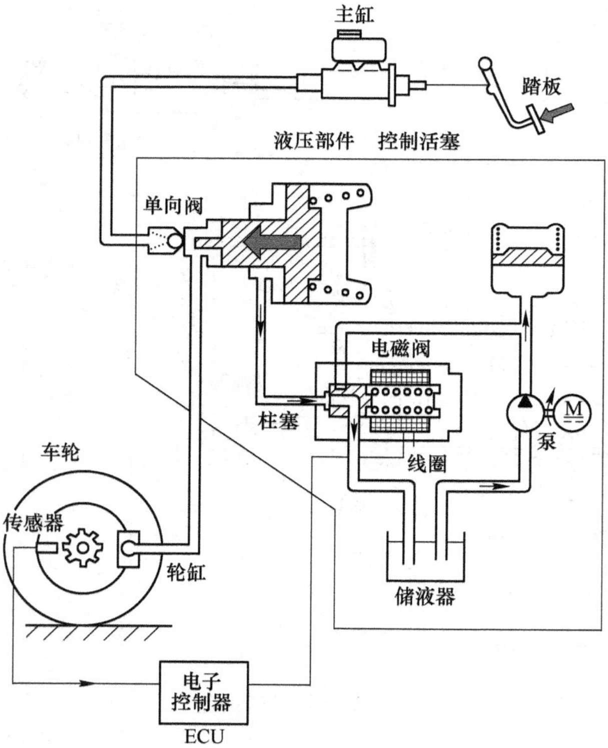

图 3-22　可变容积式制动压力调节器

可变容积式制动压力调节器主要由电磁阀、控制活塞、液压泵、蓄能器等组成。其基本工作原理如下。

（1）常规制动。如图 3-23 所示，常规制动时，电磁线圈无电流通过，电磁阀将控制活塞工作腔与回油管路接通，控制活塞在强力弹簧的作用下推至最左端。活塞顶端推杆将单向阀打开，使制动主缸的制动液直接进入轮缸，轮缸压力随主缸压力变化而变化。此种工作状态是 ABS 工作之前或工作之后的常规制动工况。

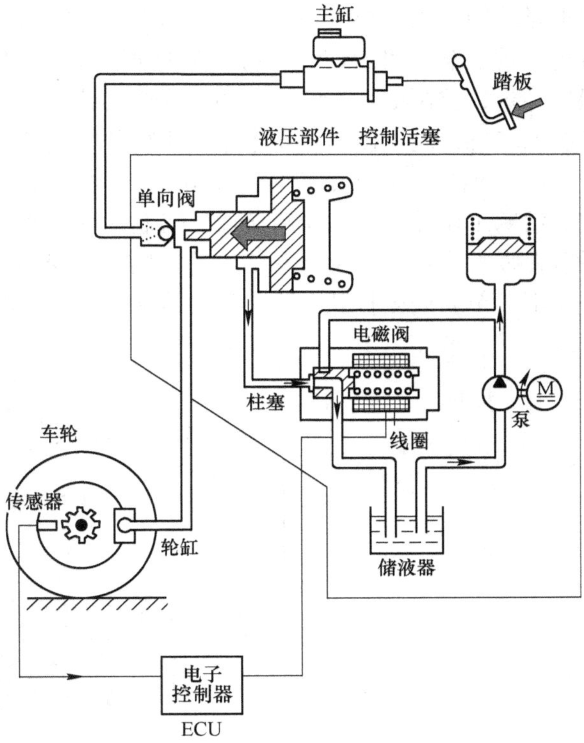

图 3-23　常规制动

（2）减压。如图 3-24 所示，减压时，ECU 向电磁线圈通入一个大电流，电磁阀内的柱塞在电磁力作用下克服弹簧弹力移到右边，将蓄能器与控制活塞工作腔管路接通。蓄能器（液压泵）的压力油进入控制活塞工作腔推动活塞右移，单向阀关闭，主缸与轮缸之间的通路被切断。同时由于控制活塞的右移，使轮缸侧容积增大，制动压力减小。

（3）保压。如图 3-25 所示，ECU

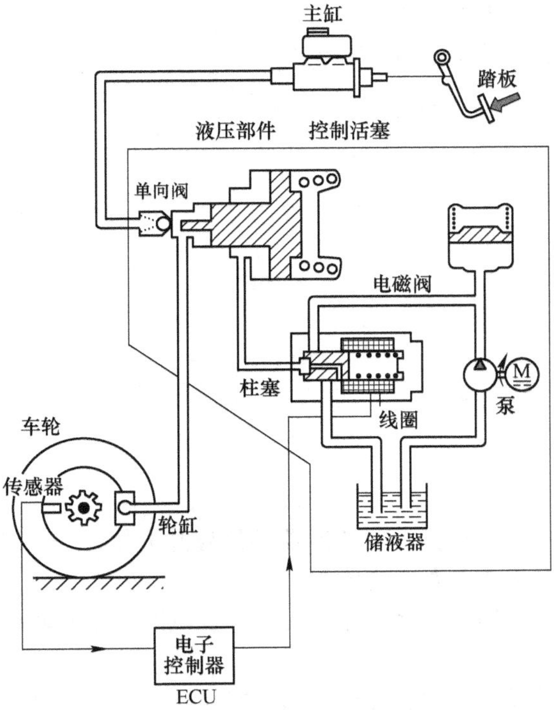

图 3-24　减压状态

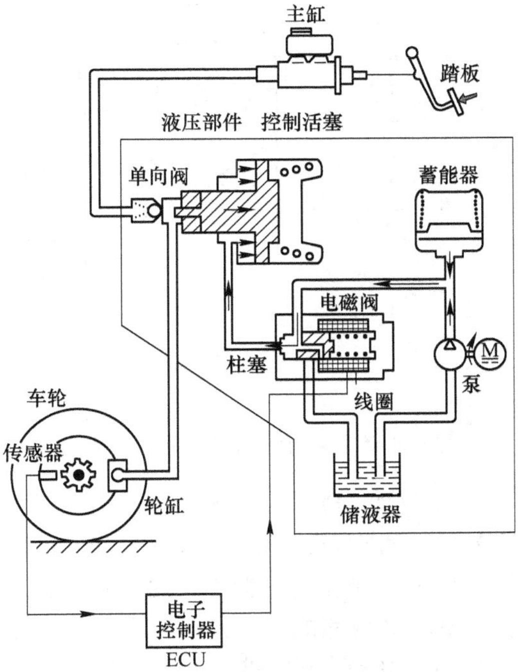

图 3-25　保压状态

将电磁线圈通入一个较小的电流，由于电磁线圈的电磁力减小，柱塞在弹簧力的作用下左移至将蓄能器、回油管及控制活塞工作腔管路相互关闭的位置。此时控制活塞左侧的油压保持一定，控制活塞在油压和强力弹簧的共同作用下保持在一定位置，而此时单向阀仍处于关闭状态，轮缸侧的容积也不发生变化，制动压力保持一定。

（4）增压。需要增压时，ECU 切断电磁线圈中的电流，柱塞回到左端的初始位置，控制活塞工作腔与回油管路接通，控制活塞左侧控制油压解除，控制液流回储液器。控制活塞在强力弹簧的作用下左移，轮缸侧容积变小，压力升高至初始值。当控制活塞左移至最左端，单向阀被打开，轮缸压力将随主缸压力的增大而增大，如图 3-26 所示。

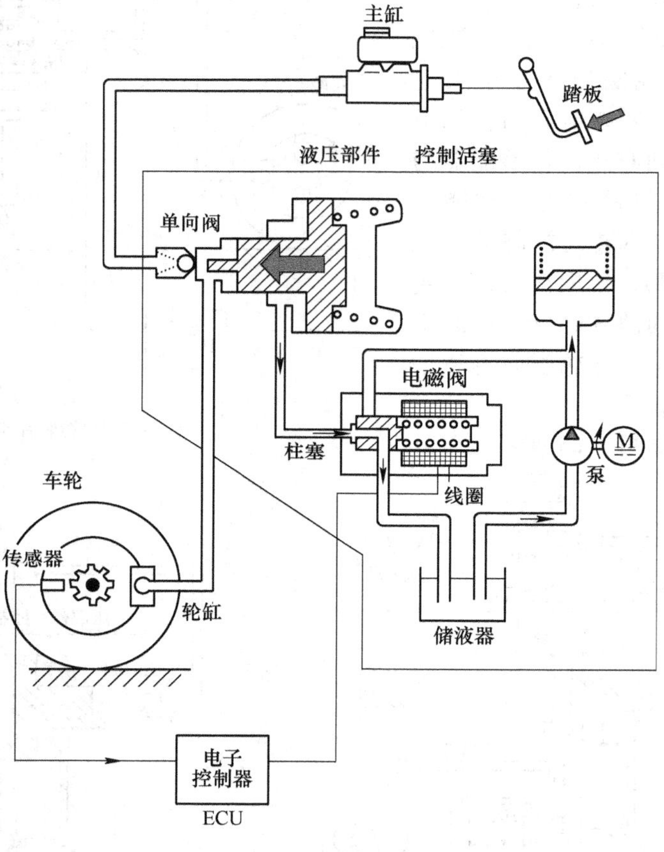

图 3-26　增压过程

3.1.4.3　电子控制器（ECU）

电子控制单元是 ABS 的控制中心，它的主要作用是接收传感器的信号并进行处理，判断车轮是否抱死，然后向制动压力调节器发出制动压力控制指令。

ECU 一般由传感器输入端电路、运算电路、输出控制电路和安全保护电路 4 个基本电路组成。各电路的连接方式如图 3-27 所示。

（1）传感器输入电路。传感器输入电路的功能是将轮速传感器、减速度传感器、开关等输入的信号进行预处理、A/D 模数转换等，然后送往运算电路。

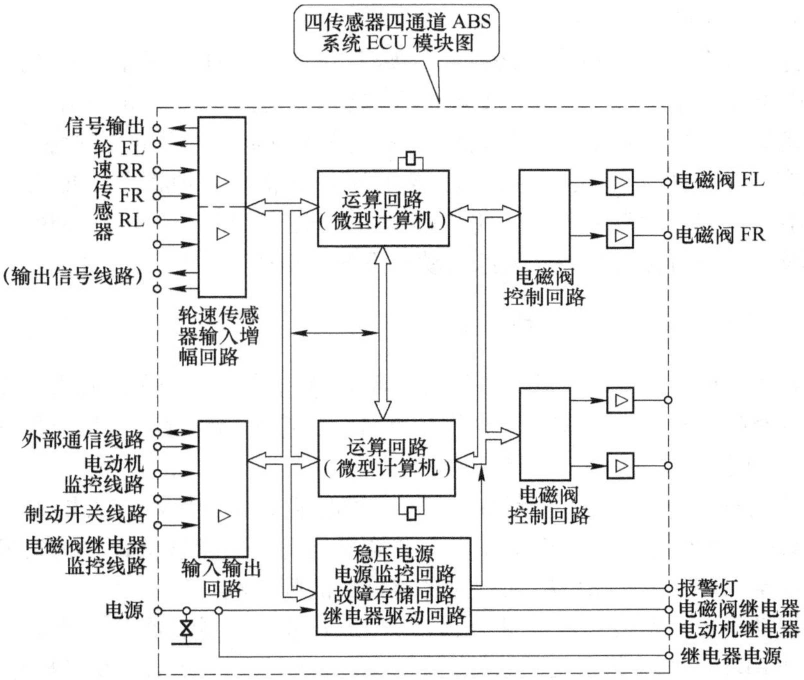

图 3-27　ECU 的电路连接方式

（2）运算电路。运算电路主要根据输入信号进行车轮线速度、汽车即时速度、滑移率、加减速度的运算以及电磁阀的开启控制运算和监控运算等。

（3）输出控制电路。通过来自运算电路的控制信号，控制通往各电磁阀的开启或控制电磁阀的电流。

（4）安全保护电路。包括稳压电源、电源监控电路、故障反馈电路和继电器驱动电路等。主要作用是监控 12V 和 5V 电压是否在规定范围内，并对输入放大器、运算电路和电磁阀控制电路的反馈信号进行监视。当 ABS 出现故障时，关闭各电磁阀，停止 ABS 工作，返回常规制动状态，同时点亮仪表板上的 ABS 警告灯，提醒驾驶员注意 ABS 的故障。

3.1.5　ABS 的使用与检修

3.1.5.1　装备 ABS 的车辆容易出现的一些特殊现象

（1）某些装有 ABS 的汽车，在发动机启动时，踩下制动踏板会弹起，而发动机熄火时，制动踏板会下沉。这属于 ABS 的正常反应，并非故障现象。比如丰田皇冠汽车的 ABS 制动压力调节器与动力转向器共享一个油泵，在发动机启动，动力转向油泵开始工作时，就会使制动踏板上台；发动机熄火，动力转向油泵停止工作时，则会使制动踏板下沉。

（2）制动时，转动转向盘，会感到转向盘有轻微的振动。这也是由于有的制动压力调节器与动力转向器共享一个油泵所引起的正常反应。

（3）制动时，有时会感到制动踏板有轻微下沉，这是 ABS 正常起作用的正常现象。

（4）制动时，有时会感到制动踏板有轻微下沉。这是由于道路路面附着系数变化，

ABS正常反应所引起的，并非故障现象。

（5）高速行驶急转弯或在冰滑路面上行驶时，有时会出现制动报警灯亮起的现象。这是上述情况中出现了车轮打滑现象，ABS产生保护动作引起的，并非故障。

（6）制动时，ABS继电器不断地动作，这也是ABS起作用的正常现象。

（7）装有ABS的汽车，在制动后期，会有车轮被抱死，地面留下拖滑的印痕。这是因为在车速小于7～10km/h时，ABS将不起作用，属正常现象。但是，ABS紧急制动时留下的短而淡淡的印痕与普通制动器紧急制动留下的长拖印是截然不同的。

3.1.5.2　检修ABS时应注意的事项

ABS的故障大致可分为以下几种情况：一是紧急制动时，车轮被抱死；二是制动效果不良；三是报警灯亮起；四是ABS出现不正常现象。应根据情况，采用正确的方法检修故障。在具体检修时，应注意如下几点。

（1）应首先对ABS的外观进行检查，如导线的插头和插接器有无松脱、制动油路和泵及阀有无漏损、蓄电池是否亏电等。对这些容易出现的故障且检查方法又很简单的先行检查，确定无异常时，再作系统检查，对迅速排出故障有利。

（2）遇制动不良故障时，应先区分是ABS机械部分（制动器、制动总泵、制动管路等）不良还是ABS电子控制系统的故障。方法是：拆下ABS继电器线束插接器或ABS制动压力调节器电磁阀线束插接器，使ABS制动压力调节器电磁不能通电工作，让汽车以普通制动器工作方式制动，如果制动不良故障消失，则说明是ABS电子控制系统有故障，否则为ABS机械部分故障。

（3）ABS电子控制系统故障多出现于线束插接器或导线头松脱、车速传感器不良等。应先对这些部件和部位进行检查，而制动压力调节器等故障相对较少，ABS的控制器（ECU）故障更少，所以一般情况下，不要轻易去拆检ABS ECU和制动压力调节器。此外，在检查线路故障时，不应漏检熔断器。

（4）在需拆检ABS液压控制器件时，应先进行泄压，以避免高压油喷出伤人，尤其是有蓄能器的ABS，蓄能器的压力高达180MPa。

泄压方法：关掉点火开关，然后反复踩制动踏板20次以上，直到感觉踩制动踏板力明显增加（无液压助力）时为止。

通常在检修如下部件时需进行泄压：制动压力调节器各部件、制动分泵、蓄能器、后轮分配比例阀、电动油泵、制动液管路、压力警告和控制开关。

3.1.5.3　ABS的故障自诊断

A　ABS自检

（1）当点火开关一接通，ABS计算机就立即对其外部电路进行自检。这时，制动报警灯亮起，一般3s后熄灭。如果灯不亮或一直亮均说明ABS电路有故障，应对其进行检查。

（2）ABS的ECU对制动压力调节器电磁阀的检查时通过控制阀的开闭循环实现。

（3）发动机发动后，车速第一次达到60km/h，ABS系统完成自检。

如果上述自检过程中，计算机发现异常，或在工作中ABS工作失常，ECU就停止使用ABS，这时，制动报警灯亮起，并储存故障码。

现在汽车仪表板上有两个制动报警灯，其中一个是黄色灯，称 ABS 灯（标 ABS 或 ANTI-LOCK）；另一个为红色，标 BREAK。BREAK 灯由制动液压力开关和液面开关及手制动灯开关控制。当红色制动报警灯亮起时，可能是制动液不足、蓄能器的制动液压过低或是驻车制动器开关有问题等。这时，ABS 防抱死控制和普通制动系统均不能正常工作，应停车检查故障原因，及时排除故障。如果只是黄色 ABS 灯亮，则说明 ABS 计算机已发现防抱死控制系统有故障，这时汽车制动时将无防抱死功能，因此，也要及时检修。

B 故障码的显示方式

在检修 ABS 系统故障时，应先读出 ABS ECU 储存的故障码，以便得到故障部位提示，准确、迅速地排除故障。不同的车型，都有其自己的故障码的显示方式，大致有如下几种形式：

（1）在 ABS 有故障时，仪表板上的 ABS 报警灯就会闪烁，或是 ABS 计算机盒上的发光二极管（LED）闪烁直接显示故障码。

（2）将检查插接器或 ABS 计算机盒上的有关插孔跨接，使仪表板上的 ABS 灯闪烁来显示故障码。

（3）采用专用的故障检测仪读取故障码。

3.1.5.4 ABS 故障的一般检查方法

A 车速传感器故障的检查

（1）车轮车速传感器可能出现的故障：

1）车轮车速传感器感应线圈有短路、断路、接触不良等。

2）车轮车速传感器齿圈上的齿有缺损或脏污。

3）车轮车速传感器信号探头部分安装不牢或磁极与齿圈之间有脏物。

（2）车轮车速传感器故障的检查方法：

1）直观检查，主要检查传感器有无松动，导线及插接器有无松脱。

2）用电阻表检测传感器感应线圈电阻，如果电阻过大或过小，均说明传感器不良，应更换。

3）用交流电压表测量传感器的输出信号电压，在车轮转动时，电压表应该有电压指示，其电压值应随车轮转速的增加而升高，一般情况下，应达 2V 以上。

4）用示波器检测传感器的输出信号电压波形，正常的信号电压波形应是均匀稳定的正弦电压波形。如果信号电压无火缺损，应拆下传感器作进一步检查。

B ECU 的检查

ECU 的故障检查方法如下：

（1）检查 ABS 的 ECU 线束插接器有无松动，连接导线有无松脱。

（2）检查 ABS 的 ECU 线束插接器各端子的电压值、波形或电阻，如果与标准值不符，与之相连的部件和线路正常，则应更换 ECU 再试。

（3）直接采用替换法检验，即在检测传感器、继电器、电磁阀及其线路均无故障时，会怀疑是否是 ECU 有故障，这时，可以用新的 ECU 替代，如果故障现象消失，怀疑就被证实。

C　制动压力调节器的检查

（1）制动压力调节器的可能故障：

1）电磁阀线圈不良。

2）阀有泄漏。

（2）制动压力调节器故障的检查方法：

1）用电阻表检测电磁阀线圈的电阻，如果电阻无穷大或过小等，均说明其电磁阀有故障。

2）加电压试验，将制动压力调节器电磁阀加上其工作电压，看阀能否正常动作。如果不能正常动作，则应更换制动压力调节器。

3）解体后检查，如果怀疑是制动压力调节器有问题，则应在制动压力调节器内无高压制动液时，仔细拆开调节器进行检查。

D　ABS 控制继电器的检查

继电器的常见故障有触点接触不良、继电器线圈不良等，检查方法如下：

（1）对继电器施加其正常的工作电压，看继电器能否正常动作；若能正常动作，则用电阻表检测继电器触点间的电压和电阻，正常情况下触点闭合时的电压为零。若电压大于 0.5V 以上，则说明触点接触不良。

（2）用绝缘电阻表或欧姆表检测继电器线圈的电阻，电阻值应在正常范围之内。

3.1.5.5　制动液及其更换

A　对 ABS 制动液的要求

ABS 工作时，要以 7～8 次/s 的频率进行减压、保压、增压的循环动作，因此，对制动液的要求比普通制动系统的要求要更高。具体要求如下：

（1）沸点要高，不低于 260℃，保证制动液不会产生“气阻”。

（2）运动黏度要低，保证 ABS 工作时，“减压—保压—增压”循环动作反应及时。

（3）对金属、橡胶无腐蚀性。

（4）能长期保存，性能稳定，在使用中，高、低温频繁变化时其化学性能应无大的变化。

（5）吸湿沸点要高，吸湿沸点时指制动液在吸湿率为 3.5% 时的沸点。

表 3-1 所列是美国运输部（DOT）的制动液标准。目前，日、美、韩等国的轿车一般都推荐用 DOT3，或与之相当的制动液 DOT4，不推荐在 ABS 中使用硅酮型制动液 DOT5。

表 3-1　DOT 制动液标准

制动液规格	沸点/℃	吸湿沸点/℃	运动黏度/$m^2 \cdot s^{-1}$
DOT3	≥205	≥140	≤1500
DOT4	≥230	≥155	≤1800
DOT5	≥260	≥180	≤900

B　制动液的更换

以乙二醇为基液的 DOT3 和 DOT4 制动液，是一种吸湿性较强的液体，一年的吸湿率可高达3%。不同使用条件和环境，其吸湿率不同。当制动液含有水分后，其沸点下降，制动时易产生“气阻”，使制动可靠性下降；含有水分的制动液其腐蚀性也增大了，因此，一般在吸湿率达到3%时就应更换制动液。3%的吸湿率是制动液使用过程中 1 ~2 年的自然吸湿程度，因此，每两年或一年更换制动液。现在，一些专家指出，ABS应每年更换一次制动液，以确保制动的可靠性。

3.1.5.6　制动系统的排气

ABS中的气体是极有害的，它破坏系统对制动压力的正常调节，可导致ABS失去作用。当更换制动器、打开制动管路、更换制动系统液压部件时，或是制动踏板发软、变低、制动效果变差时，就需要对ABS进行排气。

ABS排气比普通的制动系统稍复杂一些，应遵循一定的要领，以避免既费工费时，制动系统中的空气还是排不干净。应注意以下几点：

（1）对装有制动真空助力器的，在进行排气操作前，首先要把制动助力控制装置断开，使制动处于无助力状态。

（2）断开ABS ECU，以使排气过程ABS电子控制系统不起作用，避免ABS对排气造成影响。

（3）ABS排气时间要比普通系统长，消耗的制动液液较多，需边排气边向制动总泵储液罐添加制动液，使制动罐制动液液面保持在MAX与MIN之间。

（4）刚刚放出的制动液不能马上回添入储液罐，需在加盖的玻璃瓶中静置3天以上，待制动液中的气泡排尽后才能再用。

（5）在排气过程中，制动踏板要缓缓地踩，不能过猛，这与普通制动系统一样。

（6）不同形式的ABS，其排气程序可能会有些不同，应参照相应的保养手册进行排气操作。

（7）一些ABS排气可让ABS油泵工作（打开点火开关，有的需要运行发动机），在加压的情况下可使排气更快更彻底。

【任务实施】

根据以上所学的理论知识，能够对ABS系统进行检修，并完成下面的任务工作单，见表3-2。

表 3-2　液压控制系统的检修任务工作单

任务名称	要　求
ABS 的结构	能够查看 ABS 的电路图，以便掌握 ABS 结构和工作原理
ABS 的检修	ABS 检修方法，能够对 ABS 进行故障诊断

【知识与技能拓展】

奔驰汽车的ABR新技术

现代汽车制动器的发展起源于原始的机械控制装置，最原始的制动控制只是驾驶员操纵一组简单的机械装置向制动器施加作用力。随着科学技术及汽车工业的发展，尤其是军用车辆及制动有了新的突破，液压制动是继机械制动后的又一重大革新。20世纪50年代，液压助力制动器开始广泛应用，如今其已成为最成熟最经济的制动技术，并应用在当前绝大多数乘用车上。随着电子控制技术的发展和在汽车上的使用，汽车制动电子控制得到了飞速的发展，在经历了ABE、ASR、ESP、BAS辅助制动后，SBC梅赛德斯—奔驰共同开发ABR自适应制动系统，目前奔驰公司已在大量车型上进行应用，其中包括国产E级、C级，这种系统成为提高汽车驾驶安全性的一个新的里程碑。

ABR自适应制动系统不仅具有液压制动系统的优点，还增加了新的电液功能，除常见的ESP增强版ABS、ASR、BAS和ETS以及车速感应式助力转向系统（PML）这些基本制动功能外，ABR还包括很多有益的制动辅助功能、驾驶辅助功能和与其他系统通信的接口。

（1）制动器干燥功能。当雨量传感器检测到风挡玻璃有雨滴，并且雨刮器启用，而且车辆处在行驶状态，ABR自适应制动系统就会判定车辆处于雨中行驶，其会对前轮定期施加几秒钟低于0.1MPa的制动压力，来去除制动块与制动盘之间的水膜，从而使制动器保持干燥，缩短制动距离。

（2）预加压功能。在车辆行驶过程中，当加速踏板位置传感器检测到驾驶员突然将脚从加速踏板移开，该信号就会经过发动机ECU发送给ABR电控单元，ABR控制单元就会使高压回流泵工作，使每个车轮制动器中的液压升高至0.2MPa，以便缩小制动块与制动盘之间的间隙。随后驾驶员踩下制动踏板，实际上在此之前制动块已经与制动盘接触，缩短制动器响应时间，从而减小制动距离。如果驾驶员没有踩制动踏板，该功能随后终止，制动压力下降，制动块回到制动初始位置。

（3）间隙功能。在车辆行驶过程中，当车辆横向加速度传感器轮速传感器和方向盘转角检测到车辆处于高速转弯时，如果其超过高速转弯的界限，将使每个车轮制动器中的液压升高至0.2MPa，使制动块与制动盘之间的间隙缩小。若随后驾驶员踩下制动踏板，其可以缩短制动器的响应时间，从而缩短制动距离。一旦高速转弯结束，制动力下降，制动块回到静止位置。

（4）自适应制动灯。在车辆行驶过程中，驾驶员对汽车进行制动，传统制动灯亮，后方驾驶员只能知道前方车辆正在制动，但很难判断前方车辆是轻轻制动还是紧急制动，所以后车驾驶员必须要根接前方车辆的速度和交通状况进行判断，这会增加后车驾驶员紧急制动下的反应时间，从而增加追尾风险，自适应制动灯是自适应制动系统的额外功能。当车速超过50km/h，且制动减速度超过7.5km/h，自适应制动灯的发光二极管会以非常显眼的5.5Hz的频率闪烁，以警告后方车辆在进行紧急制动，缩短后车驾驶员的反应时间。随着车速的降低，车辆停止，制动灯保持常亮。若制动前车速超过70km/h，当车辆停止时，危险警告灯亮。当车辆再次起步且车速超过10km/h时，危险警告灯熄灭。

此外，ABR自适应制动系统还具有防溜车功能、牵引车和挂车稳定功能、轮胎压力监测功能和坡道起步辅助功能。防溜车功能可以帮助驾驶员在等候交通指示灯、挪车及起步时，防止车辆溜车。牵引车和挂车稳定功能能够通过抑制车辆可能出现的任何蛇形运动来使挂车保持稳定。

【任务总结】

（1）汽车制动防抱死系统 ABS 是在传统制动系统的基础上增加的一套电子控制系统。与传统制动系统相比，具有提高汽车的制动性能，改善汽车制动时方向稳定性，减少轮胎磨损等优点。

（2）汽车制动防抱死系统 ABS 由电控单元 ECU、传感器（主要指车轮转速传感器）、执行器（制动压力调节器）组成。

（3）汽车制动防抱死系统 ABS 按制动压力调节器的结构可以分为循环式液压制动调节器和可变容积式液压制动调节器。

【思考与练习】

3.1-1　判断题

（1）当路面的制动力大于附着力时，车轮即出现抱死不转而纯滑移的现象。（　　）

（2）当 ABS 出现故障时，汽车就没有了制动功能。（　　）

（3）在正常的情况下，点火开关打开，ABS 报警灯数秒后应当熄灭，否则说明 ABS 系统有故障。（　　）

（4）车速传感器传感头和齿圈之间的间隙通常只有 0.5 ~ 1mm。（　　）

3.1-2　选择题

（1）汽车制动甩尾的原因是（　　）。

A. 后轮地面附着力较大　　B. 前轮地面附着力较大

C. 后轮制动器制动力不足　　D. 后轮制动时抱死侧滑

（2）关于路面制动力、制动器制动力和附着力之间的关系，下列选项正确的是（　　）。

A. 路面制动力取决于制动器制动力　　B. 附着力不大于路面制动力

C. 路面制动力等于附着力时最好　　D. 制动器制动力等于路面制动力

（3）汽车 ABS 的 G 传感器的作用主要是（　　）。

A. 检测滑移率　　B. 检测制动力

C. 对计算车身修正补偿　　D. 使制动时方向稳定

3.1-3　简答题

（1）简述滑移率与附着系数的关系。

（2）ABS 系统是如何分类的?

（3）简述 ABS 系统的组成、作用及工作原理。

任务 3.2　汽车驱动防滑转控制系统

【任务内容】

（1）熟悉驱动防滑转控制系统系统的组件。

（2）掌握驱动防滑转控制系统的结构、工作原理。

【任务目标】

（1）能诊断驱动防滑转系统常见的故障。

（2）能够检修驱动防滑转系统的常见故障。

【相关知识】

3.2.1　ASR 系统的理论基础

ASR 的基本功能是防止汽车在加速过程中打滑，特别是防止汽车在非对称路面或在转弯时驱动轮的空转，以保持汽车行驶方向的稳定性和操纵性，维持汽车的最佳驱动力以及提高汽车的平顺性。从控制车轮和路面的滑移率来看，ASR 和 ABS 系统系统是采用了相同的技术，但两者所控制的滑移率是相反的。

汽车“打滑”有两种情况，一是汽车制动时车轮的滑移，二是汽车驱动时的滑转。ABS 系统是防止制动时车轮抱死而滑移；ASR（TRC）则是防止驱动车轮原地不动而不停地滑转。用 S_d 表示驱动时的滑转率，可用下面的式子来表达：

$$S_d = \frac{v_c - v}{v_c} \times 100\%$$

式中，v 为车速瞬时速度，v_c 为车轮圆周速度。

从式子可以看出，当 v 为 0（汽车原地不动），v_c 不为 0 时，则汽车处于完全滑转状态。

驱动防滑转系统 ASR 的作用是在汽车起步和加速时，根据路面附着力的情况和车轮轮速的情况控制驱动车轮的驱动力，改善驱动轮的附着能力，以防止驱动轮滑转，并将滑转率控制在 20% 左右。使汽车在驱动过程中的转向控制能力和加速性能都能得到提高，行驶方向稳定性都得以保证。

图 3-28 所示为滑转率与纵向附着系数之间的关系，由图中可以看出：

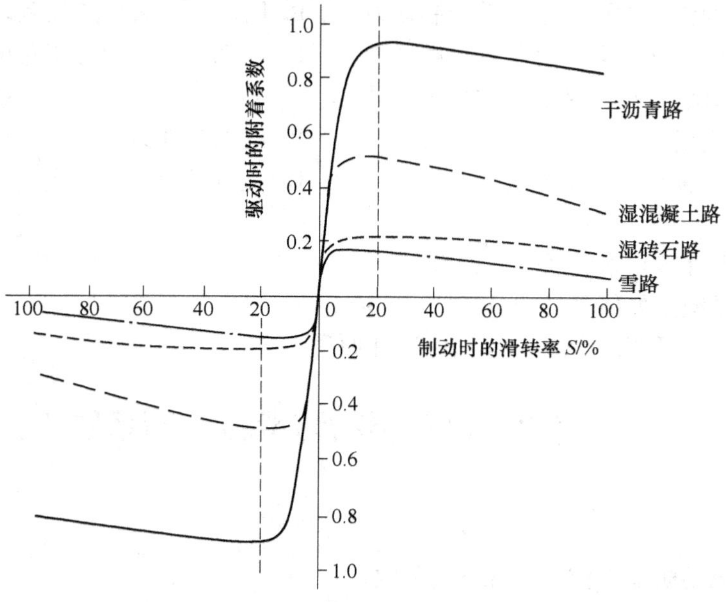

图 3-28　滑转率与附着系数之间的关系

（1）附着系数随路面的不同而呈大幅度的变化。

（2）在各种路面上，当滑转率为 20% 左右时，附着系数达到峰值。

（3）上述趋势，无论制动还是驱动时都几乎一样。

3.2.2　防滑转控制系统的控制方式

驱动防滑砖控制系统 ASR 对驱动轮的控制方式有发动机功率控制、制动力控制、差速器锁止控制和综合控制等。可分别通过调节发动机的输出功率、施加制动力、差速器的锁止控制等方式控制作用于驱动车轮的驱动力矩，使车轮的滑转率保持在最佳范围内。

（1）发动机输出功率控制。发动机输出功率控制是通过限制发动机的功率输出，以达到抑制驱动轮滑转的目的。当两侧驱动轮在附着条件相同的光滑路面上行驶，滑转率已达到其受控的门限值时，ECU 即开始进行发动机的功率控制。在控制过程中，发动机的输出功率、转速会自动降低，直至驱动轮的平均转速略超过非驱动轮的平均转速，以保持驱动轮必要的滑转。

通常采用三种控制方法进行发动机功率控制：一是节气门开度调节，即在发动机原节气门的基础上，串联一个副节气门，或者是直接安装电子节气门，由 ASR 系统或发动机控制系统控制其开度；二是减少或切断喷油量；三是减小点火提前角。

（2）对驱动轮进行制动控制。通过对单边滑转的驱动车轮施加适当的制动力，使两侧驱动轮同步转动并限制其滑转率。如果两侧驱动轮转速不同，快速侧车轮将被实施部分制动。

如在单侧驱动轮打滑时，ASR 电子控制器将发出控制指令，通过制动系统的压力调节器，对产生滑转的车轮施加制动。随着滑转车轮被制动减速，其滑转率会逐渐下降。直到滑转率降到预定范围之内以后，ECU 向执行机构发出指令，减少或停止这种制动控制。与此同时，另一侧非滑转车轮仍然保持着正常的驱动力。这种作用类似于驱动桥差速器中的差速，即当一侧驱动陷入泥坑中，部分或完全丧失了驱动能力时，若制动该车轮，另一侧的驱动力仍能够得到足够的驱动力，以便维持汽车正常的行驶。当两侧驱动轮均出现滑转，但滑转率不同时，可以通过对两边驱动轮施加不同的制动力，分别抑制它们的滑转，从而可提高汽车在湿滑路面上的起步、加速能力和行驶的方向稳定性，这种方式是防止驱动轮滑转最迅速有效的一种控制方法。但是，出于对舒适性的考虑，一般这种制动力不可太大。因此，常常作为第一种方法的补充，以保证控制效果和控制速度的统一。

（3）同时控制发动机输出功率和驱动车轮的制动力。控制信号同时启动 ASR 制动压力调节器和辅助节气门调节器，在对驱动车轮施以制动力的同时，减小发动机的输出功率，以达到理想的控制效果。

（4）防滑差速锁控制。利用一种电控的可变锁止差速器，又称防滑差速器 LSD，在可变锁止差速器向车轮输出端设置离合器，用增减液压分方法来实现锁止控制。锁止程度可以从基本锁止到完全锁止。控制压力来自蓄能器的高压油液，压力值的大小由 ECU 控制，通过电磁阀来调节，并由压力传感器和驱动轮转速传感器反馈给 ECU 实行反馈控制。这种控制方式使车辆在各种路面行驶和起步时都具有更高的稳定性和操纵性。

（5）差速锁与发动机输出功率综合控制。为了达到最理想的控制效果，采用差速制动控制与发动机输出功率综合控制相结合的控制系统。汽车在行驶过程中，路面滑溜的情况千差万别，驱动轮的状态也是不断变化，综合控制系统将根据发动机的状况和车轮滑转的实际情况采取相应的控制。比如，在发动机驱动力较小的状态下出现车轮滑转的主要原因可能是由于路面滑溜，这时采用对滑转车轮施以制动的方法就比较有效。而发动机输出功率大（节气门开度大、转速高）时出现的车轮滑转，则主要通过减小发动机输出功率的方法来控制车轮的滑转。有时候，车轮滑转的情况更为复杂，需要通过对车轮制动和减小发动机输出功率的共同作用来控制车轮的滑转。

3.2.3　ASR 系统与 ABS 系统的比较

ASR 系统与 ABS 系统相比较，有相同之处，也有不同之处。

相同之处：

（1）ABS 与 ASR 都是通过控制作用于所控制车轮上的力矩（ABS 制动力矩，ASR 驱动力矩），将车轮的滑移率或是滑转率控制在理想范围内，以提高车轮附着力的利用率，从而改善汽车的制动性能或加速性能。

（2）ASR 系统与 ABS 系统都要求系统具有快速反应能力，以适应地面附着力的变化。

（3）ASR 系统与 ABS 系统都要求系统具有较高的控制精度，以免引起汽车及传动系统的振动。

不同之处：

（1）ABS 对所有车轮均可进行控制；而 ASR 系统只对驱动车轮进行控制。

（2）ABS 控制作用阶段是制动过程期间；ASR 控制作用阶段是汽车驱动期间（尤其是在起步、加速、转弯等过程中）。

（3）ABS 控制期间，各车轮之间的相互影响不大；而在 ASR 控制期间，由于差速器的作用会使驱动车轮之间产生较大的相互影响。

3.2.4　ASR 的组成与工作原理

ASR 系统一般由传感器、ECU、执行器等几部分组成，如图 3-29 所示。

车轮转速传感器将行驶汽车车轮转速信号转变为电信号，输送给控制器 ECU，ECU 根据轮速传感器的信号计算驱动车轮的滑转率，若滑转率超出了目标范围，控制器在综合参考节气门位置传感器信号、发动机转速信号、转向信号等向执行器发出指令，控制车轮的滑转。

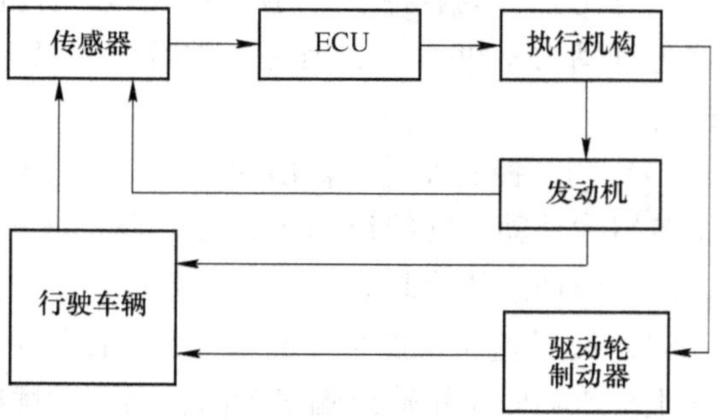

图 3-29　ASR 系统的组成

3.2.5 ASR 系统主要零部件的结构和工作原理

3.2.5.1 传感器

ASR 系统的传感器主要是车轮转速传感器和节气门位置传感器（包括主节气门位置传感器和副节气门位置传感器）。

（1）车轮转速传感器。车轮转速传感器主要检测车轮转速，然后将信号传至 ABS/ASR 电控单元。车轮转速传感器与 ABS 共用，故其具体结构在此不再叙述。

（2）节气门位置传感器。主节气门位置传感器检测主节气门开度信号，并将信号送至发动机电控单元；副节气门位置传感器检测副节气门开度信号，并将信号送至发动机电控单元。节气门位置传感器的结构如图 3-30 所示，其工作原理为：当节气门位置改变时，节气门轴旋转带动主、副触点在滑动电阻体和滑片上滑动，因此改变电源端子和信号端子之间的电阻值，使节气门开度转换为电压信号输送到 ECU。

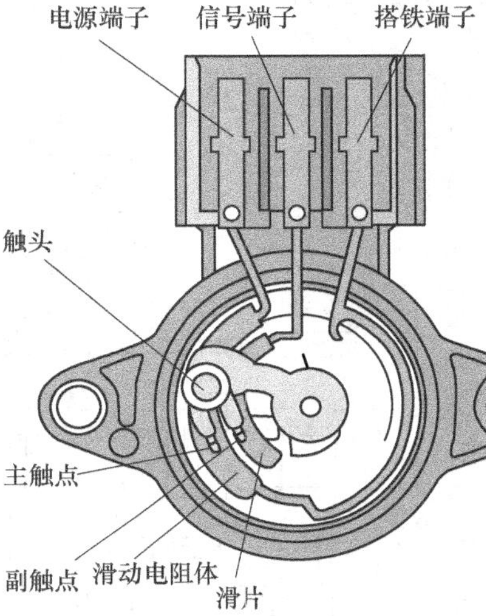

图 3-30 节气门位置传感器的结构

（3）ASR 选择开关。除了上述两种主要传感器外，ASR 选择开关是系统特有的一个开关位置，它可以通过人为操作选择是否启用 ASR 系统。如将 ASR 选择开关切断（处于 OFF 位置），ECU 可使系统退出 ASR 工作状态，并点亮 ASR 关断指示灯。在某些特殊的场合，例如为了检查汽车传动系统或其他系统故障时，应该让 ASR 系统停止工作，以避免因驱动轮悬空，ASR 对驱动轮施加制动而影响故障检查。

3.2.5.2 ECU

ASR 系统的 ECU 也是由输入电路、输出电路、微处理器及其他电路等组成，其作用是接收传感器的信号，判断车辆的行驶状态，并将控制指令传给执行器及发动机控制单元。另外还具有报警功能和故障诊断功能。ASR 和 ABS 的一些信号输入和处理都是相同的，为减少电子器件的应用数量，使结构紧凑，ASR 控制器与 ABS 电子控制单元组合在一起。

3.2.5.3 执行机构

ASR 系统的执行器包括制动压力调节器、发动机副节气门驱动器（或电子节气门）、ASR 警告灯等。其主要功能是接受 ECU 的指令，通过减小驱动轮功率和对驱动轮实施部分制动，使滑转车轮的滑转率在目标范围内。

A 制动压力调节器

ASR 制动压力调节器是通过对驱动轮实施部分制动的方法把滑转率控制在目标范围

内。它主要由电磁阀、蓄压器、调压缸等组成。其结构形式分为单独方式的制动压力调节器和组合方式的制动压力调节器。

(1) 单独方式的制动压力调节器。单独方式是指 ASR 系统压力调节器与 ABS 系统的压力调节器在结构上各种独立。典型单独方式的 ASR 系统压力调节器的工作原理如图 3-31 所示。该系统属于可变容积式压力调节器。通过两个三位三通电磁阀的通、断电换位，控制加在驱动轮轮缸制动器内制动压力的大小。

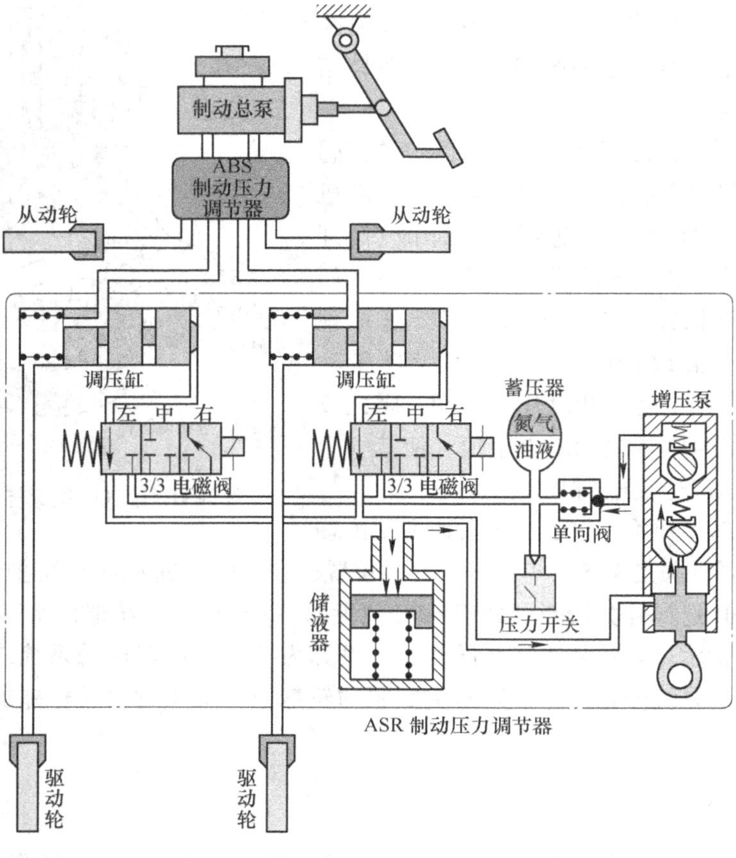

图 3-31 单独方式制动压力调节器的结构

当 ASR 不起作用时，电磁阀断电，阀位于左侧位置，调压缸右腔与低压储液器相通。调压缸右腔压力降低，调压缸活塞在弹簧的作用下移向右腔极限位置，此时调压缸左腔的通液孔将 ABS 制动压力调节器与驱动车轮的制动轮缸导通，使 ABS 正常工作，如图 3-32 所示。

当 ASR 起作用时，ECU 给电磁阀通电，使阀处于右侧位置，调压缸右腔与储液室隔断而与蓄压器导通蓄压器内具有一定压力的制动液将调压缸活塞推向左端，切断 ABS 制动压力调节器与制动轮缸的联系，同时调压缸左腔的压力会随着活塞的左移而增大，带动制动轮缸压力的上升，便可实现对驱动轮制动压力的增压调节，如图 3-33 所示。

当 ECU 使电磁阀半通电（通以最大电流的一半）而处于中间位置时，调压缸与储液

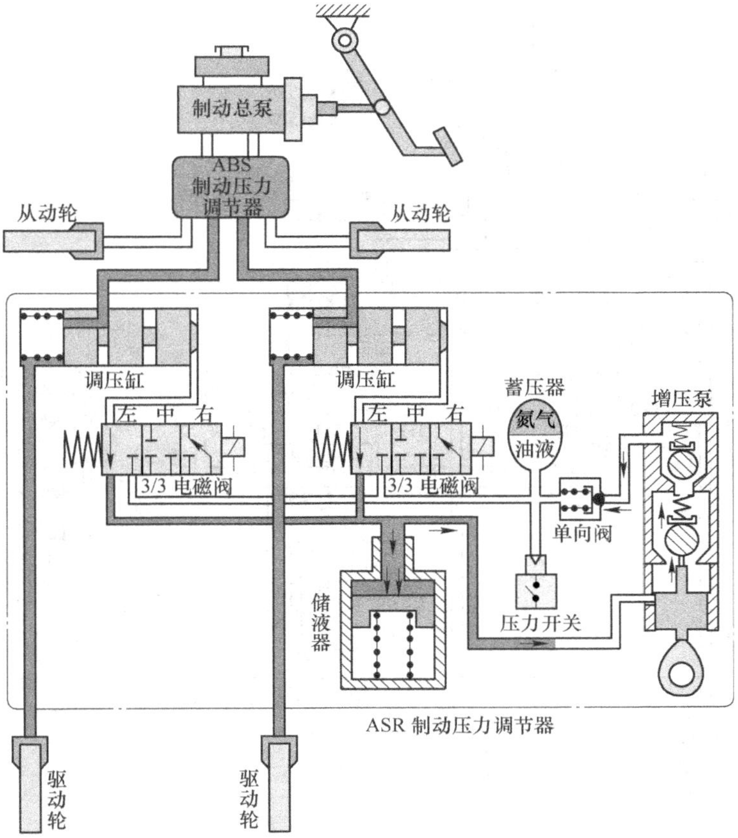

图 3-32　ASR 不起作用时制动压力调节器的工作油路

室和储能器均相通，调压缸活塞保持不动，驱动轮制动轮缸压力保持不变。

当需要减小驱动车轮的制动压力时，控制器使电磁阀断电，阀在其回位弹簧力的作用下回到左位，使调压缸右腔与蓄能器隔断而与储液器接通。于是，调压缸右腔压力下降，其活塞右移，使驱动车轮制动分泵的制动压力下降，如图 3-32 所示。

（2）组合方式制动压力调节器。组合方式是指 ASR 系统压力调节器与 ABS 系统的压力调节器在结构上组合为一个整体，如图 3-34 所示。该系统属于循环式压力调节器，主要由三个电磁阀组成。利用 ASR 调节电磁阀通、断电来决定 ASR 系统是否起作用，在 ASR 不工作的前提下，通过控制两个调压电磁阀实现 ABS 控制。

当 ASR 不起作用时，ASR 调节器电磁阀处于断电状态而处于左侧位置，ECU 通过对两个电磁阀的控制，可实现两驱动轮轮缸制动压力的 ABS 控制。

当 ASR 起作用时，ECU 给 ASR 调节电磁阀通电而处于右侧位置，若两个调压电磁阀仍处于断电状态而处于左侧位置，这时，蓄压器的压力油可通入驱动轮轮缸，达到制动增压的目的。

当 ASR 调节电磁阀半通电，处于中间位置时，切断了蓄压器与制动主缸的联系，驱动轮轮缸压力保持不变。

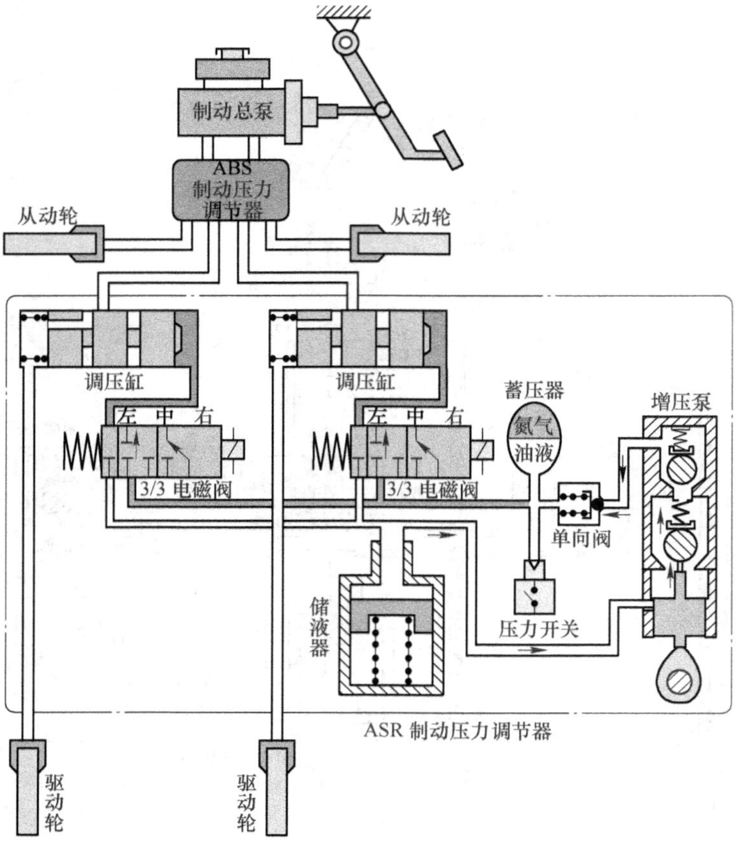

图 3-33　ASR 起作用时制动压力调节器的工作油路

B　发动机副节气门驱动器

如图 3-35 所示，ASR 控制的另一种方式是通过副节气门驱动器来控制副节气门的开度，从而改变发动机输出功率。在发动机节气门体上主节气门的前方，设置一个副节气门和副节气门驱动器。副节气门驱动器一般由步进电机和传动机构组成，在电机轴的末端安装有一个主动小齿轮，它能带动安装在副节气门轴末端的凸轮轴齿轮旋转，以此来控制副节气门的开启角度。步进电机根据 ASR 电子控制器输出的控制脉冲信号使副节气门转过规定的角度，可实现发动机输出功率的调节。

当 ASR 不起作用时，副节气门应处于全开状态。当需要时，ASR ECU 输出信号，改变辅助节气门开度，降低发动机的输出功率。

C　ASR 警告灯

ASR 警告灯的功能是当 ASR 出现故障时向驾驶员报警。在对 ASR 进行故障自诊断操作时，利用该灯的闪烁提示功能，可读出 ECU 中储存的故障代码。

【任务实施】

根据以上所学的理论知识，能够对 ASR 系统进行检修，并完成下面的任务工作单，见表 3-3。

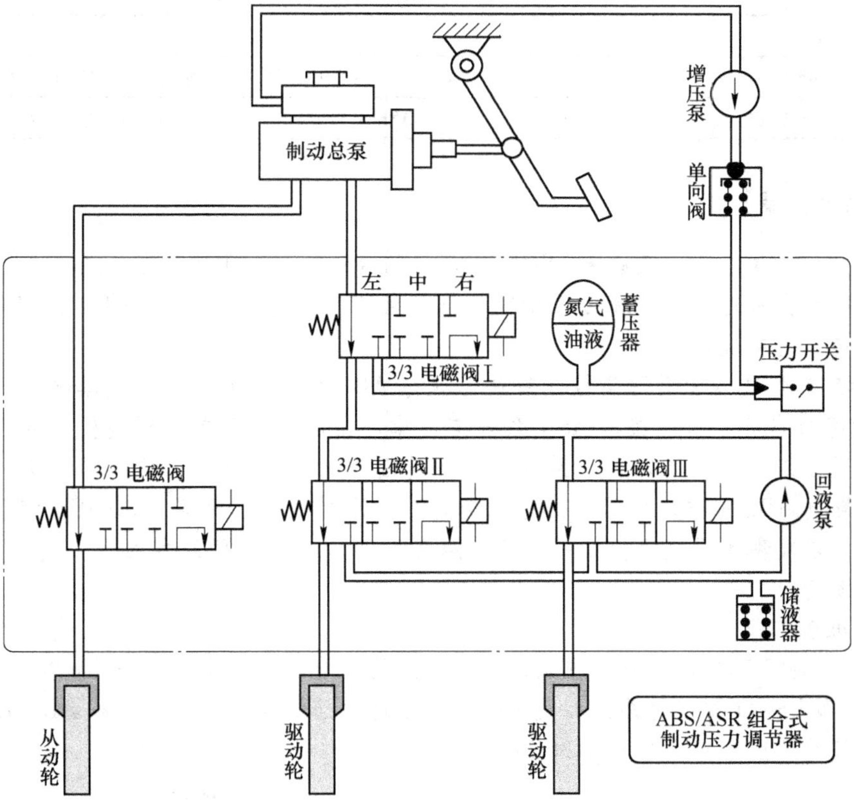

图 3-34　组合式制动压力调节器的结构

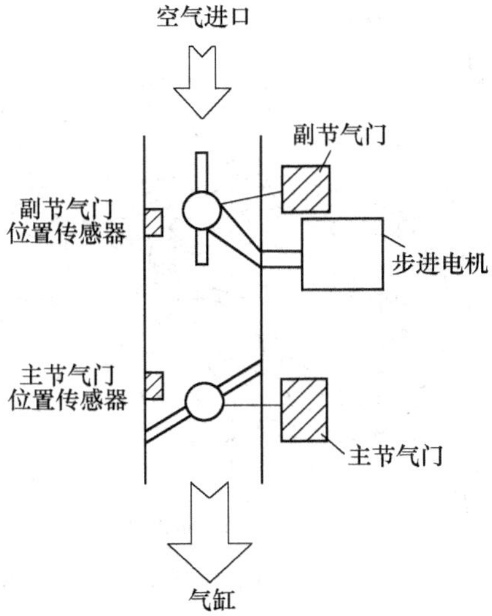

图 3-35　辅助（副）节气门进行防滑控制的示意图

表 3-3　液压控制系统的检修任务工作单

任务名称	要　求
ASR 的结构	能够查看 ASR 的电路图，以便掌握 ASR 结构和工作原理
ASR 的检修	ASR 检修方法，能够对 ASR 进行故障诊断

【知识与技能拓展】

案例：一位客户将一辆凌志 LS400 轿车开进 4S 店，向前台接待员及售后服务维修人员反映，该车在跑过一次长途后，ASR 故障灯点亮，制动时无滑移，但在泥泞路面起步时有原地空转和甩尾现象。

该车装有 ASR 即驱动防滑控制系统，且与 ABS 共用一个电子控制单元。该车表板上的 ASR 故障灯点亮，说明该车 ASR 系统有故障。在泥泞路面起步时有空转及甩尾，说明 ASR 已经退出工作。之所以制动系统正常，是因为 ASR 系统出现故障后已进入失效保护状态，不影响 ABS 工作，仍具有防抱死功能。打开引擎盖，观察 ABS/ASR 液压调节阀及液压管路，未发现渗漏迹象。初步判定故障在 ASR 系统电子线路方面。

故障诊断：

(1) 准备工作。

1) 详细询问客户该车故障现象，产生故障的环境，最近维修、保养情况。

2) 查阅 LS400 轿车电路图、使用手册和维修手册等原车资料，了解 ABS/ASR 系统构成，组成部件位置分布，如图 3-36 所示。

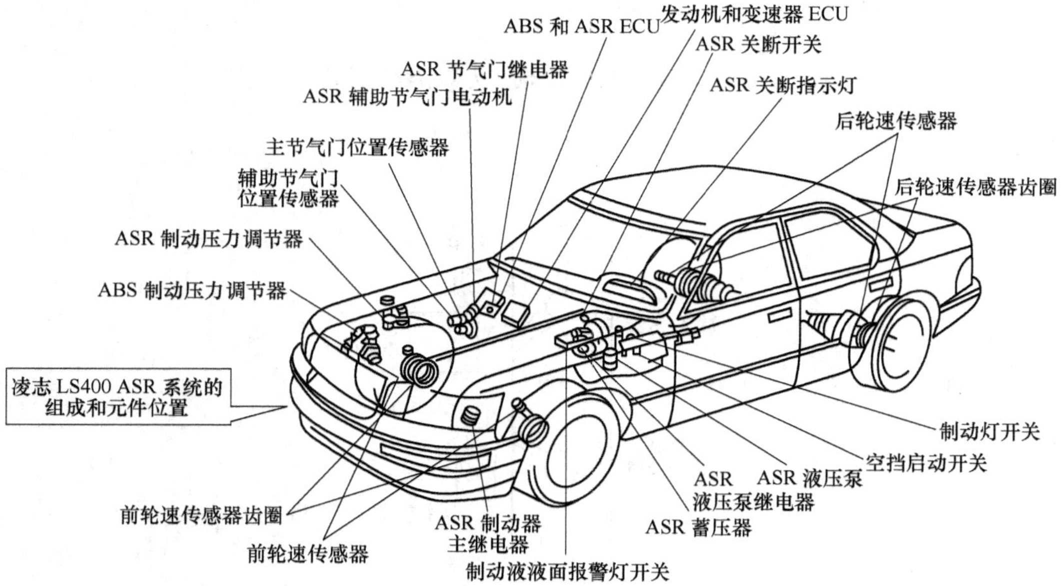

图 3-36　凌志轿车 LS400 轿车防滑控制系统的组成及元件布置形式

3) 准备电脑故障诊断仪、万用表、SST 等维修诊断工具。

(2) 外观检查。

1) 根据维修手册，查找了 ASR 系统电子控制单元、传感器、液压调节器等组成部件。

2）初步观察液压管路有无滴漏现象，线路有无破损、断裂、搭铁现象。

（3）系统自检。当点火开关接通时，仪表盘上的 ASR 警告灯将亮起，3s 自动熄灭。如果点火开关接通后，ASR 指示灯不亮或 3s 后不熄灭，均为不正常，需要进行故障检查。

（4）读取故障码。

1）接通点火开关。

2）用故障诊断专用检查线将故障诊断插座中的 TC 和 E1 端子连接起来，或用专用诊断工具 SST 与诊断插座连接。

3）观察 ASR 警告灯（在仪表盘处）的闪烁规律并记录。若 ECU 中没有存储故障代码，2s ASR 警告灯将有 0.25s 的间隔连续闪烁，即显示正常代码。若 ECU 中存有故障代码，警告灯则在 4s 后开始闪烁显示故障代码。如果 ECU 中存有两个以上故障代码时，则按照故障码的数值由小到大的顺序闪烁。

（5）故障排除。

1）按图 3-37 所示方法，测试端子 B－、BCOM 和 B 之间应为连通状态，A－、ACOM 也应为连通状态。

2）在副节气门全开启时，用万用表电阻挡测量 VC 与 E2 两端子之间的电阻值（图 3-38），应为 4～9kΩ，VTA 与 E2 之间的电阻值应为 3.3～10.0kΩ；副节气门全关闭时，VTA 与 E2 之间的电阻值应为 0.2～6.0kΩ。

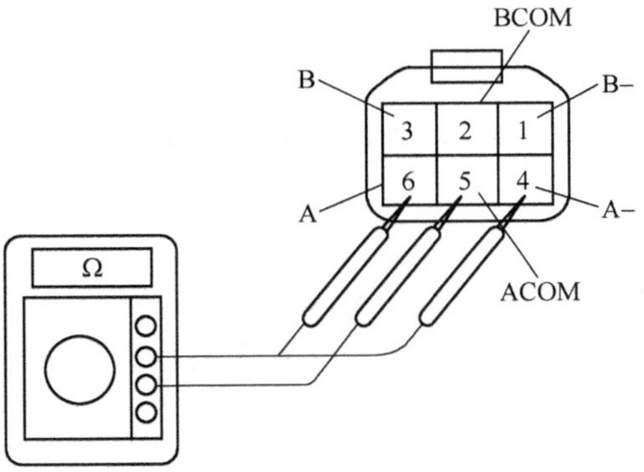

图 3-37　检查副节气门驱动装置

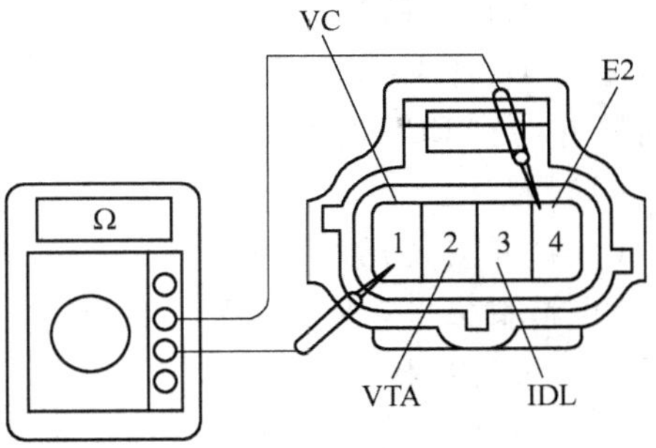

图 3-38　测量副节气门端子

3）当副节气门全关闭时，IDL 与 E2 端子之间是连通的，全开启时应为不连通。

4）通电检查 ASR 副节气门继电器的工作性能。按图 3-39 所示方法，在该继电器的端子 3 和 4 之间加上蓄电池电压时，其端子 1 和 2 之间应为连通状态。

5）不通电检查 ASR 副节气门继电器的工作性能。去掉蓄电池电压，该继电器端子 1 和 2 之间为断开状态，3 和 4 为连通状态。

6）检查 ASR 电脑 VSH 端子对地电压。拆下 TRC 电脑，但插接器不拆开。拆下进气

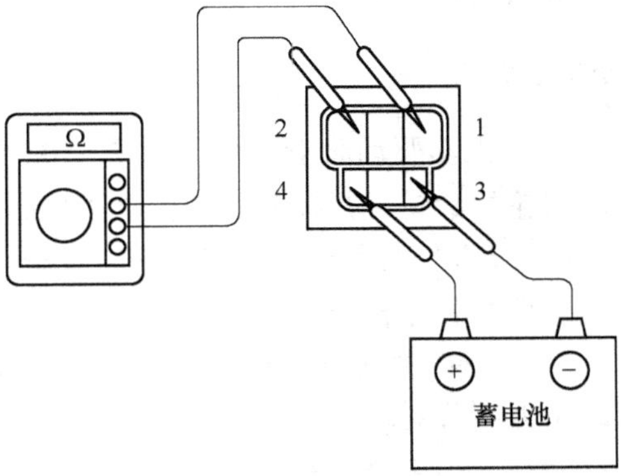

图 3-39　节气门继电器的检查

管道并脱开步进电机插接器。接通点火开关。在辅助节气门全闭、全开及开关过程中测量ASR电脑VSH端子与搭铁之间的电压。

正常情况应为：节气门全闭时VSH与搭铁之间的电压约为0.6V；节气门全开时，VSH与搭铁之间的电压约为3.8V；节气门转动时，VSH与搭铁之间的电压连续增加或逐渐下降（不出现跳变）。

若不正常，检修ASR电脑与发动机控制系统电脑之间的线路和插接器，如果线路和插接器均无不良，则需检查或更换电脑。若正常，则进行下一步检查。

7）检查ASR电脑IDL端子对地电压，接通点火开关。

在节气门全闭和全开时测量ASR电脑IDL2端子与搭铁之间的电压，正常情况应为：节气门全闭时，IDL2与搭铁之间的电压变0V；节气门全开时，IDL2与搭铁之间的电压约为5V。若正常，检查或更换ASR电脑。若不正常，检修ASR电脑与辅助节气门位置传感器之间的线路和插接器。如果线路和插接器均为良好，则也要检查或更换ASR电脑。

8）确定并排除故障。关掉点火开关，用数字万用表蜂鸣器挡检测副节气门位置传感器至发动机ECU间信号线是否存在断路，发动机电子控制单元VSH端子至ASR/ABS电子控制单元VSH端子之间信号线是否存在断路，经查这两处连接正常。将插接头连接好，在打开点火开关时，用万用表直流电压挡测试发动机ECU端VTA2端子和VSH端子电压变化情况，发现VTA2电压变化正常，而VSH端子的电压始终只有0V。打开发动机ECU外壳，发现VSH端子已脱焊，复焊该端子后，重新将发动机ECU连接好。

（6）清除故障码。清除ECU内存储故障码的方法是用故障诊断专用检查线连接诊断插座中的TC和E1两端子，将点火开关置于点火位置，在3s内踩动制动踏板8次以上即可清除存储在ECU中的故障代码。

（7）路试。

1）打开点火开关先进行自检，观察ASR警报指示灯状态，判断有无故障码。

2）模拟工作环境，做实际路试，在起步和急加速时观察有无滑转现象以及警报指示灯是否会重新亮起。

（8）结论。至此，ASR警告灯点亮故障得到彻底排除。可以确定，由于发动机ECU内部故障，引起ABS/ASR电子控制单元接收到的副节门位置传感器信号异常，导致ASR警告灯点亮。

【任务总结】

（1）汽车驱动防滑系统ASR是ABS系统的延伸，它是通过调节驱动轮的驱动力而对驱动车轮的滑转进行控制的一套电子控制装置。

（2）驱动防滑转控制系统ASR对驱动轮的控制方式有发动机功率控制、制动力控制、差速锁控制和综合控制等。

（3）ASR制动压力调节器的结构形式分为单独方式的制动压力调节器和组合方式的制动压力调节器。

（4）ABS系统一般是在车辆制动时发挥作用，ASR系统只是在车辆起步和加速行驶时发挥作用。

【思考与练习】

3.2-1　判断题

（1）有经验的驾驶员，为了避免汽车起步时驱动轮出现滑转，会尽力使发动机保持高速运转并快速松开离合器踏板，以避免作用在驱动车轮上的驱动力过大，防止驱动力超过地面附着力而导致滑转。（　　）

（2）ASR 处于关闭状态时，发动机副节气门会自动处于完全打开位置。（　　）

（3）为了提高汽车通过较差路面的能力，可采用防滑差速器。当汽车某一侧驱动轮发生滑转时，差速器的差速作用即被部分或全部锁止。（　　）

3.2-2　填空题

（1）ASR 一般可以通过（　　　　）、（　　　　）、（　　　　）的途径实现驱动轮制动压力的改变。

（2）当 ASR 处于保压情况下，电磁阀通（　　　　）电流。

3.2-3　简答题

（1）简述 ABS 和 ASR 之间的关系。

（2）简述汽车驱动防滑转控制系统的基本控制原理。

任务 3.3　电子稳定程序控制系统（EPS）

【任务内容】

（1）了解电子稳定程序控制系统的作用和组成系统的组件。

（2）掌握电子稳定程序控制系统的结构、工作原理。

【任务目标】

（1）能诊断电子稳定程序控制系统系统常见的故障。

（2）能够检修电子稳定程序控制系统障。

【相关知识】

3.3.1　理论知识

发生道路交通事故的很大一部分原因是驾驶员的错误操作。高速行驶的车辆在遇到外部意外情况时，如汽车前方突然出现故障物等，将使汽车处于危险境界，这时就无法保证汽车的安全性。施加在汽车上的横向加速度作用力对驾驶员的操作提出了更高的要求。

汽车稳定性取决于汽车能否沿着车道行驶，即汽车转向角的变化是否与车道一致，汽车在转向时能否稳定而不滑移。

转向时汽车的操纵稳定性至关重要。车辆顺利安全转弯，要实现两种运动形式：一是车轮绕自身轴线的旋转运动（行驶运动）；二是车轮绕垂直轴的旋转运动（转向运动）。

图 3-40 所示为汽车的侧向运动（用浮角表示）和绕汽车垂直轴的转动（即横摆速

度）。

3.3.2　ESP 系统的作用

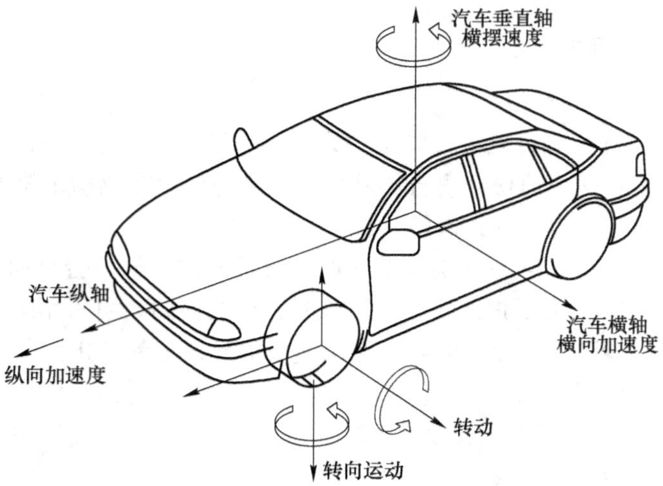

图 3-40　汽车的主要运动形式

电子稳定程序 ESP 集成了 ABS、ASR 等系统的功能，在各种情况下都能提高汽车行驶的稳定性，属于汽车主动安全系统。ABS 系统一般是在车辆制动时发挥作用，ASR 系统只是在车辆起步和加速行驶时发挥作用。而 ESP 系统则在整个行驶过程中处于工作状态，不停地监控车辆的行驶状态和观察驾驶员的操作意图，从而决定什么时候通过发动机控制系统主动地修正汽车的行驶方向，把汽车从危险的边缘拉回到安全的境地。ESP 系统为汽车提供了在紧急情况下的一个十分有效的安全保障，大大降低了汽车在各种道路状况下以及转弯时发生翻转的可能性，提高了汽车行驶稳定性。电子稳定程序系统的作用可归纳为以下三点：

（1）实时监控。ESP 能够实时监控驾驶者的操控动作、路面反应、汽车运动状态，并不断向发动机和制动系统发出控制指令。

（2）主动干预。ESP 可以通过主动调控发动机的转速，调整每个车轮的驱动力和制动力来修正汽车的过度转向和转向不足。

（3）警报。当驾驶者操作不当或路面异常而导致车轮出现滑转时，ESP 会用警告灯警示驾驶者。提示司机不要猛踩加速踏板，控制好转向盘的操作，以确保行车安全。

ESP 可在以下几个方面改善汽车行驶安全性：

（1）扩大了汽车行驶稳定性范围。在汽车的各种行驶状况下，如全制动、部分制动、车轮空转、驱动、滑行和负载变化，仍可保持汽车在车道中行驶。

（2）扩大了汽车在极端情况时的行驶稳定性，如在恐怖和惊恐时要求特别的转向技巧，从而降低了汽车横甩的危险。

（3）在各种路口下，通过 ABS、ASR 系统和发动机倒拖转矩控制（在发动机制动力矩过高时可自动的提高发动机转速）、利用轮胎与路面间的附着潜力，可缩短制动距离、增大牵引力、改善汽车的操控性和行驶稳定性。

3.3.3　基本工作原理

汽车安全性方面最重要的就是避免发生事故，也就是主动安全。汽车规避事故的功能是汽车重要而又基本的性能，它可帮助避免或自动避免事故的发生。电子稳定程序系统 ESP 的作用主要是在汽车将要出现失控时，主动地参与避免事故发生的控制过程，有效地增加汽车稳定性。例如，当汽车行驶中突然一只动物闯入路中，ESP 系统能够帮助驾驶者避免车辆出现不稳定状态，如图 3-41 所示。

图3-41　驾驶中的意外示例

不带ESP系统的汽车在高速行驶急转弯时会出现两种危险状况：一种是不足转向（有冲出弯道的倾向），如图3-42所示；另一种是过度转向（有甩尾的倾向），如图3-43所示。两者相比，过度转向是一种危险不稳定状况，它可导致汽车急速旋转甚至翻车。

无ESP　　有ESP

图3-42　不足转向

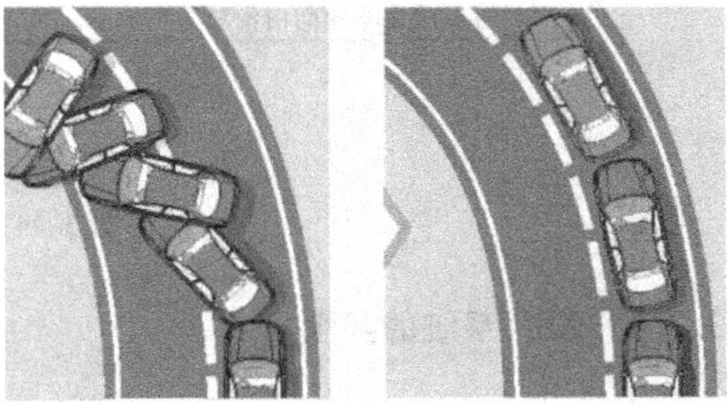

无ESP　　有ESP

图3-43　过渡转向

ESP工作的基本原理如图3-44所示，是利用汽车上的制动系统使汽车能“转向”。车轮制动器的原本任务是使汽车减速或让汽车停下来。在允许的物理极限范围内，ESP系统通过控制车轮制动器的工作，使汽车在各种行驶状况下都能在车道内保持稳定行驶。

ESP通过横摆角速度传感器识别车辆绕垂直于地面轴线方向的旋转角度，及通过识别侧向加速度传感器识别车辆实际运动方向。ECU根据各传感器的信号计算出车辆的实际运动轨迹，如果实际运动轨迹与理论运动轨迹（驾驶员意图）有偏差，或者检测出某个车轮打滑（丧失抓地能力），ECU就会首先通知副节气门控制机构（或电子节气门）减小开度（收油），然后通知制动系统对某个车轮进行制动，来修正运动轨迹。当实际运动轨迹与理论运动轨迹相一致时，ESP自动解除控制。

例如ESP判定为不足转向时，将制动内侧后轮，使车辆进一步沿驾驶员转弯方向偏转，从而稳定车辆；ESP判定为过度转向时，ESP将制动外侧前轮，防止出现甩尾，并减弱过度转向趋势，稳定车辆。

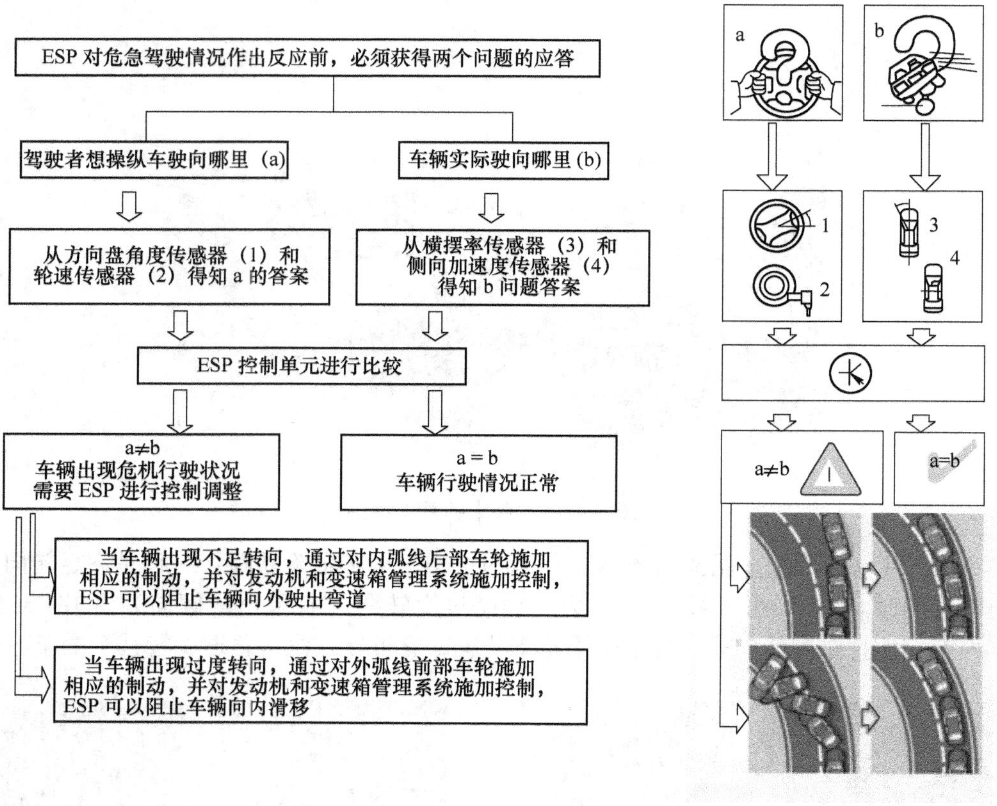

图 3-44　ESP 的工作原理

3.3.4　ESP 系统的类型

目前电子稳定程序 ESP 系统有 3 种类型。

（1）4 通道或 4 轮系统：能自动地转向 4 个车轮独立施加制动力。

（2）2 通道系统：只能对 2 个前轮独立施加制动力。

（3）3 通道系统：能对 2 个前轮独立施加制动力，而对后轮只能一同施加制动力。

3.3.5　ESP 系统的组成与结构

电子稳定程序 ESP 是在 ABS/ASR 系统的基础上发展起来的，故大部分元件与 ABS/ASR 系统共用，也是由传感器、电控单元及执行器三部分组成，如图 3-45 所示。

3.3.5.1　传感器

ESP 主要传感器包括转向盘转角传感器、加速度传感器和横摆角速度传感器。

（1）转向盘转角传感器。转向盘转角传感器安装在转向柱上，位于转向开关与转向盘之间，如图 3-46 所示。各种角度传感器在原则上都可用于检测转向盘角度，这一信号反映了驾驶员的操作意图。在大多数应用的传感器中可以连续记录和存储当前转向盘的转角。不足的是常用的角度传感器只能测量 360°，而轿车转向盘的角度范围 ±720°，总的转

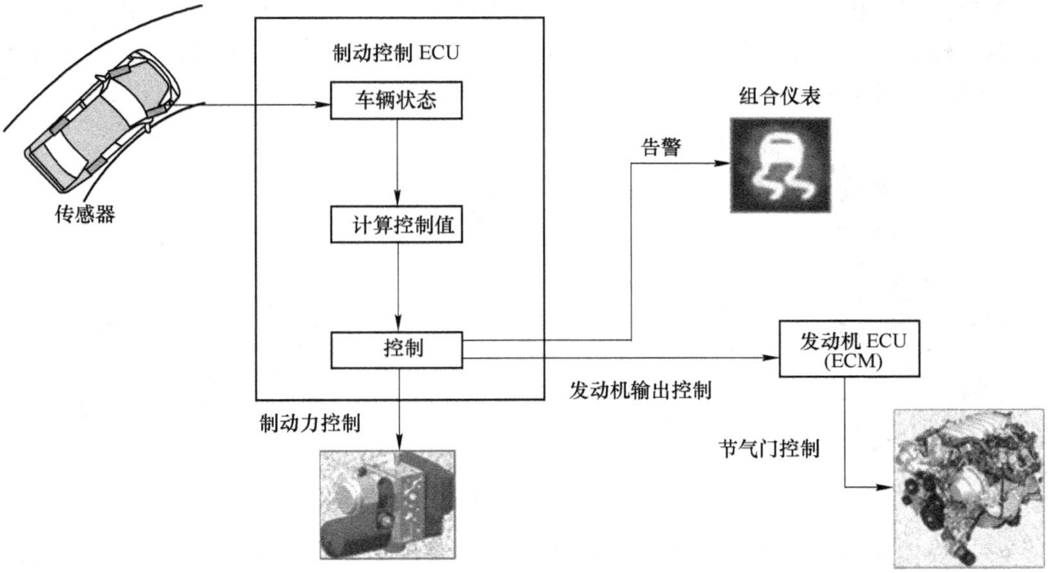

图 3-45　ESP 的组成

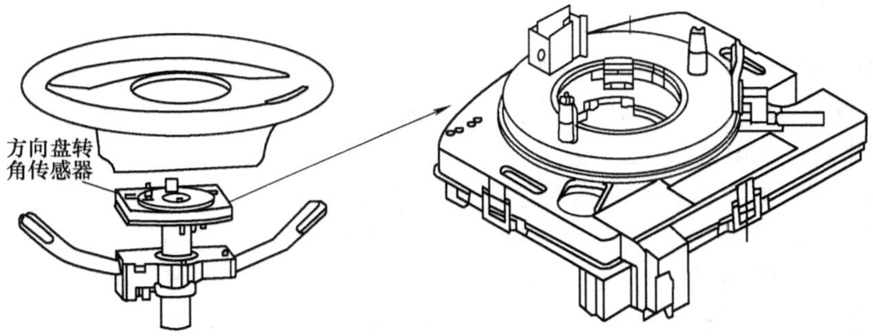

图 3-46　转向盘转角传感器安装位置

动为 4 圈。

（2）加速度传感器。带有防抱死制动系统 ABS、驱动防滑转控制 ASR、四轮驱动或还带有电子稳定性程序 ESP 的汽车，除车轮传感器外都装有加速度传感器，以测量汽车行驶时的纵向和横向加速度。

常见的有霍尔（Hall）加速度传感器。在 Hall 加速度传感器中使用弹性固定的弹簧质量系统，如图 3-47 所示。

Hall 加速度传感器有一个竖放的带状弹簧，一端夹紧，另一端固定着永久磁铁，以作为振动质量。在永久磁铁上面是带有信号处理集成电路的 Hall 传感器，在下面有一块筒阻尼板。

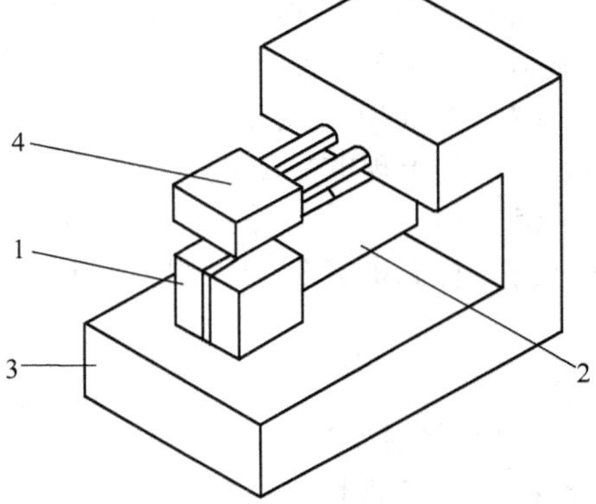

图 3-47　Hall 加速度传感器的结构
1—永久磁铁；2—片簧；3—阻尼盘；
4—霍尔传感器

如果传感器感受到横向加速度 a，则传感器的弹簧-质量系统离开它的静止位置而偏移。偏移程度与加速度大小有关，如图 3-48 所示。运动的磁铁在 Hall 元件中产生 Hall 电压 U_0，经信号处理电路处理后输出信号电压，信号电压随加速度增加而线性增加。

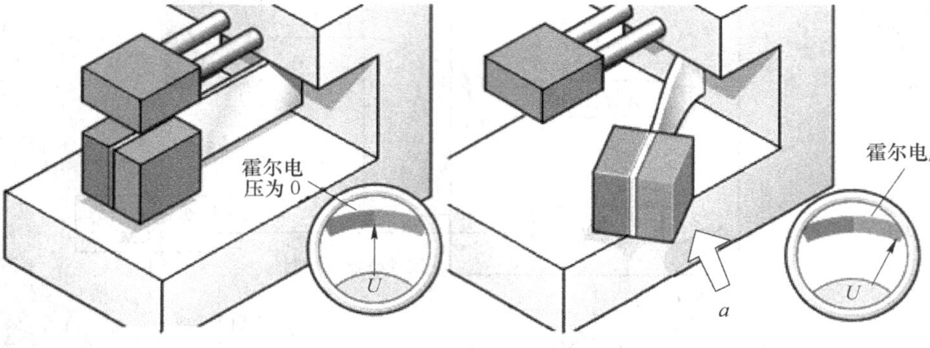

图 3-48　霍尔传感器的工作过程

（3）横摆角速度传感器。横摆角速度传感器或偏转速度传感器，用于检测汽车在弯道行驶或加速时绕其垂直轴的转动，以对其动态行驶状态进行调节。

3.3.5.2　ECU

ESP 系统一般与 ABS/ASR 系统共用 ECU，它是将 ABS/ASR 系统的 ECU 功能进行扩展后再进行 ABS/ASR/ESP 控制。系统包括输入信号放大电路、运算电路、执行器控制电路、稳压电源电路、电磁屏蔽电路等。

（1）输入信号放大电路。对各传感器信号进行滤波、整形后送往运算电路单元。

（2）运算电路。主要进行车轮速度、车轮加减速度、汽车行驶速度、车辆名义（期望）侧偏角、实际侧偏角、名义（期望）横摆角速度、实际横摆角速度、汽车侧向加速度、车轮滑移率等控制参数的计算，以及电磁阀和副节气门的开启控制运算和监控运算。ESP 控制系统一般采用两套相同而独立的运算电路进行相同的运算和数据传输，通过比较，确保系统的可靠性。

（3）执行器控制电路。根据运算电路的信号对电磁阀、副节气门的开关时刻和频率进行控制，以调整车轮的滑移率和汽车的侧偏角。

（4）稳压电源监控、故障存储、继电器驱动电路。对 ESP 控制器内部电压进行调节和监控，对出现的故障进行监控和故障代码的存储。

（5）电磁屏蔽电路。采用电磁屏蔽措施防止发动机的点火高压线在跳火时所产生的强电磁场，对 ESP 系统的控制单元和传感器信号产生影响。

3.3.5.3　执行器

执行器包括 ESP 液压控制单元、电子节气门、ESP 警告灯等。这里主要介绍液压控制单元和 ESP 警告灯。

（1）液压控制单元。如图 3-49 所示，它由 12 个电磁阀、一个液压泵、一个回油泵等组成。其中 8 个电磁阀用于 ABS 控制，4 个电磁阀用于 ESP 控制。ECU 通过控制液压控制单元的电磁阀，达到控制 ABS/ASR/ESP 的目的。

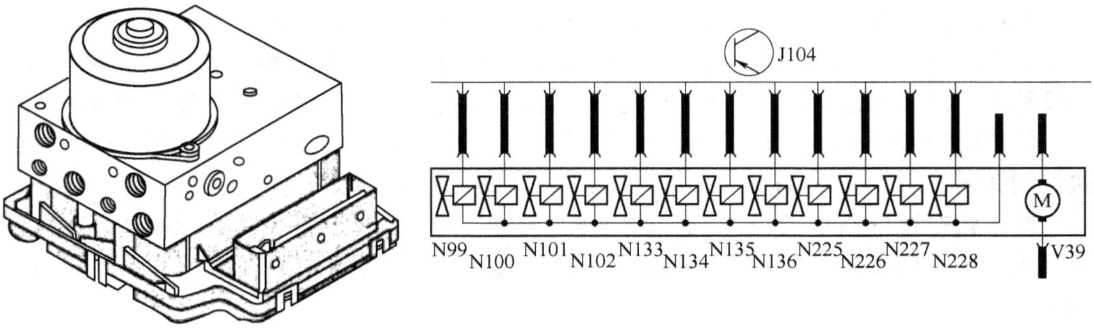

(a)　　(b)

图 3-49　液压控制单元及电路

（a）液压控制单元；（b）液压控制单元内部电路

该系统有两条对角控制回路，每条回路上多了两个控制电磁阀（分配阀和高压阀），如果系统某一个阀工作不正常，ESP 系统将关闭。

图 3-50（a）所示为一个车辆的液压控制回路。当 ESP 起作用时，ESP 控制过程如下。

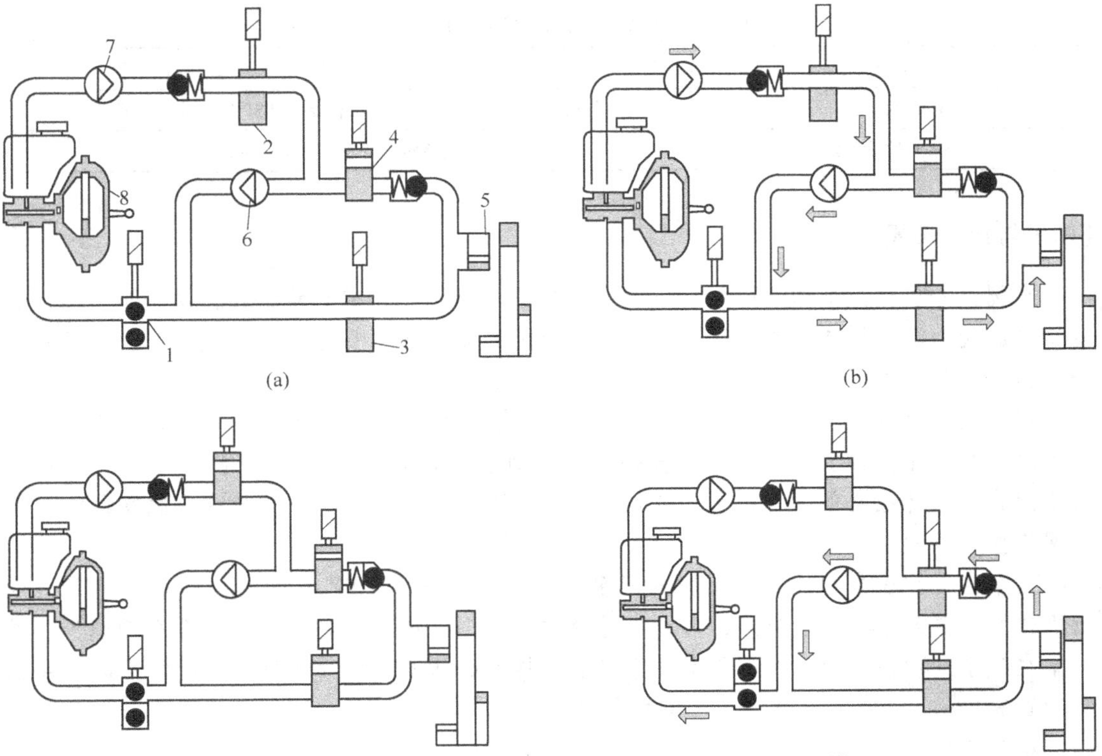

(a)　(b)　(c)　(d)

图 3-50　液压控制单元工作原理

（a）液压控制回路；（b）增压阶段；（c）保压阶段；（d）减压阶段

1—分配阀 N225；2—高压阀 N227；3—进油阀；4—回油阀；5—车轮制动轮缸；

6—回油泵；7—行驶动力调节液压泵；8—制动助力器

增压阶段如图3-50（b）所示，电磁阀状态：分配阀N225关闭；高压阀N227打开；ABS的进油阀打开；回油阀关闭。行驶动力调节液压泵开始将储液罐中的制动液输送到制动管路中，回油泵也开始工作，使车轮制动轮缸中的制动压力加大，系统处于增压状态。

保压阶段如图3-50（c）所示，电磁阀状态：分配阀N225关闭；高压阀N227关闭；进油阀关闭；回油阀关闭；回油泵停止工作。系统处于保压状态。

减压状态如图3-50（d）所示，电磁阀状态：分配阀N225打开；高压阀N227关闭；进油阀关闭；回油阀打开。制动液通过串联式制动主缸流回储液罐中，系统处于减压状态。

（2）ESP警告灯。ESP系统共有3种警告灯，分别为制动装置警告灯K118、ABS故障警告灯K47、ASR/ESP警告灯K155。当系统处于不同的状态时，3种警告灯就会有不同的显示，所以在实际应用过程中，可以根据3种警告灯的显示情况来判断整个ESP系统的工作是否正常。

【任务实施】

根据以上所学的理论知识，能够对ESP系统进行检修，并完成下面的任务工作单，见表3-4。

表3-4　液压控制系统的检修任务工作单

任务名称	要　求
ESP的结构	能够查看ESP的电路图，以便掌握ESP结构和工作原理
ESP的故障诊断	能够对ESP进行故障诊断

【知识与技能拓展】

案例：一位大众奥迪A4轿车客户开车到汽车4S店，跟前台维修接待反映车辆出现异常情况，大约从一周前，在行驶过程中仪表板上的ESP警告灯会时不时地点亮，昨天跑了一次山路，从那以后就一直亮起，即使重新启动后也不会熄灭。

试车验证故障现象，发现确实存在上述现象。用故障诊断仪进行故障查询，发现多个系统的控制单元内都有较多的故障代码储存，而且多是偶发性故障。询问该车车主得知，该车因此故障曾在其他的一汽大众4S店维修，曾断开过蓄电池负极电缆，试着调换过车载网络控制单元。

汽车在行驶途中，仪表板上的ESP警告灯亮起，表示ESP系统的传感器、ECU或执行机构的电器部分出现了故障，若故障是偶发性的，当故障消失后警告灯会自动熄灭。该款车在跑了一次山路后，车的震动使原来偶发性故障转变成持续性故障，致使ESP警告灯持续点亮。

准备工作：

（1）详细询问客户该车故障现象，产生故障的环境，最近维修、保养情况。

（2）查阅奥迪A4轿车电路图、使用手册和维修手册等原车资料，了解ESP系统构成，组成部件位置分布。

（3）准备电脑故障诊断仪、万用表等维修诊断工具。

（4）对车辆进行初步检查，根据维修手册，查找 ESP 系统电子控制单元、传感器、液压调节器等组成部件。观察液压管路有无滴漏现象，线路有无破损、断裂、搭铁现象。

（5）检查仪器是否正常。

（6）准备作业单。

操作步骤：

根据以上情况分析，该车的众多偶发性故障代码是由断开过蓄电池负极电缆和车载网络控制单元导线连接器引起的，但这并不会直接导致 ESP 故障报警灯常亮。

（1）将点火开关置于 ON 位，用故障诊断仪清除故障代码后，ESP 故障报警灯熄灭，接着断开点火开关，退出故障诊断仪诊断程序。

（2）对该车再次进行路试，行驶了一段路程后 ESP 故障报警灯点亮。再次用故障诊断仪进行检测，发现 ABS 控制单元内有一个永久性的故障代码无法清除，故障代码是 00493，含义是 ESP 传感器单元（G419）无信号/通信。G419 传感器单元内部集成安装了 G200（横向加速度传感器）和 G202（偏转率传感器），根据故障代码的提示进行分析，首先怀疑故障代码是由于传感器单元的导线侧连接器没有接触好而发生的。

（3）拆下前乘员座椅（G419 传感器单元装在该座椅下），仔细检查 G419 传感器单元导线侧连接器，连接状况良好，没有发现任何疑点，重新安装好该导线侧连接器。

（4）在不安装前乘员座椅的情况下进行试验。接通点火开关，仪表盘上的 ESP 故障报警灯经过几秒钟的自检后就熄灭了，用故障诊断仪检测，发现故障代码 00493 变为偶发性故障了，将其清除后，反复试车，ESP 故障报警灯没有亮起，一切正常。但当安装好前乘员座椅和其他部件准备交车前最后试车时，在行驶中 ESP 故障报警灯又点亮了。

（5）再次用故障诊断仪检测，发现故障代码 00493 又变为永久性故障了。于是将疑点转移到前乘员座椅与 G419 传感器单元的关系上。前乘员座椅的调节为机械式的，再次拆下该座椅做进一步检查。发现 G419 传感器单元的线束是从该座椅下面的地胶走过的，而且该车的地胶是用户买车后加装的，扒开地胶仔细检查 G419 连接线束，发现该线束在拐弯处有被挤压的现象，而且原车的线束固定卡子已被人为破坏，刨开线束的外皮发现有一根绿/黄色导线的绝缘皮已被磨破。

（6）将其包扎固定后，重新安装好地胶和前乘员座椅，并用故障诊断仪清除故障代码，经过长时间试车，上述现象一直没有再出现。

总结：

根据以上的检查过程和诊断结果，认为该车 ESP 故障报警灯常亮的原因是在更换地胶时，工作人员破坏了 G419 传感器单元连接线束的固定卡子，以致该线束的走向发生改变，被前乘员座椅挤坏了绝缘层而出现对地短路。

【任务总结】

（1）ESP 系统在整个行驶过程中始终处于工作状态，不停地监控车辆的行驶状态和观察驾驶员的操作意图，从而决定什么时候通过发动机控制系统主动地修正汽车的行驶方向，把汽车从危险的边缘拉回到安全境地。

（2）ESP 由传感器（转向角传感器、偏转率传感器、横向加速度传感器等）、ECU、执行器（液压控制单元、电子节气门、ESP 警告灯）组成。

【思考与练习】

3.3-1　判断题

（1）ESP可以通过主动调控发动机的转速，并调整每个轮子的驱动力和制动力，来修正汽车的过度转向和转向不足。（　　）

（2）电子控制单元通过车轮速度传感器和横向偏摆角速度传感器来计算车辆的实际行驶方向。（　　）

3.3-2　填空题

（1）转向盘转角传感器位于（　　　　）下面，一般与（　　　　）一起，用来探测（　　　　）。

（2）当车辆转向时，如果发生（　　　　）或（　　　　），或是车辆实际运行轨迹偏离驾驶员操作轨迹时，ESP就会发挥作用，纠正车辆（　　　　）。

（3）横向加速度传感器向ECU传送（　　　　）信息。偏转角速度传感器传送车辆的（　　　　），ECU根据该信息算出车辆实际状态。若计算出的所需值和实际值有偏差，控制系统进行调节。确定哪只车轮应制动或加速，发动机转矩是否该减小，在自动变速器车辆上是否需要使用变速器ECU，然后根据传感器输出的数据，系统检查调节作用是否有效。

（4）ESP系统具有（　　　　）、（　　　　）、（　　　　）三大特点。

3.3-3　简答题

（1）简述ESP系统的组成和工作原理。

（2）ESP与ASR有何不同之处？

项目4　电子控制悬架系统及动力转向系统

【项目导入】

传统悬架的弹簧硬度和减振器阻力在使用中不能根据使用工况和路面输入的变化来进行调整，难以满足对汽车平顺性、舒适性和操纵稳定性的更高要求。因此越来越多的汽车已经采用主动悬架，即电控悬架。

任务4.1　电子控制悬架系统

【任务内容】

（1）了解电控悬架系统的分类、功能和基本组成。
（2）熟悉电控悬架的控制方式。

【任务目标】

（1）电控悬架系统的基本检查与调整。
（2）悬架电控系统检修。
（3）悬架控制系统常见故障分析。

【相关知识】

悬架是车身与车轮之间的一切传力连接装置的总称。一般都是由弹性元件、减振器和导向机构三部分组成。汽车悬架除了能缓和冲击与吸收来自车轮振动能量之外，还要在行驶过程中传递车轮与路面的驱动力和制动力。在汽车转向时，悬架还要承受来自车身的侧倾力，并在汽车起步与制动时抑制车身的俯仰和“点头”。但是，对于缓冲和减震的行驶平顺性要求与抑制侧倾、俯仰和“点头”等的行驶稳定性、安全性要求，在悬架设计中往往是相互矛盾的。传统的被动式悬架只能保证在一种特定的道路状况和速度下达到性能最优折中。随着高速公路的迅速发展，以及人们对汽车平顺性和安全性要求的提高，传统的被动式悬架系统已经不能满足要求，人们希望悬架的刚度、减振器的阻尼系数、车身高度能随汽车载荷、行驶速度、路面状况等行驶条件自动调整，使悬架性能总是处于最佳状态。为此，各种悬架控制技术和方案得到了长足的发展，各种形式的电子控制悬架系统相继在一些高级轿车上采用。

4.1.1　汽车悬架系统的分类

目前，汽车悬架系统通常分为传统被动式、半主动式、主动式三类。其中半主动式又分为有级半主动式（阻尼有级可调）和无极半主动式（阻尼连续可调）两种；主动式根据驱动机构和介质的不同，可分为由电磁阀驱动的油气主动式和由步进电机驱动的空气主动式。但半主动式和主动式悬架系统均可根据控制装置不同，分为机械控制式和电子控制式两种。

（1）传统被动式悬架。一般的汽车绝大多数安装有由弹簧和减振器组成的机械式悬架。由于这种常规悬架系统内无能源供给装置，悬架的弹性和阻尼参数不会随外部状态而变化，因而称其为被动式悬架。这种悬架虽然往往采用参数优化的设计方法，以求尽量兼顾各种性能要求，但在实际上由于最终设计的悬架参数是不可调节的，所以在使用中很难满足高的行驶要求。

（2）半主动式悬架。半主动式悬架可视为由可变特性的弹簧和减振器组成的悬架系统，它没有动力源为悬架系统提供连续的能量输入，优点是工作时几乎不消耗动力。

无极半主动式悬架可以根据路面激励和车身的响应对悬架阻尼参数进行自适应控制，并在数毫秒内由最小变到最大，使车身上的振动响应始终被控制在某个范围内。由于阻尼变化响应快，很像一个主动系统，因此被称为半主动式系统。但这种半主动式悬架在转向、启动、制动等工况下还不能对参数实施有效的控制。

（3）主动式悬架。主动式悬架是一种具有做功能力的悬架，通常包括产生力和转矩的主动作用器、测量元件和反馈控制器等。因此，主动悬架需要一个动力源为悬架系统提供连续的动力输入。当汽车满载荷、行驶速度、路面状况等行驶条件发生变化时，主动式悬架系统能自动调整悬架刚度（包括整体调整和各轮单独调整），从而同时满足汽车的行驶平顺性、操纵稳定性等各方面的要求，主动式悬架系统可根据汽车载荷、路面状况、行驶速度、启动、制动、转向等行驶条件的变化，自动调整悬架的刚度、阻尼以及车身高度等控制参数，同时满足汽车行驶平顺性和操纵稳定性的要求。把用于提高平顺性的控制称为路面感应控制，而将用于增加稳定性的控制称为车身自身控制。此外，车身高度控制也是主动式悬架的重要控制功能。主动式悬架的主要的缺点是能力消耗较大、成本较高、液压装置噪声较大。

4.1.2　电子控制悬架系统的功能

电子控制悬架系统的基本目的是通过控制调节悬架的刚度和阻尼力，突破传统被动悬架的局限性，使汽车的悬架特性与道路状况和行驶状态相适应，从而保证汽车行驶的平顺性和操纵稳定性要求都能得到满足，其基本功能有：

（1）车高调整。无论车辆的负载多少，都可以保持汽车高度一定，车身保持水平，从而使前照灯光束方向保持不变；当汽车在坏路面上行驶时，可以使车高升高，防止车桥与路面相碰；当汽车高速行驶时，又可以使车高降低，以便减少空气阻力，提高操纵稳定性。

（2）减振器阻尼力控制。通过对减振器阻尼系数的调整，防止汽车急速或急加速时车尾下蹲；防止紧急制动时的车头下沉；防止汽车急转弯时车身横向摇动；防止汽车换挡时车身纵向摇动等，提高行驶平顺性和操纵稳定性。

（3）弹簧刚度控制。与减振器一样在各种工况下，通过对弹簧弹性系数的调整，来改善汽车的乘坐舒适性与操纵稳定性。

有些车型只具有一个或两个功能，而有些车型同时具有以上三个功能。

4.1.3　系统组成和基本工作原理

虽然现代汽车电子控制悬架系统的控制功能和控制原理不尽相同，其结构形式也多种多样，但是它们的基本组成是相同的，电子控制悬架系统主要由感知汽车运行状况的各种传感器、开关、电控单元以及执行机构等组成。传感器主要有车速传感器、加速度传感器、车身高度传感器、转向盘转角传感器、节气门位置传感器等。开关主要有模式选择开关、制动灯开关、停车开关和车门开关等。执行机构主要有可调阻尼力的减振器、可调弹簧高度和弹性大小的弹性元件等。

电子控制悬架的一般工作原理是：传感器和开关采集汽车行驶路面的状况和车身的状态参数信号（车身高度、车速、转向角度及速率、制动等），电控单元对采集的信号进行处理，并通过驱动电路控制悬架系统的执行机构，使悬架系统的刚度、减振器的阻尼力及车身高度等参数得以改变，从而使汽车具有良好的乘坐舒适性和操纵稳定性，如图 4-1 所示。

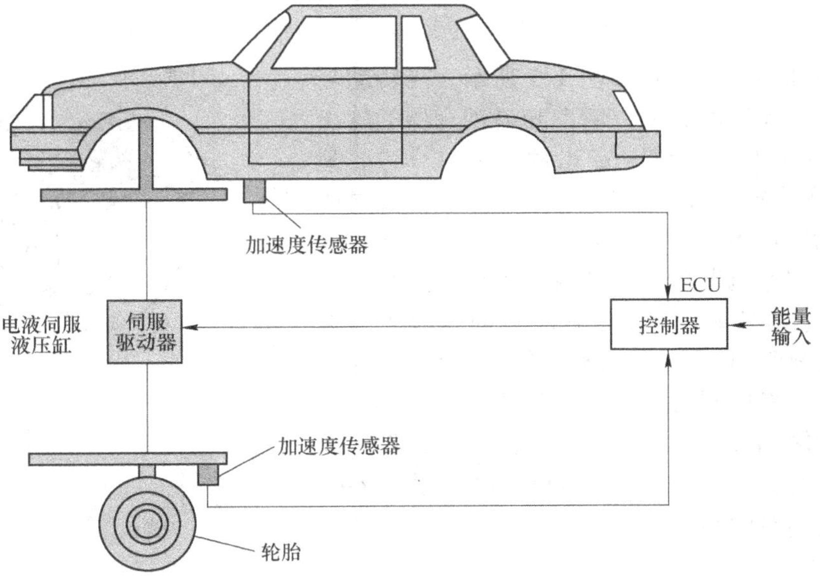

图 4-1　电控悬架的工作原理图

4.1.4　电控悬架系统的结构和工作原理

4.1.4.1　传感器的结构与工作原理

A　转向盘转角传感器

转向盘转角传感器安装在转向信号开关总成内，主要用于检测转向盘的中间位置、转动方向、转动角度和转动速度等。在电子控制悬架中，电控单元根据转向盘转角传感器信号和车速传感器信号，判断汽车转向时侧向力的大小和方向，以控制车身的侧倾。

现代轿车采用的转向盘转角传感器多为光电式传感器。图 4-2 所示为一轿车电控悬架中所采用的光电式转角传感器的安装位置和结构图。在转向盘的转向轴上装用带均匀分布窄缝的信号盘，传感器的信号发生器（光电耦合元件）由发光二极管和光敏晶体管组成。光电耦合器有两种，从上面套装在信号盘上。

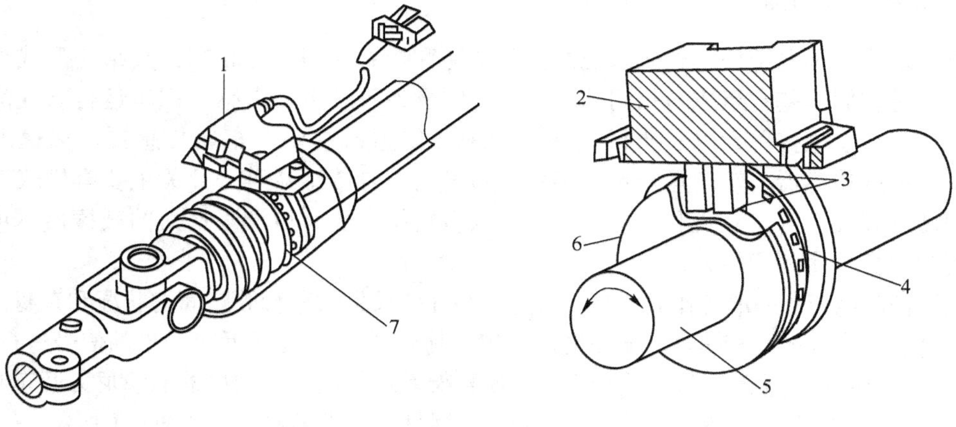

图 4-2　光电式转向盘转角传感器的结构

1，2—转角传感器；3—光电元件；4—遮光盘；5—转向轴；6，7—传感器圆盘

工作原理和电路原理如图 4-3 所示。当转动转向盘时，信号盘同时转动，两个光电耦合器的输出端产生与转向轴转角成一定比例的通（ON）、断（OFF）交变信号，悬架系统控制装置根据此信号的变化来判断转向盘的转角和转速。同时，根据脉冲信号的相位差来判断转向盘的偏转方向。这是因为两个耦合元件在安装位置上使它们的 ON、OFF 变换的相位错开 90°，可以通过判断哪个耦合元件信号首先转变状态，来检测转向轴的偏转方向。例如，向左转时，左侧耦合元件总是先于右侧耦合元件达到 ON 状态；而向右转时，右侧耦合元件总是先于左侧耦合元件达到 ON 状态。

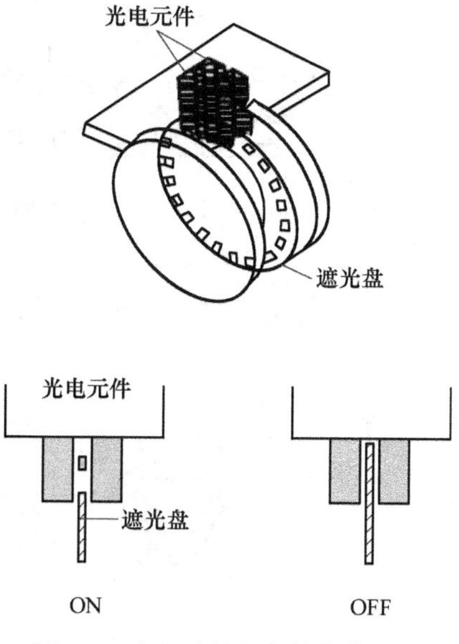

图 4-3　光电式转向盘转角传感器的工作原理

B　车身高度传感器

车身高度传感器的作用是把车身高度即汽车悬架装置的位移量转化成电信号，输送给控制单元。常用的车身高度传感器主要有光电式高度传感器、霍尔高度传感器、片簧开关式高度传感器等，下面以光电式高度传感器为例讲解其结构和工作原理。

传感器固定在车架上，传感器轴的外端装有导杆，导杆的另一端通过连杆与独立悬架的下摆臂连接，如图 4-4 所示，在传感器内部，有一个靠连杆带动旋转的轴，在轴上装有一个开有很多槽的遮光盘，遮光盘的两侧装有 4 组光电耦合元件。

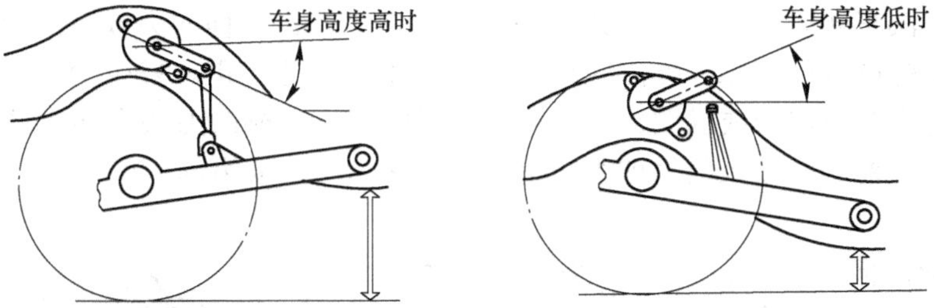

图 4-4　高度传感器的安装

光电式车身高度传感器的工作原理如图 4-5 所示。当车身高度发生变化时，连杆将随悬架摆臂的上下移动而摆动，通过传感器轴带动遮光盘转动，使光电耦合元件上的光敏晶体管光线产生通（ON）、断（OFF）的转换。光敏晶体管把接收到的光线 ON/OFF 信号转换成电信号，并通过控制电路传送给悬架的电控单元 ECU。ECU 根据这四组光电耦合元件导通与截止的组合，来判断遮光盘转过的角度，从而计算出悬架高度的变化情况。

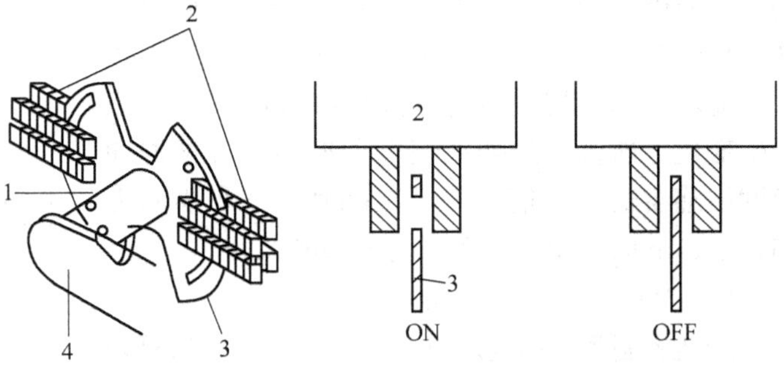

图 4-5　光电式高度传感器的工作原理图
1—传感器轴；2—遮光盘；3—圆盘；4—导杆

C　加速度传感器

当车轮打滑时，不能以转向角和汽车车速正确判断车身侧向力的大小。为了直接测出车身横向加速度和纵向加速度，可以利用加速度传感器。横向加速度传感器主要用于检测汽车转向时，汽车因离心力的作用而产生的横向加速度，并将产生的电信号输送给电控单元 ECU，使电控单元能判断悬架系统阻尼力改变的大小及空气弹簧中空气压力的调节情况，以维持车身的最佳姿势。

加速度传感器常用的有差动变压器式和钢球位移式两种。

（1）差动变压器式加速度传感器如图 4-6 所示。在励磁线圈（一次绕组）通以交流电

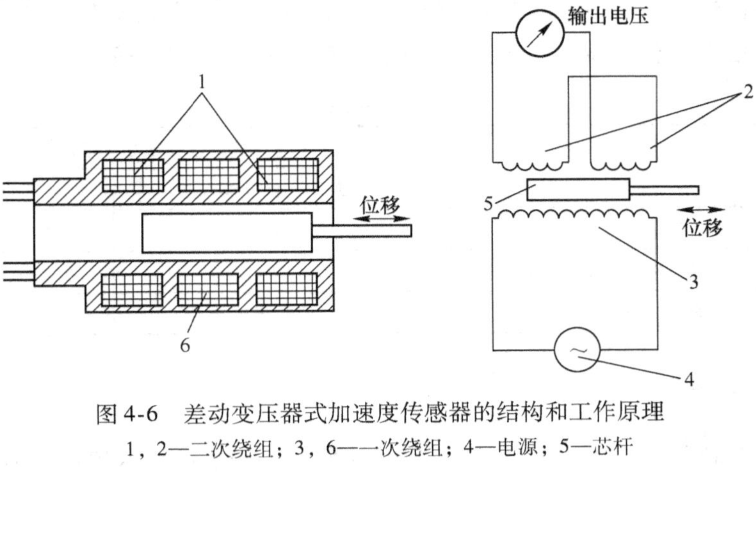

图 4-6　差动变压器式加速度传感器的结构和工作原理
1，2—二次绕组；3，6—一次绕组；4—电源；5—芯杆

的情况下，当汽车转弯（或加、减速）行驶时，芯杆在汽车横向力或纵向力的作用下产生位移，随着芯杆位置的变化，检测线圈（二次绕组）的输出电压发生变化。所以检测线圈的输出电压与汽车横向力或纵向力一一对应，反映了汽车横向力或纵向力的大小。悬架系统电子控制装置根据此输入信号即可正确判断汽车横向力或纵向力的大小，对车身姿势进行控制。

（2）钢球位移式加速度传感器如图4-7所示。根据所检测的力（横向力、纵向力或垂直力）不同，加速度传感器的安装方向也不一样。如汽车转弯行驶时，钢球在汽车横向力的作用下产生位移，随着钢球位置的变化，造成线圈的输出电压发生变化。所以，悬架系统电子控制装置根据加速度传感器输入的信号即可正确判断汽车横向力的大小，从而实现对汽车车身姿势的控制。

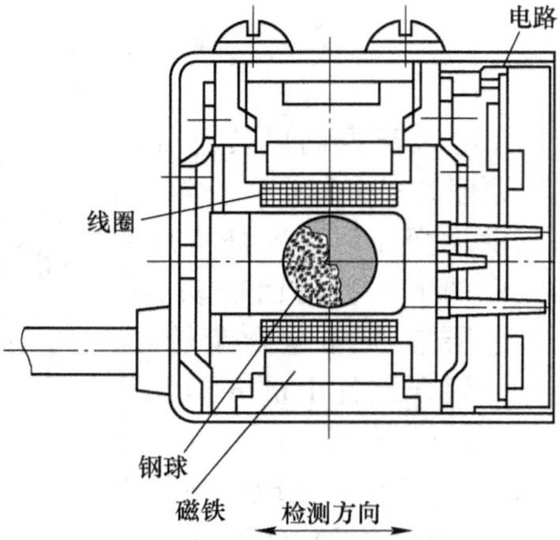

图4-7　钢球位移式加速度传感器

D　节气门位置传感器

悬架控制系统中利用节气门位置传感器信号来判断汽车是否进行急加速。节气门位置传感器先将信号输入发动机电子控制装置，然后，发动机电子控制装置再将此信号输入悬架电子控制装置。

E　车速传感器

车身是汽车悬架系统常用的控制信号，汽车车身的侧倾程度取决于车速和汽车转弯半径的大小。通过对车速的检测，来调节电控悬架的阻尼力，从而改善汽车行驶的安全性。

F　模式选择开关

模式选择开关位于变速器操纵手柄旁。驾驶员根据汽车的行驶状况和路面情况选择悬架的运行模式，从而决定减振器的阻尼力大小。

驾驶员通过操纵模式选择开关，可使悬架系统工作在四种运行模式：自动、标准（Auto、Normal）；自动、运动（Auto、Sport）；手动、标准（Manu、Normal）；手动、运动（Manu、Sport）。当选择自动挡时，悬架系统可以根据汽车行驶状态自动调节减振器的阻尼力，以保证汽车的乘坐舒适性和操纵稳定性。其控制功能见表4-1。当选择手动挡时，悬架系统的阻尼力只有标准（中等）和运动（硬）两种状态的转换。

表4-1　系统控制功能

汽车行驶状态	减振器阻尼力（悬架状态）	
	自动、标准模式	自动、运动模式
一般情况下	软	中等
汽车急加速、急转弯或紧急制动时	硬	硬
高速行驶时	中等	中等

4.1.4.2　悬架电子控制单元

悬架电子控制单元ECU是一台小型专用计算机，一般由输入电路、微处理器、输出电路和电源电路等组成。它是悬架控制系统的中枢，具有多种功能。

（1）提供稳压电源。控制装置内部所用电源和供各种传感器的电源均由稳压电源提供。

（2）传感器信号放大。用接口电路将输入信号（如各种传感器信号、开关信号）中的干扰信号除去，然后放大、变换极值、比较极值，变换为适合输入控制装置的信号。

（3）输入信号的计算。电子控制单元根据预先写入只读存储器 ROM 中的程序对各输入信号进行计算，并将计算结果与内存的数据进行比较后，向执行机构（电动机、电磁阀、继电器等）发出控制信号。输入 ECU 的信号除了开/关信号外还有电压信号时，还应进行 A/D 转换。

（4）驱动执行机构。悬架 ECU 用输出驱动电路将输出驱动信号放大，然后输送到各执行机构，如电动机、电磁阀、继电器等，以实现对汽车悬架参数的控制。

（5）故障诊断。悬架 ECU 用故障检测电路来检测传感器、执行器、线路等故障，当发生故障时，将信号送入悬架 ECU，目的在于即使发生故障，也应使悬架系统安全工作，而且在修理故障时容易确定故障所在位置。

4.1.4.3　执行机构的结构和工作原理

A　阻尼力控制执行机构

a　可调阻尼力减振器

可调阻尼力的减振器主要由缸筒、活塞及活塞控制杆、回转阀等构成，如图 4-8 所示。活塞杆是一空心杆，在其中心装有控制杆，控制杆的上端与执行器相连。控制杆的下端装有回转阀，回转阀上有三个油孔，活塞杆上有两个通孔。缸筒中的油液一部分经活塞上的阻尼孔在缸筒的上下腔流动；一部分经回转阀与活塞杆上连通的孔在缸筒的上下两腔间流动。

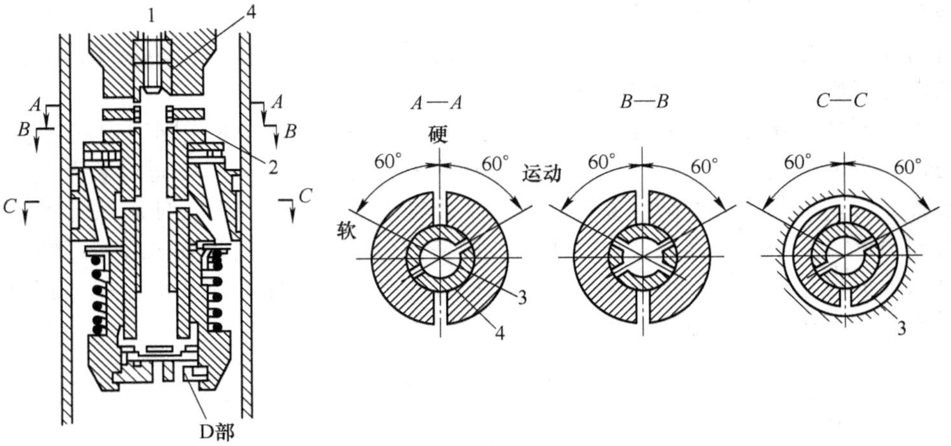

图 4-8　可调式减振器的结构

1—回转阀控制杆；2—阻尼孔；3—活塞杆；4—回转阀

当电子控制单元 ECU 促使执行器工作时，通过控制杆带动回转阀相对活塞杆转动，回转阀与活塞杆上的油孔连通或切断，从而增加或减少油液的流通面积，使油液的流动阻力改变，达到调节减振器阻尼力的目的。

如图 4-8 所示，$A—A$、$B—B$、$C—C$ 三个截面的阻尼孔全部被回转阀封住，此时只有减振器下面的主阻尼孔仍在工作，所以这时阻尼为最大，减振器被调节到“硬”状态。当回转阀从“硬”状态位置顺时针转动 60°时，*B—B* 截面的阻尼孔打开，*A—A*、*C—C* 两截面的阻尼孔仍关闭，因为多了一个阻尼孔参加工作，所以减振器处于“运动”状态。当回转阀从“硬”状态位置逆时针转动 60°时，*A—A*、*B—B*、*C—C* 三个截面的阻尼孔全部打开，这时减振器的阻尼力最小，减振器处于“软”状态。

b　直流电动机式执行器

直流电动机是执行器的机构和原理如图 4-9 所示。

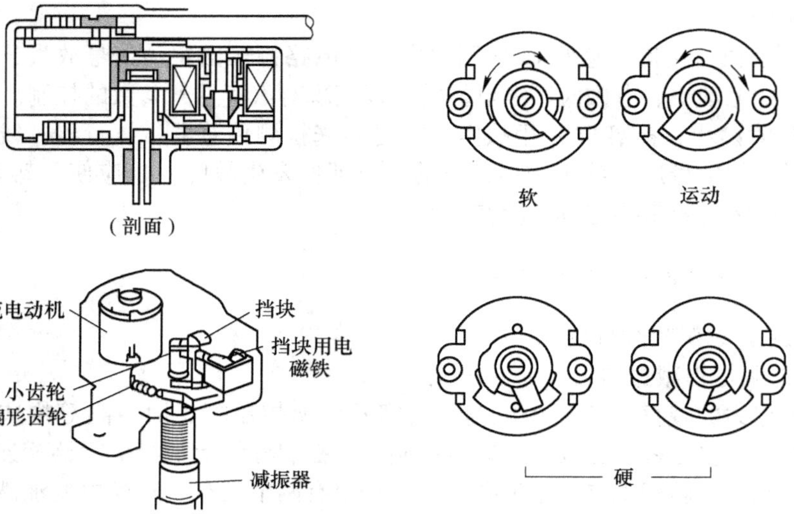

图 4-9　执行器的结构和工作原理

该执行器主要由直流电动机、小齿轮、扇形齿轮、电磁线圈、挡块、控制杆组成。每个执行器安装于悬架系统中减振器的顶部，并通过其上的控制杆与回转阀相连接，直流电动机和电磁线圈直接受电子控制单元的控制。

该执行器的工作原理是：电子控制单元输出控制信号使电磁线圈通电控制挡块的动作，另外，直流电动机根据输入电流方向作相应方向的旋转，从而驱动扇形齿轮作对应方向的偏转，带动控制杆改变减振器回转阀与活塞杆油孔的连通情况，使减振器的阻尼力按照需要的阻尼力大小和方向改变。当阻尼力调整合适后，电动机和电磁线圈都断电，挡块重新进入扇形齿轮的凹槽，使被调整好的阻尼力大小能稳定地保持。执行器的直流电动机和电磁线圈在工作时的通电情况见表 4-2。

表 4-2　执行器的通电方式

减振器的阻尼状态		电动机		电磁线圈
调整前	调整后	正极	负极	
	软	−	+	断开
	中等	+	−	断开
软	硬	+	−	接通
中等	硬	−	+	接通

当电子控制单元发出软阻尼力信号时，电动机转动使扇形齿轮作逆时针方向转动，直

到扇形齿轮上凹槽的一边靠在挡块上为止；如发出中等硬度信号时，电动机反向通电，使扇形齿轮顺时针方向偏转，直到扇形齿轮上凹槽的另一边靠在挡块上为止；当电子控制单元 ECU 发出硬阻尼力信号时，ECU 同时向电动机和电磁线圈发出控制信号，电动机带动扇形齿轮离开软阻尼力位置或中等阻尼力位置，同时电磁线圈将挡块拉紧，使挡块进入扇形齿轮中间的一个凹槽内。

B 侧倾刚度控制的执行机构

汽车的侧倾刚度与汽车的转向特性密切相关。为改变汽车的侧倾刚度，可以通过改变横向稳定杆的扭转刚度来实现。侧倾刚度控制系统根据电子控制单元 ECU 的信号，通过一执行器来控制横向稳定杆液压缸内的油压，达到调节横向稳定杆扭转刚度的目的。

a 横向稳定杆执行器

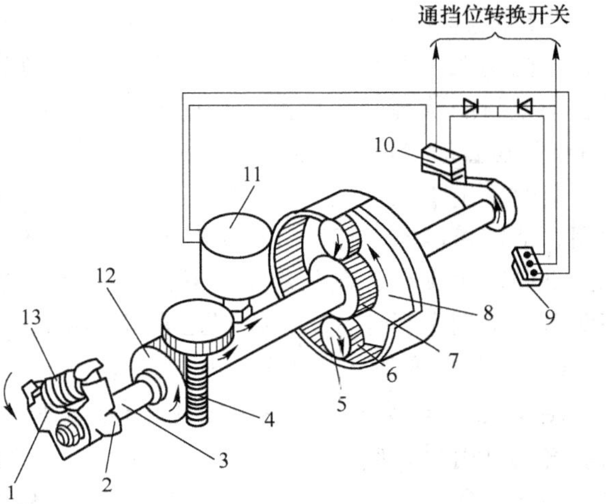

图 4-10 横向稳定杆执行器工作原理

1—驱动杆；2—从动杆；3—变速传动杆；4—蜗杆；5—行星轮；6—齿圈；7—太阳轮；8—行星架；9—限位开关（SW2）；10—限位开关（SW1）；11—直流电动机；12—涡轮；13—弹簧

横向稳定杆执行器由直流电动机、涡轮、蜗杆、行星齿轮机构和限位开关等组成，如图 4-10 所示。行星齿轮机构由与涡轮一体的太阳轮、两个行星齿轮和齿圈组成。两个行星齿轮装在与变速传动轴为一体的行星架上，齿圈为固定元件，太阳轮为主动元件，行星架及变速传动轴为从动元件。变速传动轴的外端装有驱动杆，因此，直流电动机可通过执行器内部的蜗杆涡轮和行星齿轮机构使驱动杆转动。

b 液压缸

液压缸安装在横向稳定器与悬架下控制臂之间，通过改变液压缸内的油压来改变横向稳定杆的扭转刚度。

液压缸主要由缸体、活塞、单向阀、推杆、储油室组成。推杆与液压缸通过缆绳连接，受缆绳控制，单向阀与推杆用来打开或关闭液压缸的上下腔与储油室之间的油路，如图 4-11 所示。

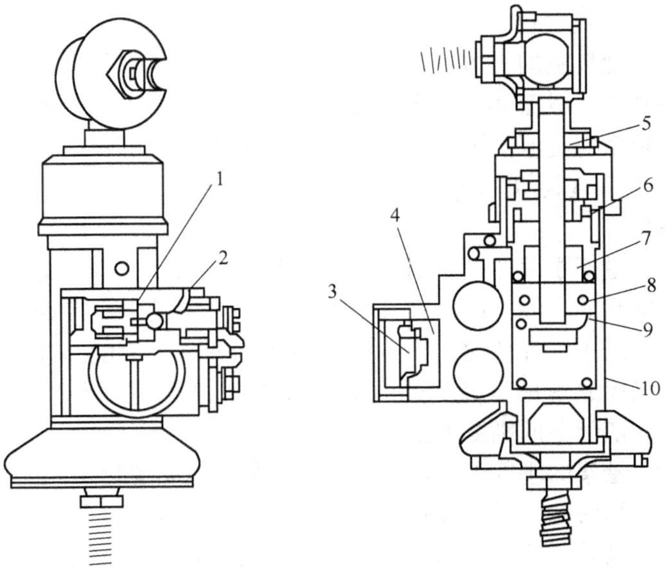

图 4-11 液压缸的结构

1—单向阀；2—推杆；3—膜片；4—储油室；5，7—挡块；6，9—卡簧；8—活塞；10—缸体当模式选择开关转到“Touring”位置时，因缆绳呈放松状态，推杆受弹簧力作用而推开单向阀，使液压缸的上下腔均与储油室相通。此时，液压缸内的油液可在液压缸与储油室之间自由流动，活塞的动作不受限制。为避免汽车的控制稳定性过分降低，活塞的行程只有16mm，因此，当汽车急转弯时，活塞运动达到全程状态，稳定杆扭转刚度增大，汽车的侧倾刚度增大。

当模式选择开关转到“Sport”位置时，横向稳定杆执行器通过缆绳拉动推杆向外位移，单向阀在弹簧的作用下关闭，切断了液压缸的上下腔与储油室之间的油路，液压缸上下腔均呈封闭状态，活塞的动作受到限制，横向稳定杆刚度增加。当模式选择开关转到“Sport”位置时，液压缸活塞不一定正好处于中间位置，如活塞正好处于下端并在继续下移。此时，由于液压缸下腔被封闭，活塞不能继续下移。同时，由于液压缸上腔控制孔被封闭，活塞可以向上移动，液压缸上腔的油液经控制孔流回储油室，由于活塞的上移，液压缸下腔产生真空，在压差作用下，下端单向阀打开，储油室中的油液流入液压缸下腔。当活塞移动到中间位置时，控制孔关闭，活塞被固定在中间位置。

C　弹簧刚度控制的执行机构

图4-12所示为空气悬架气动缸的基本结构剖面图。气动缸由封入低压惰性气体和阻尼力可调的减振器、旋转式膜片、主气室、副气室和悬架元件组成。主气室是可变容积的，在它的下部有一个可伸展的隔膜，压缩空气进入主气室可升高悬架的高度，反之使悬架高度下降。主、副气室设计为一体，既省空间，又减轻了质量。悬架的上方与车身相连，随着车身与车轮的相对运动，主气室的容积在不断变化。主气室与副气室之间有一个通道，气体可以相互流通。改变主、副气室的气体通道的大小，就可以改变空气悬架的刚度。减振器的活塞通过中心杆（阻尼调整杆）和齿轮系与直流步进电动机相连接。步进电动机转动可改变活塞阻尼孔的大小，从而改变减振器的阻尼系数。

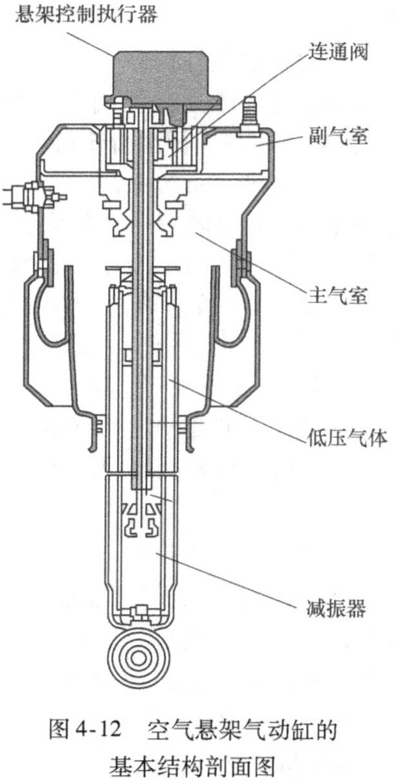

图4-12　空气悬架气动缸的基本结构剖面图

悬架刚度的自动调节原理如图4-13所示。主、副气室间的气体阀体上有大小两个通道。步进电机带动空气阀控制杆转动，使空气阀阀芯转过一个角度，改变气体通道的大小，就可以改变主、副气室气体流量，使悬架的刚度发生变化。

悬架的刚度可在低、中、高三种状态间变化。

当阀芯的开口转到对准图4-13中的低位置时，气体通道的大口被打开。主气室的气体通过阀芯的中间孔、阀体侧面通道与副气室的气体相通，两气室之间的空气流量越大，相当于参与工作的气体容积增大，悬架刚度处于低状态。

当阀芯开口转到对准图4-13中的中间位置时，气体通道的大口被关闭、小口被打开。两气室之间的流量小，悬架刚度处于中间状态。

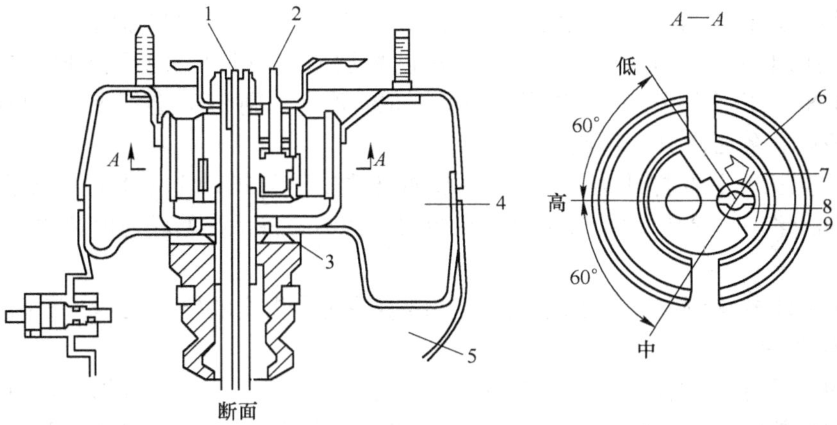

图 4-13　悬架刚度的自动调节原理

1—阻尼调节杆；2—空气阀调节杆；3—主、副气室通道；4—副气室；5—主气室；6—气阀体；7—气体小通道；8—阀芯；9—气体大通道

当阀芯开口转到对准图 4-13 中的高位置时，两气室之间的气体通道全部被封闭，两气室之间的气体相互不能流动，压缩空气只能进入主气室，悬架在振动过程中，只有主气室的气体单独承担缓冲工作，悬架刚度处于高状态。

D　车高控制的执行机构

图 4-14 所示为车高控制悬架的结构，通过向空气弹簧的主气室内充放气来实现车身高度的调节。车高控制执行机构主要由空气阀、空气压缩机和设置在悬架之上的主气室组成。

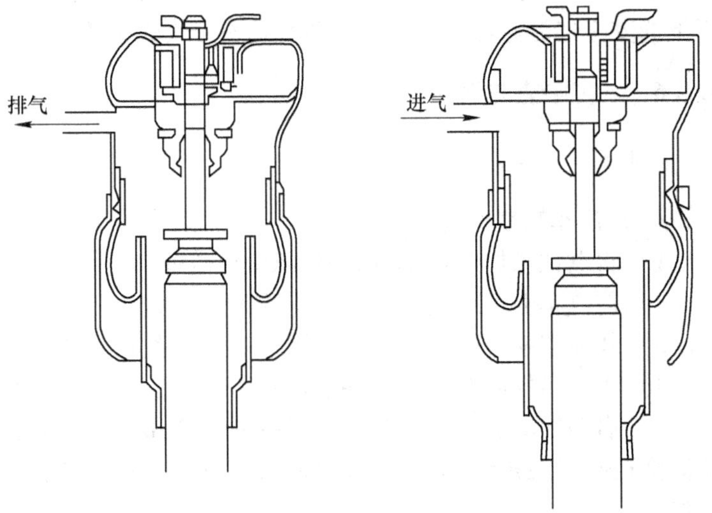

图 4-14　车高控制悬架的结构

（a）车身降低；（b）车身升高

悬架 ECU 根据汽车车高传感器信号来判断汽车的高度状况。当判定“车身低了”，则控制空气压缩机电动机工作，高度控制阀向空心弹簧主气室内充气，使车高增加；反之，若打开高度控制阀向外排气时，则汽车高度降低。

电子控制悬架系统一般都设有自诊断系统，随时监测系统的工作情况，当系统出现故障时，可通过自诊断系统故障信息，以帮助维修人员检修。

4.1.5　检修过程中应注意的事项

在检修汽车电子控制悬架时，应注意以下事项：

（1）维修过程中若断开蓄电池，将会丢失悬架 ECU 中存储的信息。

（2）当用千斤顶将汽车顶起时，应将高度控制 ON/OFF 开关拨到 OFF 位置。如果在高度控制 ON/OFF 开关拨到 ON 位置的情况下顶起汽车，则 ECU 会记录一个故障码。如果记录了故障码，务必将其从存储器中清除掉。

（3）当点火开关在打开状态下时，不要拆卸或安装悬架 ECU 及其电子插头。

（4）如果汽车生产厂的维修手册没有指明，就不要将系统的任何电路或元件加电压或接地。

在控制系统的检测中，必须用生产厂在维修手册中提到的检测工具，否则可能损坏控制系统的零部件。

（5）在放下千斤顶前，应将汽车下面所有的物体搬走。因为在维修过程中，可能进行了空气悬架的放气、空气管路拆检等操作，此时空气弹簧中的主气室可能无气或存有少量剩余气体，汽车落地后，因自身的重量使车身高度很低，就会将下面的物体压住。

（6）在开动汽车之前，应启动发动机将汽车的高度调整到正常状态。因为在维修时空气弹簧中的空气被放掉，车身高度变得很低，如果此时汽车起步，势必会造成车身与悬架或轮胎相互碰撞，因此维修后首先启动发动机，用空气压缩机给空气弹簧气室输送压缩空气，使汽车高度恢复正常，这样汽车便可正常行驶。

（7）前安全气囊碰撞传感器安装在空气压缩机和 1 号车身高度控制阀上面。因此，除非必要时，不要触及这个传感器。若要触及，必须按照安全气囊维修中的说明，在维修前拆下前安全气囊碰撞传感器，以免影响安全气囊系统的正常工作。

4.1.6 功能检查与调整

4.1.6.1 车高的检查

（1）汽车高度的检查：

1）将电控悬架 LRC 开关转到 NORM 位置。

2）使汽车上下跳振几次，以使悬架处于稳定状态。

3）朝前和朝后推动汽车，以使轮胎处于稳定状态。

4）将换挡杆放在 N 挡，堵住车辆不让其滚动，然后松开驻车制动器。

5）启动发动机，将高度控制开关转到 High 位置，在高度升高的状态下等待 1min 后，将高度控制开关转到 Norm 位置以使汽车下降。在这种状态下等待 50s 后，重复一次上述操作。

6）测量汽车高度，前部应为 249 ± 10mm；后部应为 231.5 ± 10mm；左右误差应该在 10mm 以下；汽车前部高度与后部高度之差应该在 17.5 ± 15mm。

（2）车身高度调整步骤：

1）拧松高度控制传感器连接杆上的两个锁紧螺母。

2）转动高度控制传感器连接杆的螺栓以调节长度。

3）检查高度控制传感器连接杆的尺寸是否小于极限值，即前部 8mm，后部 11mm。

4）暂时拧紧两个锁紧螺母。

5）再检查一次汽车高度。

6）拧紧锁紧螺母。

（3）车身高度调整功能的检查：

1）检查轮胎充气是否正确。

2）检查汽车高度。

3）启动发动机，将高度控制开关从 Norm 位置切换到 High 位置。检查完成高度调整所需的时间和汽车高度变化量。调整时间：从操作高度控制开关到压缩机启动约 2s，从压缩机启动到完成高度调整约需 20～40s。汽车高度的变化量为 10～30mm。

4）在汽车处于 High 高度调整状态下，启动发动机并将高度控制开关从 High 位置切换到 Norm 位置。检查完成高度调整所需的时间和汽车高度变化量。调整时间：从操作高度控制开关到开始排气约 2s；从开始排气道完成高度调整约需 20～40s。汽车高度的变化量为 10～30mm，如图 4-15 所示。

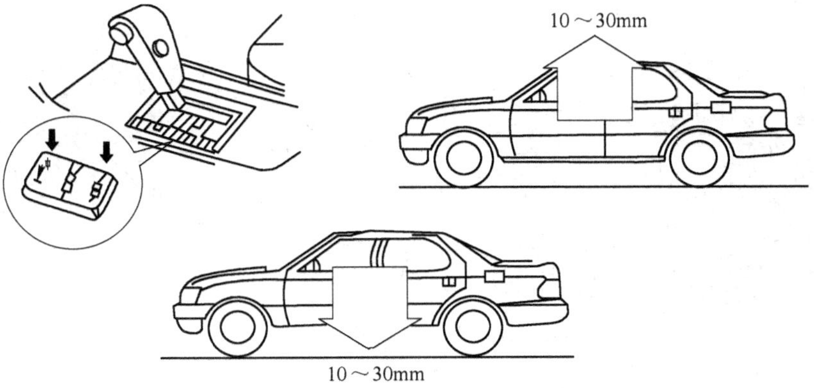

图 4-15　汽车高度调整功能检查

4.1.6.2　漏气的检查

检查空气软管和软管接头是否漏气：

（1）将高度控制开关拨到 High 位置使汽车高度上升。

（2）使发动机熄火。

（3）在空气软管和软管接头处涂肥皂水，检查是否漏气。

4.1.7　自诊断系统

当电控悬架系统出现故障时，悬架 ECU 将使“Norm”指示灯每秒闪烁一次报警，这时可通过专用仪器进行检查，首先使用故障自诊系统，读取故障码，分析故障原因后，排除故障。

4.1.8　故障分析

在进行故障分析时，有许多故障原因可能与悬架 ECU 有关，但实际上悬架 ECU 的故障率是很低的，因此在检查故障部位时，应先检查 ECU 以外可能发生故障的部位，待确定这些部位均正常而故障现象不能消除时，再考虑检查或更换悬架 ECU。

4.1.9　三菱轿车电控空气悬架系统检修

4.1.9.1　三菱轿车电控空气悬架系统结构

三菱轿车电控空气主悬架系统主要由空气压力回路（空气弹簧、空气压缩机、储气筒等）、阻尼力可调的减振器、车速传感器、G 传感器、转角传感器、车身高度传感器、节气门位置传感器、ECU、阻尼力转换执行器、电磁阀、继电器等组成。系统结构如图 4-16 所示。

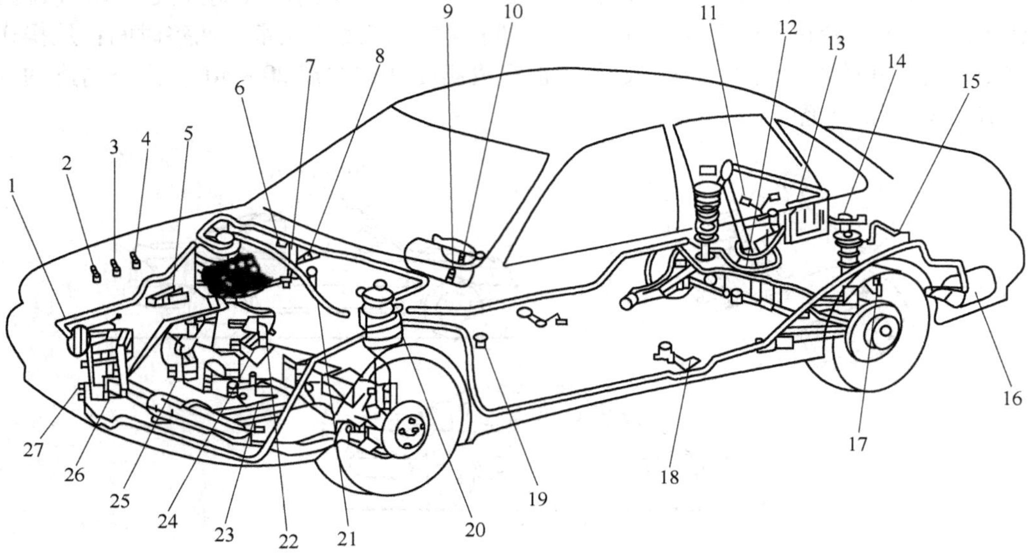

图 4-16　三菱轿车电控空气悬架系统结构

1—前储气筒；2—回油液压泵继电器；3—空气压缩机继电器；4—电磁阀；5—ESC 电源继电器；6—加速度计开关；7—节气门位置传感器；8—制动灯开关；9—车速传感器；10—转角传感器；11—右后车门开关；12—后电磁阀总成；13—电子控制单元；14—阻尼力转换执行器；15—左后车门开关；16—后储气筒；17—后高度传感器；18—左前车门开关；19—ESC 开关；20—阻尼力转换执行器（步进电动机型）；21—加速度计位置；22—空气压缩机总成；23—G 传感器；24—前高度传感器；25—系统禁止开关；26—空气干燥器；27—流量控制电磁阀总成

4.1.9.2　三菱轿车电子控制悬架系统故障

三菱轿车电子控制悬架系统故障及可能原因见表 4-3。

表 4-3　三菱轿车电子控制悬架系统故障及原因

故　　障	可 能 原 因
电子控制悬架系统不工作	（1）悬架 ECU 电源电路断路； （2）执行器电路断路； （3）悬架 ECU 损坏
开关 Sport 方式与 Norm 方式不能转换	（1）选择器电路断路或短路； （2）悬架 ECU 损坏； （3）开关接触不良

续表 4-3

故　　障	可　能　原　因
防车尾下坐控制不工作	（1）发动机 ECU 与悬架 ECU 电路断路； （2）节气门位置传感器工作错误； （3）ECU 有故障
防侧倾控制不工作	（1）车速传感器电路断路或短路； （2）转向传感器电路断路或断路； （3）ECU 有故障
防车头下沉控制不工作	（1）停车灯开关电路断路； （2）车速传感器电路断路或短路； （3）ECU 有故障
车身高度控制不工作	（1）车速传感器电路断路或短路； （2）车速传感器损坏； （3）车身高度控制开关损坏； （4）ECU 损坏

【任务实施】

根据以上所学的理论知识，能够对电控悬架系统进行故障诊断，并完成下面任务工作单，见表 4-4。

表 4-4　液压控制系统的检修任务工作单

任 务 名 称	要　　求
电控悬架系统的结构与工作原理	能够查看电控悬架的电路图，以便掌握其结构和工作原理
电控悬架的检修、调整与故障诊断	电控悬架检修的注意事项、电控悬架自诊断系统的工作过程电控悬架的故障分析

【知识与技能拓展】

近年来，随着电子技术和计算机技术的发展，一些全新的电控悬架的形式开始出现，其结构形式和原理与传统电控悬架相比完全不同，下面就介绍两种较为先进的悬架系统。

（1）磁流变减振器。磁流变减振器技术由美国德尔福公司发明，主要应用在一些高档车辆上，如凯迪拉克 SRX、通用的高档 SUV 等。主要由减振器、电磁线圈、磁流变液体和控制单元等部分组成。在减振器中充有磁流变（MR）液体，它是一种由高磁导率、低磁滞性的微小软磁性颗粒（如铁粒子）和非导磁体液体混合而成的磁性软粒悬浮液，这种悬浮体在零磁场条件下呈现出低黏度的特性，而在强磁场作用下，呈现出高黏度、低流动性的液体特性。装在减振器中的小型电磁线圈可以产生可变磁场调节液流，从而不用阀门控制量孔。

（2）电磁悬架。电磁悬架是由 Bose 公司研发的一种新型悬架，以悬架专家的惯常思维，多会用气体或液体作为主动悬架的工作介质，但 BOSE 公司的电气工程师开发出一种线性电磁马达，里面是电磁线圈和磁铁，线圈通电后，这个柱状体就能够自由伸缩。它通过车辆周身的传感器采集路面状况和车身姿态，由电脑控制悬架的伸缩。它不再依赖弹簧—阻尼这种传统硬件，伸长和收缩完全是自主的，完全颠覆了传统悬架的结构模式和控制方式。

【任务总结】

（1）电控悬架系统种类很多，按传力介质的不同可分为液压控制式电控悬架和气压控制式电控悬架；按照悬架的功能、结构和控制方式的不同可分为半主动式和主动式。

（2）电子控制悬架系统的基本功能主要包括减振器阻尼力控制、弹簧刚度控制、车身高度控制。

（3）悬架执行机构主要包括阻尼力控制执行机构、侧倾刚度控制执行结构、弹簧刚度控制执行机构和车高控制执行机构。

（4）车身高度控制执行机构是指车身的高度可根据汽车内乘坐人员或车辆载重情况自动做出调整，以保持汽车行驶时所需要的高度及汽车行驶姿态的稳定。

（5）侧倾刚度控制系统根据电控单元 ECU 的信号，通过执行器来控制横向稳定杆液压缸内的油压，达到调节横向稳定杆扭转刚度的目的。

【思考与练习】

4.1-1　填空题

（1）电子控制悬架系统的功能有（　　　　）、（　　　　）、（　　　　）等。

（2）电子控制悬架系统按传力介质不同分为（　　　　）和（　　　　）。按安装驱动机构和介质不同可分为（　　　　）、（　　　　）。

（3）汽车电子控制悬架系统主要由感应汽车运行状况的各种传感器、开关、（　　　　）及（　　　　）组成。

4.1-2　判断题

（1）装有电子控制悬架系统的汽车无论车轮负载多少，都可以保持汽车一定高度，车身保持水平。（　　）

（2）装有电子控制悬架系统的汽车可以防止汽车急转弯时车身横向摆动和换挡时车身纵向摇动。（　　）

（3）转向盘转角传感器用于检测转向盘的中间位置、转动方向、转向角度和转动速度。（　　）

4.1-3　简答题

（1）汽车电子控制悬架系统的一般工作原理是怎样的？

（2）悬架电子控制单元的功能有哪些？

（3）汽车高度如何调整？

任务4.2　电子控制动力转向系统

【任务内容】

（1）认识电控动力转向系统的作用和优点。

（2）掌握液压电控动力转向系统的组成和工作过程。

（3）掌握电动式电控动力转向系统的组成和工作过程。
（4）认识电控四轮转向系统的作用和优点。

【任务目标】

（1）能够运用故障码表及故障症状表。
（2）能够掌握检查电控转向系统的步骤和方法。

【相关知识】

随着汽车工业的不断发展，人们在努力追求汽车动力、经济性的同时，对汽车行驶的安全性、稳定性和驾乘舒适性也提出了更高、更新的要求。电控动力转向系统（Electronic Control Power Steering，EPS）的出现，基本满足了汽车在各种车速下对转向系统的要求，适应了现代汽车高速行驶和安全行驶的发展趋势。本项目是通过了解传统液压动力转向系统的组成和结构，使学生进一步学习液压式电子控制动力转向系统的组成和工作原理，加深对电控液压动力转向系统的认识。通过学习电动动力转向系统的组成和工作原理。使学生掌握对电动动力转向系统的基本检测。最后学四轮转向系统，了解其结构和工作原理。

4.2.1　传统液压动力转向系统的组成和结构

4.2.1.1　传统液压动力转向系统的组成

汽车转向系统可按转向的能源不同分为机械转向系统和动力转向系统两类，如图 4-17 所示。机械转向系统依靠驾驶员操纵转向盘的转向力来实现车轮转向；动力转向系统则是在驾驶员的控制下，借助于汽车发动机产生的液体压力或电动机驱动力来实现车轮转向。因此，动力转向系统也称为转向动力放大装置。

为使汽车操纵轻便及行驶安全，目前轿车、载重汽车、客车大多采用液压转向助力器，构成液压式动力转向系统（Hydraulic Power Steering System，HPS），HPS 由机械转向装置和液压转向加力装置组成。

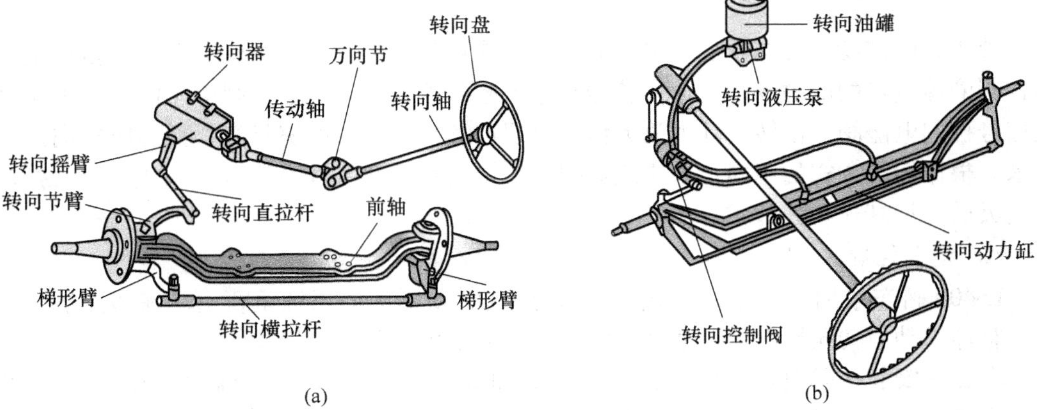

图 4-17　传统的转向系统

（a）机械式转向系统；（b）动力式转向系统

4.2.1.2　传统液压动力转向系统结构形式

（1）按阀体的运动方式分类。液压动力转向系统按阀体的运动方式分类又分为转阀式和滑阀式。转阀式转向控制阀是转阀相对于阀体转动的转向控制阀。

（2）按系统内部压力状态分类。传统液压式助力转向系统（HPS）一般按系统内部压力状态可分为常压式和常流式两种类型。

常压式是指汽车在行驶中，无论转向盘是否转动，整个液压系统总是一直保持高压。常压式的优点在于有储能器积蓄液压能，可以使用流量较小的转向油泵，而且还可以在油泵不运转的情况下保持一定的转向加力能力，使汽车有可能续驶一定距离。

常流式是指汽车在行驶中，不转动转向盘时，流量控制阀在中间位置，油路保持畅通。由于常流式液压动力转向器具有结构简单、泄露较少、消耗功率较少等优点，目前除了少量重型汽车使用常压式液压动力转向装置以外，大部分汽车都采用常流式液压动力转向装置。

传统液压式助力转向系统提供不了合适的转向力，即若要保证汽车在停车或低速掉头时转向轻便，那么汽车高速行驶时就会感到有“发飘”的感觉；若要保证汽车在高速行驶时操纵有适度手感，那么当其要停车或低速掉头时就会感到转向太重，两者不能兼顾。而电控动力系统因为具有如下的特点而被广泛使用：

（1）良好的随动性。转向盘与转向轮之间具有准确的对应关系，同时能保证转向轮可维持在任意转向角位置。

（2）有高度的转向灵敏度。转向轮对转向盘应具有灵敏的响应。

（3）良好的稳定性。具有很好的直线行驶稳定性和转向自动回正能力。

（4）助力效果能随车速变化和转向阻力的变化做相应的调整。低速时有较大的助力效果，以克服路面的转向阻力；高速时有适当的路感，避免因转向过轻而发生事故。

电控动力转向系统根据动力源不同又可分为液压式电控动力转向系统（液压式 EPS）和电子式电控动力转向系统（电动式 EPS），下面分别介绍这两种动力转向系统。

4.2.2　液压式电控动力转向系统

液压式电控动力转向系统（液压式 EPS）是在传统的液压动力转向系统的基础上增设了控制液体流量的电磁阀、车速传感器和电子控制单元等，电子控制单元根据检测到的车速信号控制电磁阀，使转向动力放大倍率实现连续可调，从而满足高、低速时转向助力的要求。根据控制方式的不同，液压式电控动力转向系统又可分为流量控制式、反力控制式和阀灵敏度控制式 3 种形式。

A　流量控制式 EPS

LS400 轿车采用的流量控制式 EPS 如图 4-18 所示，该系统主要由车速传感器、电磁阀、整体式动力转向控制阀、动力转向油泵和电子控制单元等组成。

电磁阀安装在通向转向动力缸活塞两侧油室的油道之间，当电磁阀的阀针完全开启时，两油道就被电磁阀旁路，使动力缸活塞两侧压力差减小，助力减小；反之，则助力增大。流量控制式 EPS 就是根据车速传感器的信号，控制电磁阀阀针的开启程度，从而控制转向动力缸活塞两侧油室的旁路液压油流量来改变转向盘上的转向力。车速越高，流过电磁阀电磁线圈的平均电流值越大，电磁阀阀针的开启程度越大，旁路液压油流量越大，液压助力作用越小，使转动转向盘的力也随之增加；相反，则车速较低时，助力作用加大，使转向轻便。这就是流量控制式 EPS 的工作原理。

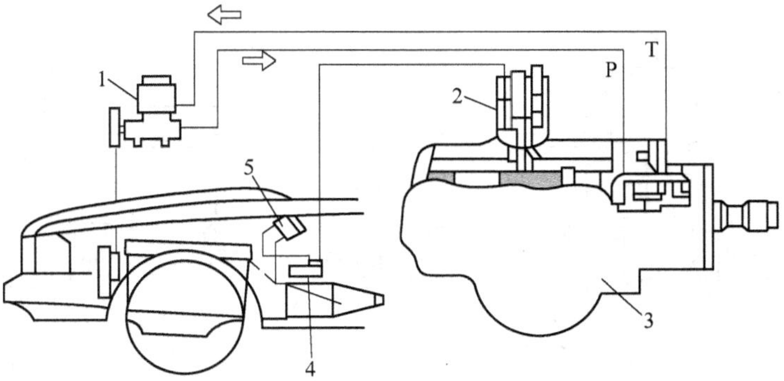

图 4-18 流量控制式动力转向系统
1—动力转向油泵；2—电磁阀；3—整体式动力转向控制阀；4—ECU；5—车速传感器；P—压力油管；T—回油管

B 反力控制式 EPS

下面以丰田马克Ⅱ型反力控制式 EPS 为例进行介绍。其结构组成如图 4-19 所示。

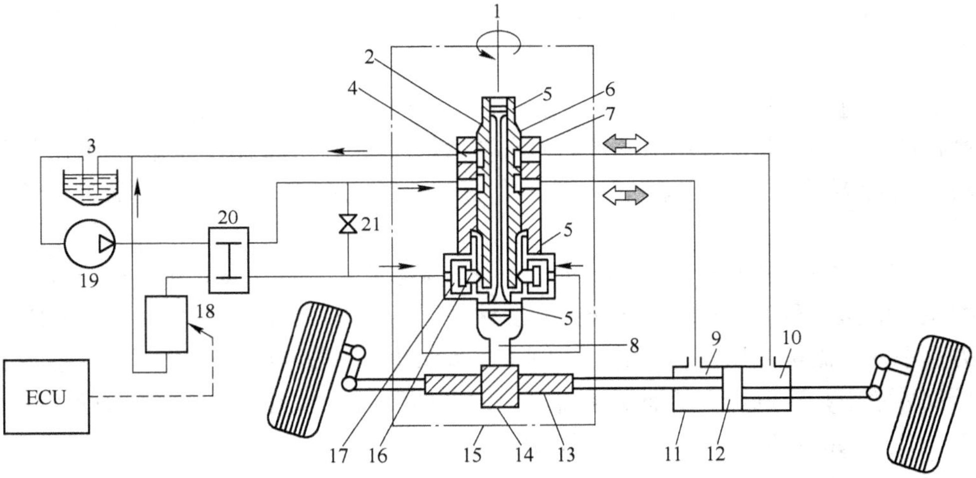

图 4-19 反力控制式动力转向系统的组成
1—转向盘；2—扭杆；3—储油箱；4—接口；5—销钉；6—控制阀轴；7—回转阀；8—小齿轮轴；9—左室；10—右室；11—动力油缸；12—活塞；13—齿条；14—小齿轮；15—转向齿轮箱；16—柱塞；17—油压反力室；18—电磁阀；19—油泵；20—分流阀；21—小节流孔

a 基本组成

图 4-19 所示为反力控制式动力转向系统的组成。系统主要由转向盘、分流阀、电磁阀、动力缸、泵、储油罐、车速传感器及电子控制单元等组成。

反力控制式 EPS 是按照车速的变化，由电子控制油压反力，调整动力转向器，从而使汽车在各种行驶条件下，转向盘上所需的转向操控力都达到最佳状态。因此，有时也把这种 EPS 称为渐近型动力转向系统（PPS）。

b 工作原理

（1）汽车静止或低速行驶时的转向。PPS 在停车或低速行驶时的工作情况如图 4-20 所示，汽车在低速范围内运行时，ECU 输出一个大的电流，使电磁阀的开度增加。由分流

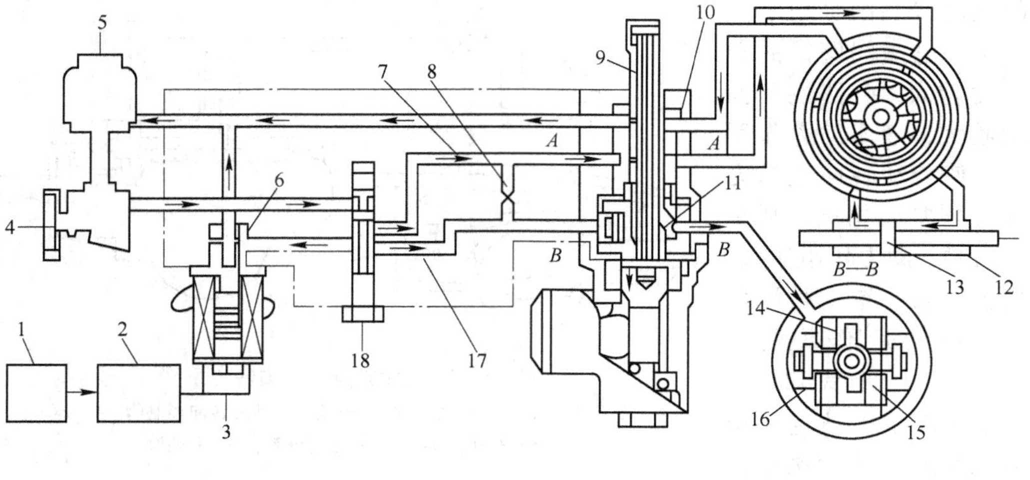

图 4-20　PPS 在停车或低速行驶时的工作情况

1—车速传感器；2—ECU；3—电磁阀；4—转向泵；5—储油罐；6—电磁阀开度（大）；7—压力增加；8—量孔；9—扭杆；10—转阀；11—油压反力室；12—动力缸；13—活塞；14—阀杆；15—柱塞；16—压力减小；17—至反力室；18—分流阀

分出的液体流过电磁阀回到储油罐中的流量增加。因此，油压反力室的压力减少，柱塞推动控制杆的力减小。利用转向盘的转向力来增大扭杆扭力。转阀按照扭杆的扭转角做相对的旋转，使油泵油压作用于转向动力缸的右室，活塞向左右运动，从而使转向轻便、灵活。

（2）汽车在中、高速行驶时的转向。汽车转向盘在中、高速直行微量转动时，控制阀杆根据扭杆的扭转角度而转动，转阀的开度减小，转阀里面的压力增加，流向电磁阀和油压反力室中的液流量增加，反力增大，使得柱塞推动控制阀杆的力变大。液流还从量孔流进油压反力室中，这也增大了油压反力室中的液体压力，故当转向盘的转动角度增加时，将要求一个更大的转向操控力，从而获得稳定的手感。

C　阀灵敏度控制式

阀灵敏度控制式 EPS 是根据车速控制电磁阀，直接改变动力转向控制阀的油压增益（阀灵敏度）来控制油压的方法。这种转向系统特点是结构简单、部件少、价格便宜，而且具有较大的选择转向力的自由度，可以获得自然的转向手感和良好的转向特性。

图 4-21 所示为阀灵敏度控制式 EPS。该系统在转向控制阀的转子阀上做了局部改进，并增加了电磁阀、车速传感器和电子控制单元等。如图 4-21 所示，转子阀的可变小孔分为低速专用小孔（1R、1L、2R、2L）和高速专用小孔（3R、3L）两种，在高速专用可变小孔的下方设有旁通电磁阀回路。阀灵敏度控制阀部的等效液压回路如图 4-22 所示，当车辆停止时，电磁阀完全关闭，如果此时向右转动转向盘，则高灵敏度低速专用小孔 1R 和 2R 在较小的转向扭矩作用下即可关闭，转向液压泵的高压油液经 1L 流向转向动力缸右腔室，其左腔室的油液经 3L、2L 流向储油箱，因此，此时具有轻便的转向特性。而且施加在转向盘上的转向力矩越大，可变小孔 1L、2L 的开口面积越大，节流作用就越小，转向助力作用就越明显。

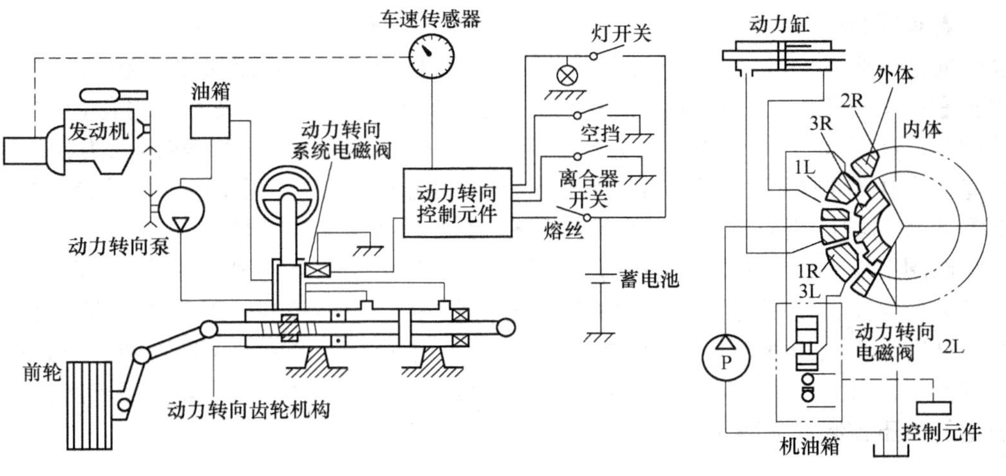

(a)　　(b)

图 4-21　阀灵敏度控制式 EPS

（a）系统示意图；（b）转子阀

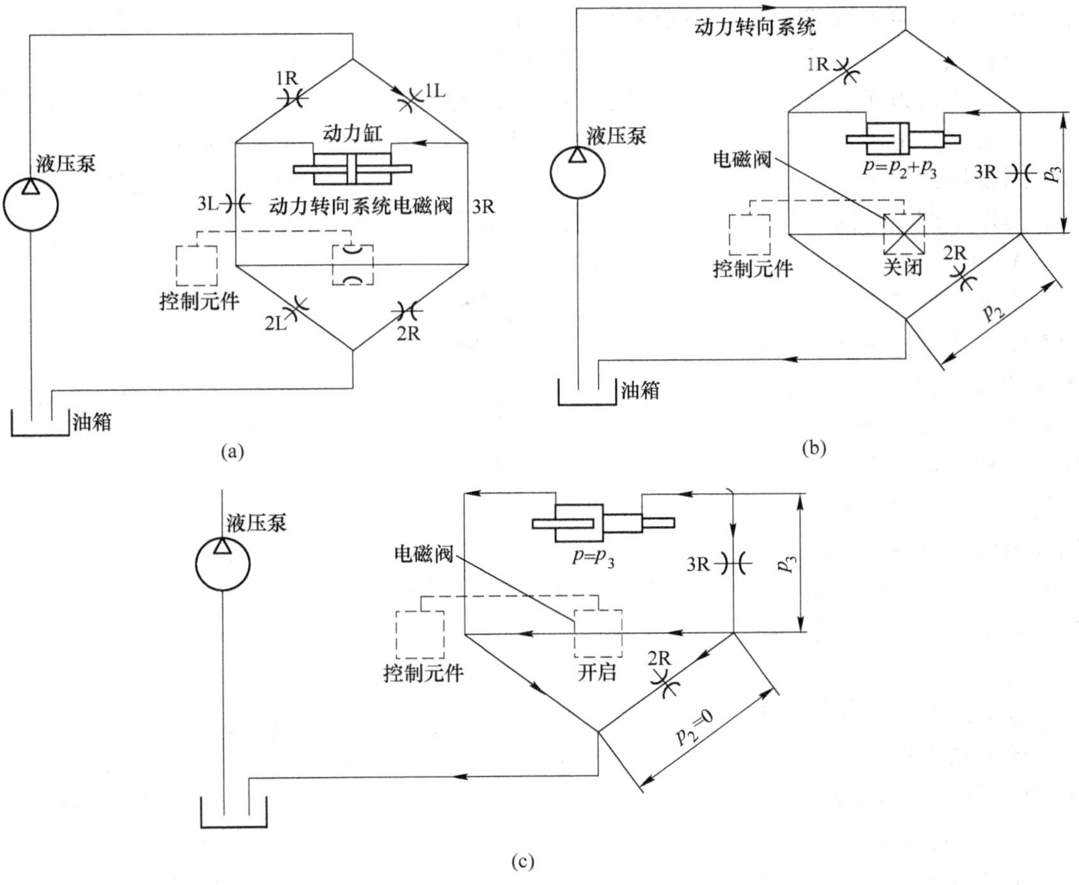

(a)　　(b)　　(c)

图 4-22　阀灵敏度控制 EPS 阀部的等效液压回路图

（a）液压回路；（b）转向时，可变小孔分为 2 段，以增大发生压力；（c）高速时，只使用可变小孔一段

随着车辆行驶速度的提高，在 ECU 的作用下，电磁阀的开度也线性增加，如果向右转动转向盘，则转向液压泵的高压油液经 1L、3R 只旁通电磁阀流回储油箱。此时，转向动力缸右腔室的转向助力油压就取决于旁通电磁阀和灵敏度低的高速专用孔 3R 的开度。车速越高，在 ECU 的控制下，电磁阀的开度越大，旁路流量越大，转向助力作用越小，调整专用小孔 3R 的开度逐渐减小，转向助力作用也随之增大。由此可见，阀灵敏度控制式 EPS 可使驾驶员获得非常自然的转向手感和良好的速度转向特性。

电磁阀上设有控制上下流量的旁通油道，是一种可变的节流阀。在低速时向电磁线圈通以最大的电流，使可变孔关闭，随着车速升高，依次减小通电电流，可变孔开启；在高速时，开启面积达到最大值。该阀在左右转向时，油液流动的方向可以逆转，因此在上下流动方向中，可变小孔必须具有相同的特性。为了确保高压时液体有效作用于阀，必须提供稳定的油压控制，如图 4-22 所示。

4.2.3　电动式电子控制动力转向系统

电动式电子控制动力转向系统能根据不同的情况产生适合各种车速的动力转向，不受发动机停止运转的影响，在停车时，驾驶员也可获得最大的转向动力；汽车在行驶过程中，电子控制装置可调整电动机的助力以改善路感。其特点是：零部件少，质量轻，电动式电子控制动力转向系统的质量比液压式转向系统轻约 25%；其设计紧凑，所占空间较小；由于该动力转向装置不是由发动机直接驱动，电动机只是在转向时才接通，故可节省燃油。总之，电动式转向系统有许多优点，相比液压式动力转向系统更轻便、紧凑、可靠。对控制计算机编程，可提供不同程度的动力转向，而它能与汽车上其他电气设备相连接，有助于四轮转向的实现，并能促进悬架系统的发展。

A　电动式 EPS 的组成、原理与特征

电动式电子控制动力转向系统（电动式 EPS）的基本组成如图 4-23 所示，它主要由车速传感器、转矩传感器、转角传感器、电子控制器 ECU、电动机及减速机构等组成，该系统广泛应用于日本三菱、大发、富士重工、铃木等汽车公司的许多车型上。

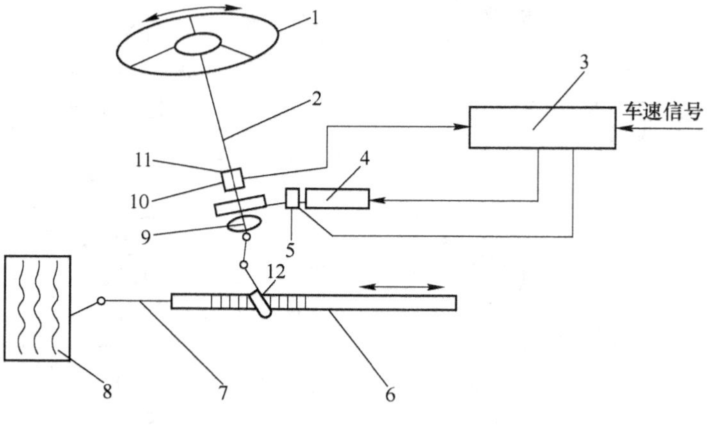

图 4-23　电动式 EPS 的基本组成

1—方向盘；2—输入轴（转向轴）；3—ECU；4—电动机；5—电磁离合器；6—转向齿条；7—横拉杆；8—转向车轮；9—输出轴；10—扭力杆；11—转矩传感器；12—转向齿轮

电动式电子控制动力转向系统的基本原理是根据汽车行驶速度（车速传感器输出信号）、转矩及转向角信号，由 ECU 控制电动机及减速机构产生助力转矩，使汽车行驶在低、中速和高速下都能获得最佳的转向效果。

电动机连同离合器和减速齿轮一起，通过一个橡胶底座安装在左车架上。电动机的输出转矩由减速齿轮增大，并通过万向节、转向器中的助力小齿轮把输出转矩送至齿条，向转向轮提供转矩。

电子控制器（ECU）根据各传感器的输入信号确定助力转矩的幅值和方向，并且直接控制驱动电路来驱动电动机。

转矩传感器、转角传感器和汽车速度传感器为助力转矩的信号源。

电动式 EPS 有许多液压式所不具备的优点：

(1) 电动机、减速机、转向柱和转向齿轮箱可以制成一个整体，管道、油泵等不需单独占据空间，易于装车。

(2) 基本上只增加电动机和减速机，没有液压管道等部件，使整个系统趋于小型轻量化。

(3) 油泵仅在必要时用来使电动机运转，故可以节能。

(4) 因为零件数目少，不需要加油和抽空气，所以在生产线上的装配性好。

B　电动式 EPS 主要部件结构及工作原理

a　扭矩传感器

扭矩传感器的作用是检测驾驶员作用在转向盘上的转向力矩、转向方向等参数，并将其转变为电信号输送给 ECU，以作为电动助力的依据之一。

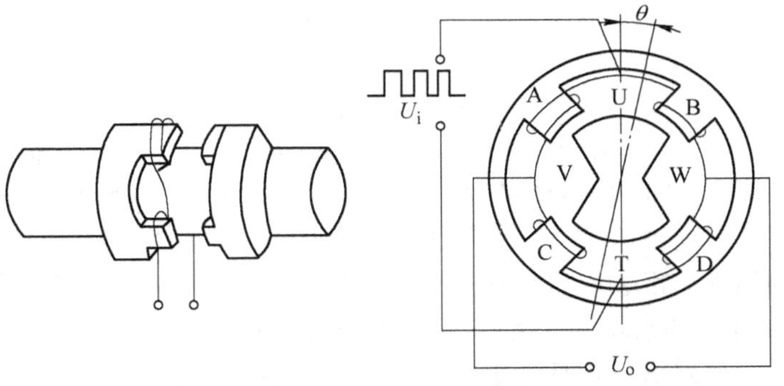

图 4-24　无触点式扭矩传感器的结构及工作原理图

(1) 无触点式（电磁感应式）扭矩传感器。图 4-25 所示为无触点式扭矩传感器的结构及工作原理图。在输出轴的极靴上分别绕有 A、B、C、D 共四个线圈，转向盘处于中间位置（直驶时，扭力杆的纵向对称面正好处于图 4-24 所示输出轴极靴上 AC、BD 的对称面上）。当在 U、T 两端加上连续的输入脉冲式电压信号 U_i 时，由于通过每个极靴的磁通量相等，因此在 V、W 两端检测到的输出电压信号 $U_o = 0V$ 。

当右转向时，由于扭力杆和输出轴极靴之间发生相对扭转变形，极靴 A、D 之间的磁阻增加，B、C 之间的磁阻减少，各个极靴的磁通量发生变化，于是在 V、W 之间就出现了电位差。其电位差与扭力杆的扭转角和输入电压 U_i 成正比，设比例系数为 K，则有 $U_o = KU_i\theta$ 。

因此通过测量 V、W 两端的电位差就可以测量出扭力杆的扭转角，于是也就知道了转向盘施加的转动扭矩。

(2) 无刷滑动电阻式扭矩传感器。图 4-25 所示为奥拓车用无刷滑动电阻式转矩传感器的结构图。在与扭杆弹簧前端相连的输出轴 6 的后端制有一个带有内螺旋槽的环座 4，而在向前延伸并与扭力杆后端相连的输入轴毂 8 的前端制有一个可以沿轴向移动，并带有外螺旋键槽的滑套 3，滑套前端螺旋键槽部分插入环座 4 并通过钢球 5 与环座键槽 12 相啮合。当扭力杆受转矩作用而产生扭转变形时，滑套 3 受螺旋槽的作用在输入轴毂 8 上做轴

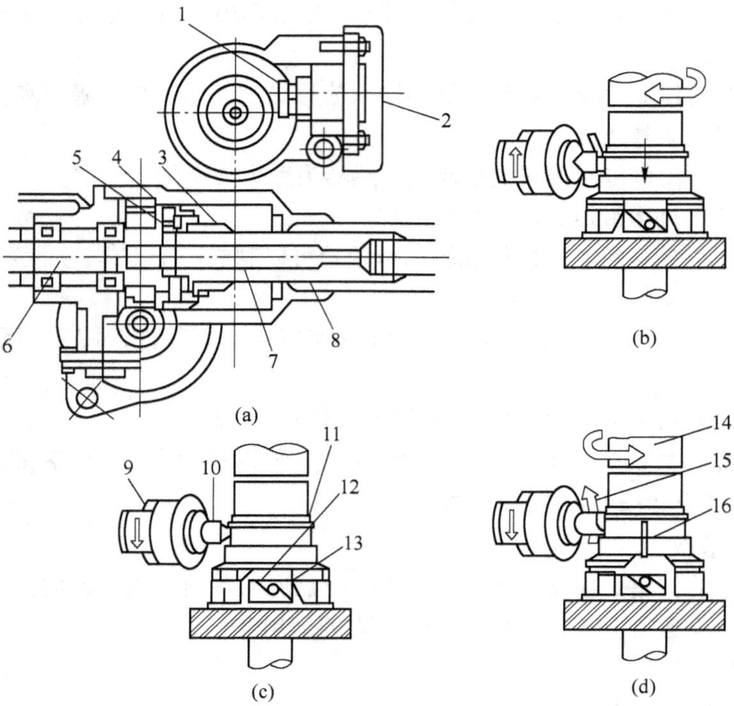

图4-25　奥拓车用无刷滑动电阻式转矩传感器的结构图

（a）传感器结构；（b）转向盘右转时；（c）转向盘在中间位置时；（d）转向盘左转时

1，10—控制臂；2—电位器；3，11—滑套；4—环座；5，13—钢球；6—输出轴；7—扭杆；8—输入轴毂；9—扭矩传感器；12—环座键槽；14—心轴旋转方向；15—控制臂旋转方向；16—滑块滑动方向

向运动。滑动电位器式扭矩传感器9（实为一个分压器）固定在转向器外壳上，其控制臂10外端的滑块插入滑套3的圆周环槽内。

传感电位器从控制ECU接入5V的标称电压，当转向盘上无转向力矩时，传感器滑套处于中间位置，电位器信号端子上输入2.5V信号电压。当右转向时，扭力杆受到转向力矩作用产生弹性扭转变形，带动滑套在输入轴毂上向后（上）做轴向移动，并经环槽带动电位器摇臂轴转动而改变分压比，使电位器的输出端子上输出大于2.5V的电压信号；同理，在左转向时，电位器的输出端子上输出小于2.5V的信号。

电位器的输出电压信号与扭力杆的变形量（转向力矩）成正比，ECU将电位器的输出电压信号与2.5V的标准中性值比较，即可判断出转向力矩的大小和方向。该扭矩传感器的输出特性如图4-26所示。

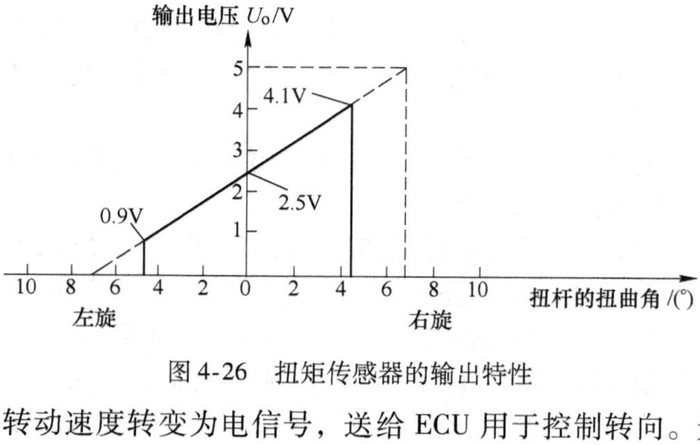

图4-26　扭矩传感器的输出特性

b　光电式转向传感器

光电式转向传感器的作用是把转向盘的转动方向、转动角度和转动速度转变为电信号，送给ECU用于控制转向。光

电式传感器的安装位置与构造情况如图 4-27 所示，在转向轴上装有带等距窄缝的遮光圆盘，两组光电元件装在遮光圆盘的两侧，两组元件间的距离与遮光盘窄缝的节距相差 1/4 节距（90°电角度），其工作原理如图 4-28 所示。

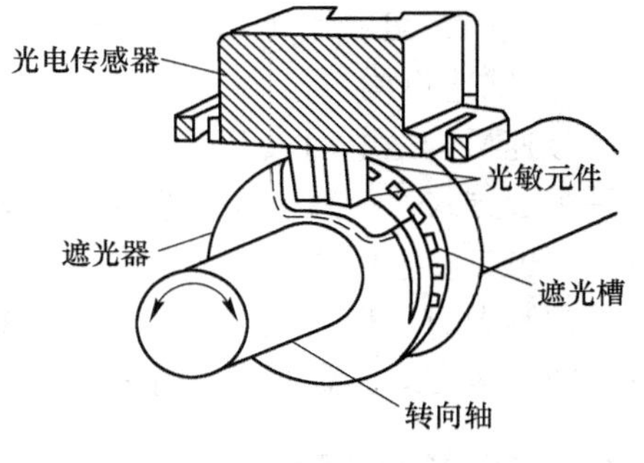

图 4-27　光电式传感器的安装位置和构造

c　电动机

电动式 EPS 用电动机与启动用直流电动机原理上基本相同，但一般采用永磁磁场，其最大电流一般为 30A 左右，电压为直流 12V，额定转矩为 10N · m 左右。

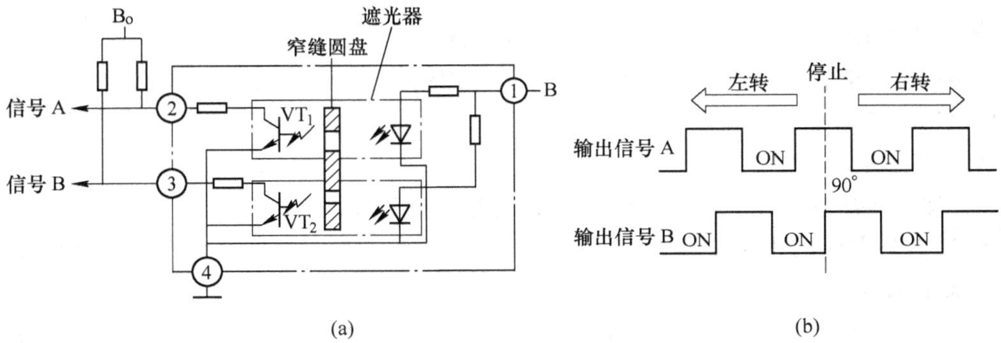

图 4-28　光电式转向传感器的工作原理

（a）电路；（b）输出

转向助力用直流电动机需要正反转控制，图 4-29 所示为一种比较简单适用的电动机正反转控制电路，其中 a_1 、a_2 为触发信号端。当 a_1 端得到输出信号时，三极管 VT_2 得到基极电流而导通，电流经 VT_2、电动机 M、VT_3、搭铁而构成回路，于是电动机正转；当 a_2 端得到输出信号时，电流则经 VT_1、M、VT_4 搭铁而构成回路，电动机则因电流方向相反而反转。控制触发信号端电流的大小，就可以控制通过电动机电流的大小。

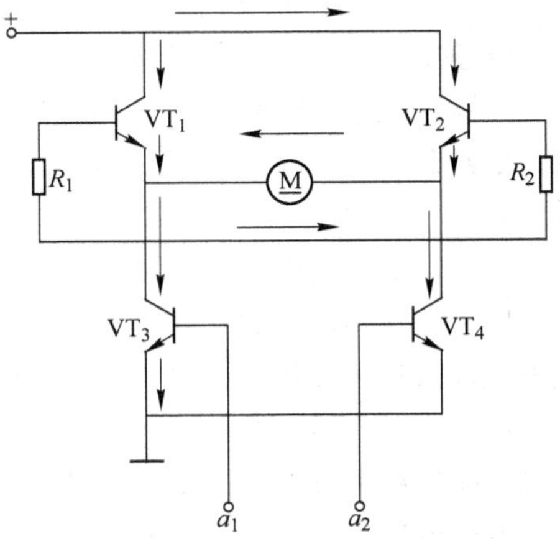

图 4-29　电动机正反转控制电路图

d　电磁离合器

图 4-30 所示为单片干式电磁离合器的工作原理图，当滑动可变电阻式扭矩传感器电流通过滑环进入电磁离合器线圈时，主动轮产生电磁吸力，带花键的压板被吸引与主动轮压紧，于是电动机的动力经过轴、主动轮、压板、花键、从动轴传递给执行机构。

电动式 EPS 一般都设定一个工作范围，例如，当车速达到 45km/h 时，就不需要辅助动力转向，这时电动机就停止工作。为了不使电动机和电磁离合器的惯性影响转向系统的工作，离合器应及时分离，以切断辅助动力。另外，当电动机发生故障时，离合器会自动分离，这时仍可利用手动控制转向。

e　减速机构

减速机构是电动式 EPS 不可缺少的部件，它有多种组合方式，一般采用蜗轮蜗杆与转向轴驱动组合式，也有的采用两级行星齿轮与传动齿轮组合式。为了抑制噪声和提高耐久性，减速机构中的齿轮有的采用特殊齿形，有的采用树脂材料制成。

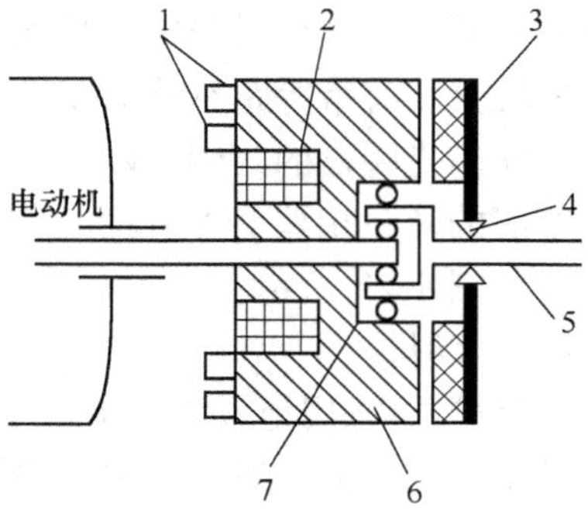

图 4-30　单片干式电磁离合器的工作原理
1—滑环；2—线圈；3—压板；4—花键；5—从动轴；6—主动轮；7—滚珠轴承

4.2.4　四轮转向控制系统（4WS）

4.2.4.1　四轮转向控制系统（4WS）的意义

目前轿车转向分为两轮转向（2WS）和四轮转向（4WS），前者普遍应用，后者是近些年出现的一种新技术，主要应用在一些比较高级和新型的轿车上。

A　两轮转向存在的问题

汽车两轮转向技术虽经历了近两百年的发展，但仍存在问题：

（1）两轮转向汽车在转弯时，现有各类转向机构均不能保证全部车轮绕瞬时中心转动，从而在技术上难以完全消除车辆行驶中的车轮侧滑。

（2）独立悬架汽车中的转向梯形断开点难以确定，这导致了横拉杆与悬架导向机构之间运动不协调，使汽车在行驶中易发生摆振，从而加剧轮胎磨损，转向性能随车速、转向角、路面状态的变化而变化，车速越高，操纵稳定性越差。

（3）在采用两轮转向方式时转弯半径较大，汽车的机动灵活性不高。

随着电子技术的不断发展及在汽车中的应用，可以从多方面改善转向系统的各种性能，但这种改善往往是局部的和微小的。基于两轮转向方式的汽车转向技术发展至今，应该说已经到了一个顶峰，就目前的技术和经济而言，两轮转向在性能上难以再有突破性进展。

B　四轮转向方式的提出及其特点

鉴于两轮转向方式存在的诸多不足，日本于 20 世纪 60 年代首先提出通过四轮转向方式来提高汽车的操纵稳定性，到 20 世纪 80 年代末，四轮转向系统得到实际应用。1990 年，本田、马自达、尼桑三家汽车公司首先在部分轿车上推出了四轮转向系统。1991 年，美国克莱斯勒和日本的三菱也推出了四轮转向车型。

四轮转向，是指车辆行驶过程中四个车轮能同时发生偏转的转向方式。其中后轮偏转角一般不超过 5°。根据转向时前、后轮偏转方向的异同分为同向偏转及逆向偏转两类。对于行驶中的四轮汽车，当采用同向偏转时，车身的动态偏转减小，从而可显著提高汽车高速行驶时的稳定性；当采用逆向偏转时，则可显著减小汽车转弯半径。停在路边的汽车，如果两前轮转向，则正好能驶出停车位，如图 4-31（a）所示；若四轮同向偏转，使转向半径加大，将不能驶出停车位，如图 4-31（b）所示；若前后轮反向偏转，与前面的车有足够的距离，不会撞上，但后轮可能会驶向路肩，如图 4-31（c）所示。

图 4-32 所示为 2WS 与 4WS 转弯半径的比较，可以明显看出 4WS 增加了低速行驶的灵活性，有利于汽车的转向调头。

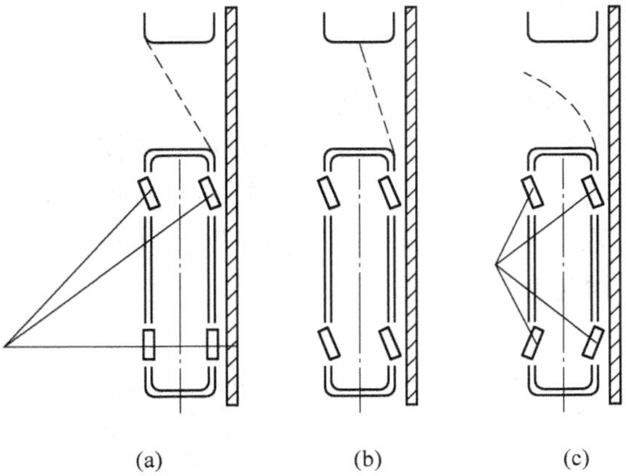

图 4-31　四轮转向示意图

(a) 两前轮转向；(b) 四轮同向转向；(c) 前后轮反向偏转

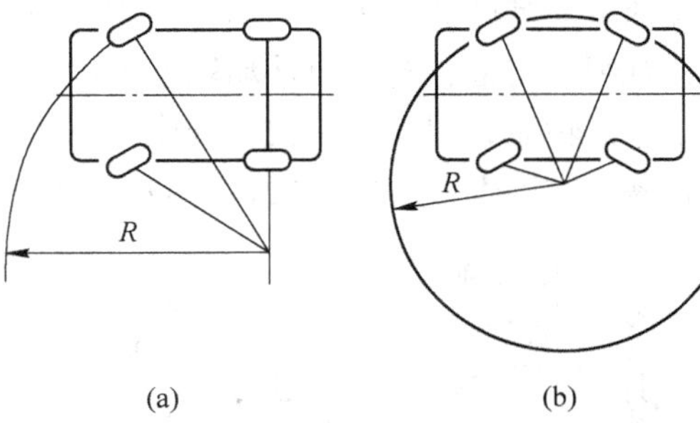

图 4-32　2WS 与 4WS 转弯半径的比较

(a) 2WS；(b) 4WS

4.2.4.2　四轮转向控制系统（4WS）的类型及结构

A　转向角比例控制式四轮转向系统

转向角比例控制，是指后轮的偏转方向在低速区与前轮的偏转方向相反，在高速区与前轮的偏转方向相同，并同时根据转向盘转向角和车速情况控制后轮与前轮偏转角度比例。转向角比例控制式四轮转向系统的构成如图 4-33 所示。

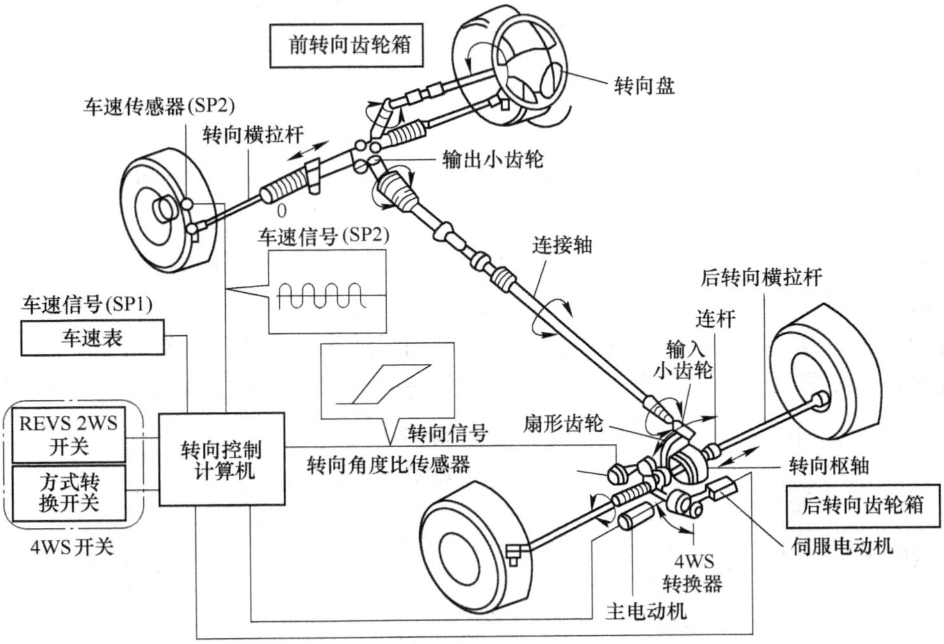

图 4-33　转向角比例阀控制式 4WS 系统的构成

前、后转向机构通过连接轴相连，转动转向盘转向时，齿条式转向器齿条在推动前转向横拉杆左右移动使前齿轮偏转转向的同时，还带动输出小齿轮转动，通过连接轴把这一运动传递到后转向控制机构（齿轮箱）带动后轮偏转。

a　主要原件的构造与工作原理

（1）转向枢轴。偏置轴与转向枢轴的构造如图 4-34 所示。转向枢轴的主要结构是一个大轴承。其外套与齿扇固定为一体，前用一纵向轴支承在壳体上，可以左右摇摆；其内套带有圆周沟槽，与横向从动轴上突出的偏置轴外端相啮合，当转向枢轴在连接轴的带动下左右摆转时，即可利用偏置轴带动从动杆左右移动；从动杆是后转向横拉杆的一部分，左右移动时即带动后轮转向，转向枢轴的左右摆转量最大可达 55°左右。

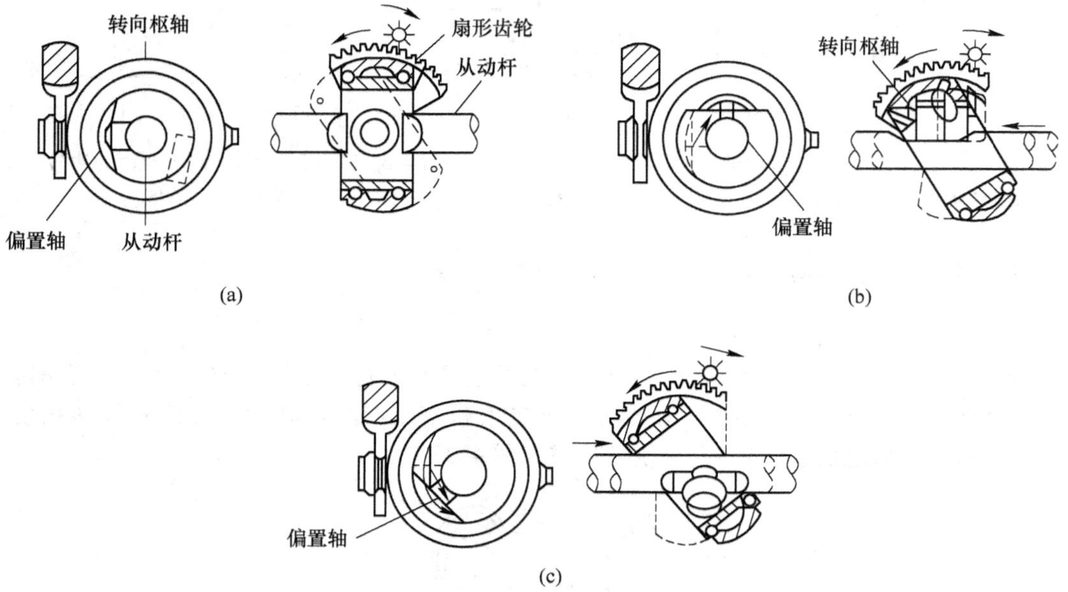

图 4-34　偏置轴与转向枢轴的构造

（a）中立状态；偏置轴与转向枢轴摆转轴线重合；（b）反向运动；偏置轴在转向枢轴摆转轴线之上；

（c）同向运动；偏置轴在转向枢轴摆转轴线之下

从动杆可在电动机及传动装置的操控下自转，使从动杆上的偏置轴相对于转向枢轴摆转轴线的角度发生变化，后轮的转向角比例和转向方向也随即发生相应的变化。图 4-35 所示为偏置轴与转向枢轴的工作原理，当偏置轴轴线随从动杆转到与转向枢轴摆转轴线重合位置时，从动杆带动后轮反向偏转，偏置轴与转向枢轴线接近垂直位置。后轮偏转角达

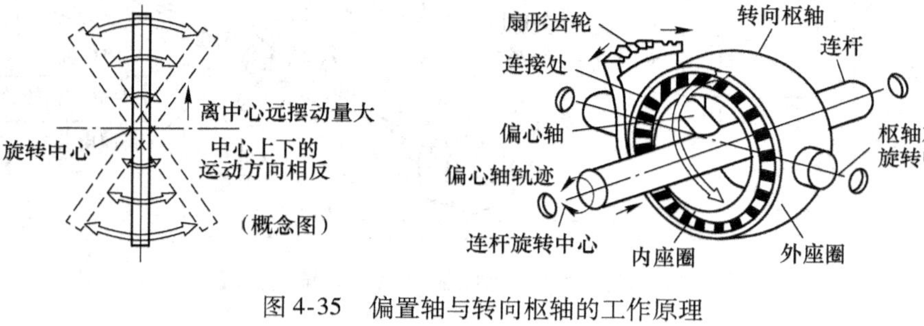

图 4-35　偏置轴与转向枢轴的工作原理

到最大值，适合于低速转向时采用；当偏置轴轴线转到转向枢摆转轴线的下方时，从动杆带动后轮同向偏转，且偏置轴与转向枢轴轴线处较小夹角位置，后轮偏转角较小，适合于高速转向时采用。

（2）4WS 转换器。4WS 转换器的作用是驱动从动杆转动，实现两轮转向与四轮转向方式的转换和后轮转向方向与转向角比例控制。4WS 转换器与后轮转向传感器的工作原理及电压特性如图 4-36 所示。4WS 转换器由主电动机、辅助电动机、行星齿轮减速机构和蜗轮蜗杆机构组成，主、辅助电动机的工作受转向 ECU 控制。正常情况下，作为备用的辅助电动机不工作，由主电动机带动转换器输出轴转动；当主电动机不能工作时，由辅助电动机带动转化器输出轴转动。

为了检测转换器的工作状态，在从动杆蜗轮的侧面设置有滑动电阻式转向角比例检测传感器。随时向 ECU 反馈转向角比例控制状态，以便 ECU 随时进行控制和修正。

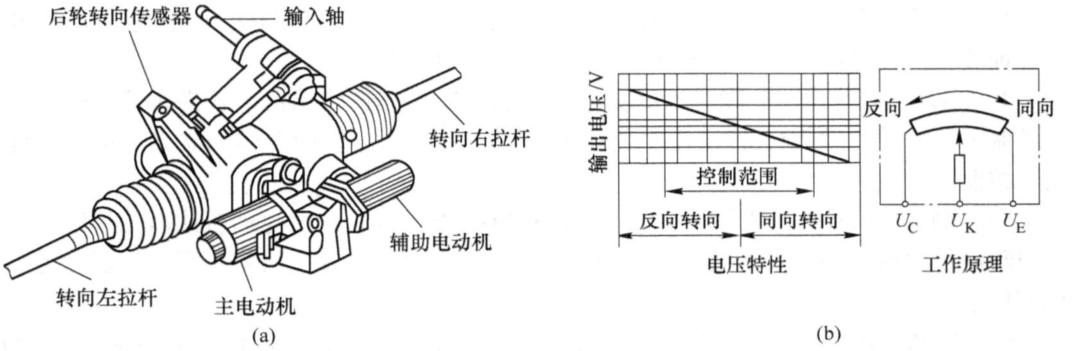

图 4-36 4WS 转向器与后轮转向传感器的工作原理及电压特性

（a）后轮执行机构（4WS 转换器）；（b）后轮转向传感器工作原理与电压特性

（3）转向角比例控制系统。转向角比例控制系统主要由 ECU、车速传感器、4WS 转换开关、转向角比例传感器和 4WS 转换器等组成，转向 ECU 是控制中心。图 4-37 所示为转向角比例控制四轮转向系统的工作原理图。

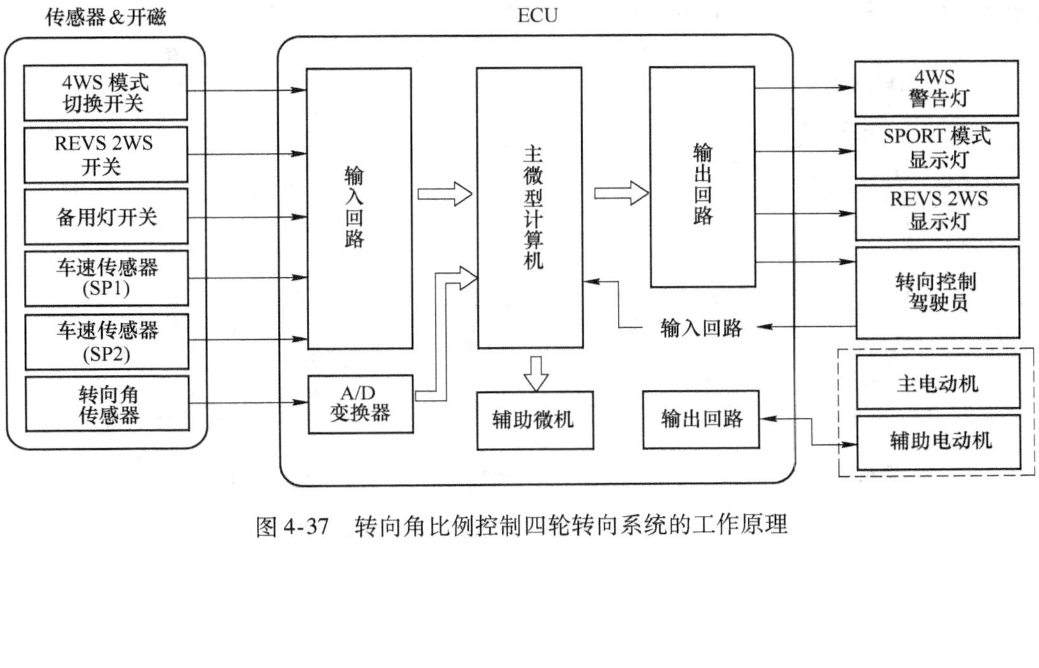

图 4-37 转向角比例控制四轮转向系统的工作原理

b　系统的主要控制功能

（1）转向控制方式的选择。当通过 2WS 选择开关选择 2WS 方式时，ECU 控制 4WS 转换器使后轮在任何车速下的转向角为零，这是为习惯于前轮转向驾驶的人设置的；在 4WS 方式下，驾驶员还可根据驾驶习惯和行驶情况通过 4WS 转换开关进行 Normal 工况与 Sport 工况的变换，对后轮转向角比例控制特性进行选择。

（2）转向角比例控制。当选定 4WS 方式时，ECU 会根据车速信号和转向角比例传感器信号判定工况和后轮转向角比例控制状态后，向 4WS 转换器电动机发出控制信号，调节后轮转向角控制比例，转向角比例传感器随时将后转向齿轮箱内从动杆的转动角度、位置情况转变为模拟电压信号反馈给 ECU，以便 ECU 及时对后轮转向角控制比例进行修正。

（3）安全保障功能。当转向控制系统发生故障时，4WS 故障警告灯将点亮，并在 ECU 中记忆故障部位，同时，后备系统实施以下控制。

1）当 4WS 转换器主电动机故障时，ECU 驱动辅助电动机工作，使后轮以 Normal 模式与前轮做同向转向运动，并根据车速进行转向角比例控制。

2）当某车速传感器故障时，ECU 取 SP1 和 SP2 两车速传感器中输出车速信号高的作为控制依据，并驱动 4WS 转换器主电动机使后轮处于与前轮同向转向状态，进行转向角比例控制。

3）当转向角比例传感器故障时，ECU 驱动 4WS 转换器辅助电动机使后轮处于与前轮同向转向最大值，并终止转向角比例控制。如果辅助电动机发生故障，则通过驱动主电动机完成这一控制。

4）当 ECU 出现异常时，4WS 辅助电动机驱动后轮至与前轮同向转向最大值的位置，以避免后轮处于反向运动状态，并终止转向角比例控制。

B　电动式电控动力转向系统

a　系统构造与组成

图 4-38 所示是在本田汽车上采用的电动式电控四轮转向系统。四轮转向控制单元对输入的传感器信息进行分析处理，计算出所需的后轮转向角，并操纵后轮转向执行器电动机使后轮实现正确的转向。在此转向系统中，前轮转向器和后轮转向执行器之间没有任何

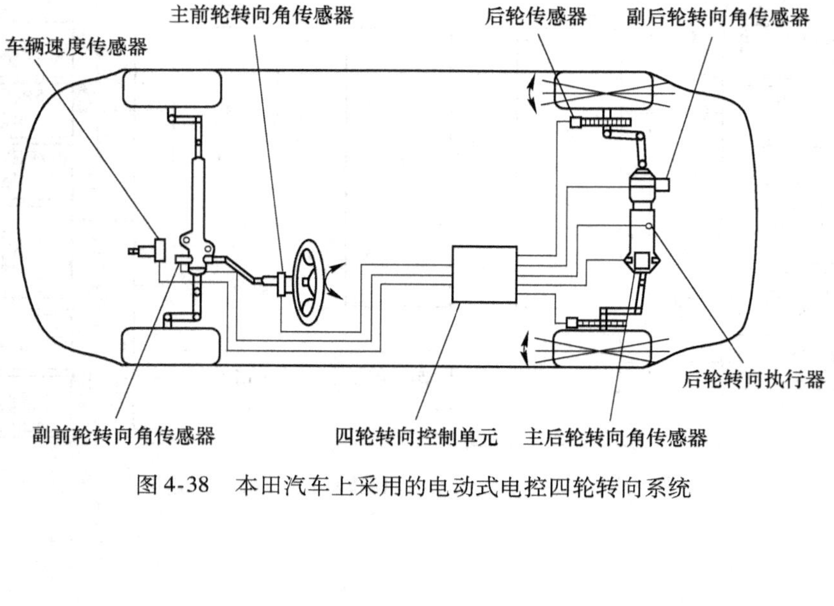

图 4-38　本田汽车上采用的电动式电控四轮转向系统

机械连接装置，四轮转向控制 ECU 利用转向盘转角、车速和前轮转向角传感信息控制后轮转向角。

当车速低于 29km/h 转向时，后轮向相反方向偏转，在车速为零时的最大转角为 6°，在 29km/h 时后轮转向角接近为零；当车速大于 29km/h 时，在转向盘 200°。转角以内后轮的转向角与前轮一致，转向盘转角大于 200°时，后轮开始向相反方向偏转。当车速提高到 29km/h，并转动转向盘 100°角度时，后轮将向相同方向偏转大约 1°；当转向盘转动 500°角度时，后轮将向相反方向偏转大约 1°。

（1）后轮转向执行器。后轮转向执行器的组成包括一个通过循环球螺杆机构的电动机、后轮转向传感器、回位弹簧等。执行器在结构上作为后轮转向横拉杆的一部分，两端的拉杆与后轮转向节臂相连。当电动机受 ECU 控制时，即可通过循环球螺杆产生轴向推力，克服复位弹簧的弹力带动后轮转向。执行器内的复位弹簧在关闭点火开关或四轮转向系统失效时，使后轮推回到直线行驶位置。一个主后轮转角传感器和一个副后轮偏转角传感器安装在执行器的上部。图 4-39 所示为本田汽车后轮转向执行器的构造。

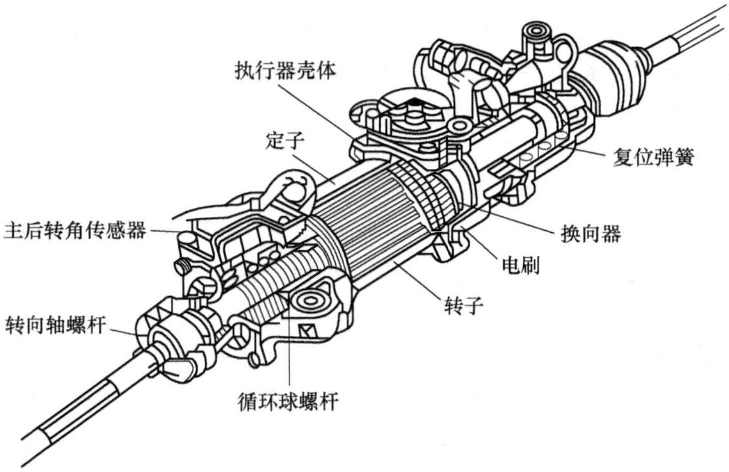

图 4-39　本田汽车后轮转向执行器的构造

（2）后轮转向角度传感器。后轮转向角度传感器为霍尔式，通过检测循环球螺母上的电磁转子转动情况感知后轮偏转角度；后轮偏转角度副传感器的伸缩杆顶在后转向横拉杆的锥形轴表面，通过感知锥形轴的移动即可测得后轮偏转角度。

（3）前轮转角传感器。转向盘转角传感器又称为前轮主转角传感器，它为霍尔式，装在组合开关下方的转向柱上。副前轮转角传感器安装在齿条式转向器上，其结构与工作原理和副后轮转角传感器相同。

（4）车速传感器。与 ABS 系统共用的两只电磁式后轮速传感器向 ECU 提供交变电压信号，供 ECU 判定车速。注意，为了防止来自其他电线的干扰，有的传感器带有附加的外屏蔽，如果屏蔽损坏将会严重影响以 ECU 的工作。同时，严禁将电子传感器的导线位置移到靠近其他电源附近。

b　系统的失效保护功能

如果 4WS ECU 检测到系统出现故障，将使系统转换到失效保护状态。在这种状态下，

ECU存入故障码，并接通四轮转向指示灯发出故障信号。同时，控制ECU切断后轮转向执行器电源，使后轮保持在直行位置，系统回归为2WS特性。为了防止后轮转向执行器断电时回正过快而造成方向不稳，ECU在使系统进入保护状态的同时，回正弹簧缓慢地将后轮横拉杆放回到中央位置。

【知识与技能拓展】

案例：一辆正常行驶的斯太尔罐车来送修，根据车主反映，该车行驶时左右转向都很沉重，感觉像是没有助力。

故障诊断：

先用千斤顶将前桥支起，在两前轮离地下转动方向盘，感觉与启动后转动方向盘没有什么区别，从而判断为液压助力系统故障。

故障原因分析：

检查液压油缸的液压油及滤芯，油液很脏，且滤芯损坏。更换后转向仍然很沉重，接着测量转向助力油泵压力，在油泵的输出管上接一只量程为0～20MPa的压力表和一个适当的普通闸阀，启动着车5s后，压力表无压力显示，根据此现象怀疑助力油泵不工作，后检查助力油泵皮带，发现皮带打滑，随即调整好松紧度，更换液压油及滤芯，清洗流量调节阀、安全阀等部件后试车，转向沉重故障排除。

【思考与练习】

4.2-1 判断题

（1）在液压常流滑阀式动力转向装置中，当转动转向盘并维持在一定的位置时，滑阀会回到中间的位置。

（2）对于行驶中的四轮汽车，当采用逆向偏转时，可减小汽车转弯半径。

（3）电动式动力转向系统中的光电式转向传感器的作用是把转向盘的转动方向、转动角度和转动速度转变为电信号，送给ECU用于控制转向。

（4）电动式动力转向系统中，当电动机发生故障时，离合器会保持接合，这时仍可利用手动控制转向。

4.2-2 填空题

（1）电动式电子控制动力转向系统主要由（ ）、（ ）、（ ）、电子控制器ECU及减速机构等组成。

（2）四轮转向，是指车辆行驶过程中四个车轮能同时发生偏转的转向方式。其中后轮偏转角一般不超过（ ）。根据转向前、后轮偏转方向的异同分为（ ）、（ ）两类。对于行驶中的四轮汽车，当采用（ ）时，车身的动态偏转减小，从而可显著提高汽车高速行驶时的稳定性；当采用（ ）时，则可显著减小汽车转弯半径。

4.2-3 简答题

（1）简述电控动力转向系统的优点。

（2）液压式EPS系统分流阀的作用是什么？

（3）电动式EPS由哪几部分组成？

参 考 文 献

[1] 李春明. 现代汽车底盘技术 [M]. 北京：北京理工大学出版社，2002.
[2] 李春明. 汽车底盘电控技术 [M]. 北京：机械工业出版社，2010.
[3] 闵思鹏. 汽车底盘电控系统原理与维修 [M]. 北京：北京大学出版社，2007.
[4] 秦海滨. 汽车底盘电控技术 [M]. 大连：大连理工大学出版社，2007.
[5] 李雷. 汽车底盘电控系统检修（含自动变速器）[M]. 北京：人民邮电出版社，2012.
[6] 冷传广. 汽车底盘构造与维修 [M]. 北京：中国劳动社会保障出版社，2008.
[7] 刘汉涛. 汽车为什么会自动换挡-图解自动变速器构造与原理 [M]. 北京：机械工业出版社，2013.
[8] 屠卫星. 自动变速器维修 [M]. 北京：高等教育出版社，2007.

冶金工业出版社部分图书推荐

书　　名	作　者	定价（元）
电机拖动与继电器控制技术（高职高专教材）	程龙泉	45.00
电工基础及应用、电机拖动与继电器控制技术实验指导（高职高专教材）	黄　宁	16.00
单片机及其控制技术（高职高专教材）	吴　南	35.00
单片机应用技术（高职高专教材）	程龙泉	45.00
单片机应用技术实验实训指导（高职高专教材）	余　东	29.00
PLC 编程与应用技术（高职高专教材）	程龙泉	48.00
PLC 编程与应用技术实验实训指导（高职高专教材）	满海波	20.00
变频器安装、调试与维护（高职高专教材）	满海波	36.00
变频器安装、调试与维护实验实训指导（高职高专教材）	满海波	22.00
模拟电子技术项目化教程（高职高专教材）	常书惠	26.00
组态软件应用项目开发（高职高专教材）	程龙泉	39.00
电子技术及应用实验实训指导（高职高专教材）	刘正英	15.00
供配电应用技术实训（高职高专教材）	徐　敏	12.00
电工基本技能及综合技能实训（高职高专教材）	徐　敏	26.00
工程图样识读与绘制（高职高专教材）	梁国高	42.00
工程图样识读与绘制习题集（高职高专教材）	梁国高	35.00
焊接技能实训（高职高专教材）	任晓光	39.00
焊工技师（高职高专教材）	任晓光	40.00
液压与气压传动系统及维修	刘德彬	43.00
建筑力学（高职高专教材）	王　铁	38.00
建筑 CAD（高职高专教材）	田春德	28.00
冶金生产计算机控制（高职高专教材）	郭爱民	30.00
冶金过程检测与控制（第 3 版）（高职高专国规教材）	郭爱民	48.00
冶金过程检测技术（高职高专教材）	宫　娜	25.00
矿山地质（第 2 版）（高职高专教材）	包丽娜	39.00
矿井通风与防尘（第 2 版）（高职高专教材）	陈国山	36.00
高等数学简明教程（高职高专教材）	张永涛	36.00
现代企业管理（第 2 版）（高职高专教材）	李　鹰	42.00
应用心理学基础（高职高专教材）	许丽遐	40.00
管理学原理与实务（高职高专教材）	段学红	39.00
汽车故障诊断技术（高职高专教材）	李明杰	28.00
电工与电子技术（第 2 版）（本科教材）	荣西林	49.00
计算机应用技术项目教程（本科教材）	时　巍	43.00
FORGE 塑性成型有限元模拟教程（本科教材）	黄东男	32.00
自动检测和过程控制（第 4 版）（本科国规教材）	刘玉长	50.00
自动化专业课程实验指导书（本科教材）	金秀慧	36.00
机电类专业课程实验指导书（本科教材）	金秀慧	38.00